KB247366

새빨간논리

타인의 논리를 간파하는 48가지 즐거움

48 FALLACIES

타인의 논리를 간파하는 48가지 즐거움

새빨간 논리

| 이하운 지음 |

왼손잡이

| 일러두기 |

1. 책과 신문 등의 표기는 《 》로 하였고, 글, 영화, 노래, TV 프로그램 등의 표기는 〈 〉로 하였습니다.
2. 한국어 명칭이 없는 영어 오류명에 대해서는 가능한 한 대응하는 우리말 용어를 사용하였습니다. 의미가 분명치 않거나 통용되는 용어가 없는 경우에는 지은이 임의로 이름을 붙였고 참고로 영어 명칭을 병기하였습니다.
3. 오류명 앞의 "형식", "비형식"은 각각 '형식논리', '비형식논리'를 뜻합니다. 즉, "비형식 : 분할의 오류"는 '분할의 오류'가 '비형식논리'에 속한다는 의미입니다.
4. 본문에 인용한 저작물 가운데 저작자가 확인되지 않은 것에 대해서는 저작자가 확인되는 대로 합당한 조치를 취하겠습니다.

논리의 적, 오류의 친구

들어가는 글

오류 없는 세상?

　　　　　　　　　　오류가 없는 세상이 행복으로 가득한 세상은 아니고, 논리적 참이 곧 삶의 진실인 것도 아니다. 오류에 대한 순례를 시작하면서 먼저 지적해두고 싶은 것은, 우리의 삶은 논리로 다 설명되는 것이 아니라는 점이다. 또한 논리적 오류가 없다고 하여 그것이 항상 삶의 진실을 보여주는 것도 아니다. 슐만의 〈사랑은 오류〉에도 흥미롭게 그려진 사랑의 변주곡이나 청춘의 도전, 인생의 꿈과 같은 것들은 비논리적인 힘의 원천이다. 논리를 넘어서는 사랑, 신념, 희망의 행위는 인간 사회가 컴퓨터의 정확한 계산과 예측을 넘어서는 흥미진진한 모험의 장이 되게 한다.

　또한 우리의 현실 세계는 이성적 추론에 의한 논리보다는 무력이나 술수 등의 논리적 오류에 의해 지배되어온 것도 사실이다. 논리는 힘의 논리를 정당화하는 수단이 되고 오류는 대중을 기만하는 도구가 되기도 한다. 눈을 뜨고 있다고 사물을 제대로 보고 있는 것은 아니다. 논리와 오류에 대한 공부는 주변 세상을 나의 눈으로 제대로 보기 위한 훈련이라고 해도 과언은 아니다.

우리 헌법에 의하면, "대한민국은 민주공화국이다." 다시 말해, 국민이 주인이고, 그 대표들이 경영하는 국가라는 말이다. 이것을 다음의 입장에서 한번 살펴보자.

a. 대한민국은 민주공화국이다.

b. 민주공화국에서는 국민이 주인이고 국가는 다수의 지배를 받는다.

c. 대한민국에는 부자보다 가난한 사람들이 더 많다.

d. 그러므로 대한민국은 가난한 사람들이 지배하는 국가이다.

이 논증은 타당해 보이지만 결론이 현실과 동떨어져 있다는 것을 알 수 있다. 그렇다면 논증에 오류가 있는 것일까? 아니면 논증은 타당하지만 결론이 진실을 반영하지 못하고 있는 것인가? 여기서는 일단 질문으로 남겨두고 지나가기로 한다.

우리는 비논리적이고 비이성적인 것들에 더 많은 영향을 받으며 하루하루의 일상을 살아가고 있다. 개인의 삶이나 사회의 구성은 감정과 오류에 의해 자주 영향을 받는다. 이와 같은 비논리성이야말로 인간의 삶이 기계적인 공식에 따르지 않고 흥미진진하게 만들어지는 요소임을 알아야 한다. 수많은 인간의 오류가 인류 역사의 방향을 결정하기도 하였으며, 심지어 과학적 지식도 논리적 오류에 의해 왜곡되기도 하고 때론 예기치 않았던 진보를 이루어내기도 하였다.

기원전 이집트의 알렉산드리아는 지중해 연안의 모든 문물과 지식이 집결하는 교육·문화의 중심지였다. 이곳에서 인류의 두 가지

꿈과 욕망을 이루고자 하는 야심 찬 학문이 시작되었는데, 그것이 바로 연금술alchemy이다. 서양의 연금술은 초기 하찮은 금속 쪼가리를 금으로 만드는 기술을 추구하였다. 그러나 차차 그 신비의 지식을 획득한 사람은 불로장수의 힘을 지닌 '철학자의 돌philosopher's stone'을 얻게 된다는 신비주의로 발전해갔다. 동서양에서 공히 성행하였던 연금술은 사람들의 지식과 상상력이 더해지면서 순수하고 고귀한 금속인 금 혹은 은을 만들어내려는 노력과 금과 같은 고귀한 인간성의 성취를 추구하는 비교秘教, esoteric religion 형태의 두 갈래로 발전해갔다.

금속 물질의 원질이 '수은'과 '황'이라는 전제나 둘의 적절한 배합, 가열, 증류, 승화 등을 통해 금을 만들어낼 수 있다는 것은 현재의 시각으로 볼 때 허무맹랑한 믿음에 지나지 않는다. 하지만 무려 천 년 이상 동안 동서양의 수많은 사람들은 연금술에 대한 믿음과 상상력, 그리고 개인적 헌신을 통해 화학과 재료과학의 기초를 다져놓았다. 연금술은 또한 수많은 몽상가들과 수행자들에게 문학적·종교적 사유의 샘물이 되었던 것이다.

사랑하기에 헤어진다는 말은 어떤가? 이정석의 노래 〈사랑하기에〉에서 "나"는 오류투성이이고 비논리적임에도 불구하고 안타까운 사랑을 너무도 진솔하게 전달하고 있다.

사랑하기에 떠나신다는 그 말 나는 믿을 수 없어.
사랑한다면 왜 헤어져야 해. 그 말 나는 믿을 수 없어.

하얀 찻잔을 사이에 두고 그대에게 하고 싶은 말

사랑한다는 말 하기도 전에 떠나가면 나는 어떡해.

(…중략…)

정녕 내 곁을 떠나가야 한다면, 말없이 고이 보내 드리겠어요.

하지만 나는 믿을 수 없어요. 그대 떠난다는 말이.

사랑하기에 떠나신다는 그 말 나는 믿을 수 없어요.

—이정석, 〈사랑하기에〉.

이것이야 말로 논리만의 세상에서는 절대 느낄 수 없는 소중한 정서이다.

심지어는 가장 이성적이고 논리적인 과정이어야 할 재판에서도 법관은 '법률과 양심'에 따라 판결한다고 하여, 법이나 이성이 아닌 양심이라는 매우 모호한 판단의 기준을 받아들이고 있다. 그만큼 우리의 현실적 삶은 이성적으로 분명하게 정리될 수 없는 부분이 많다고 하겠다.

아마도 우리의 개개인의 일상뿐만 아니라 사회 전체에 깊은 영향력을 행사하고 있으면서도 흔히 말하듯 '논리적 판단이 중지되는' 영역에 머무르고 있는 것이 종교이다. 인간의 이성을 넘어선 존재나 현상을 전제하고 있는 종교에 이성과 논리의 잣대를 적용하는 것 자체가 불필요할 수도 있겠다. 하지만 제 종교들의 주장을 살펴보면, 그들이 비논리나 비이성을 주장하는 것이 아니라 논리를 넘어선 초논리trans-logic나 초이성trans-reason에 초점을 두고 있다는 점을 발견하게 된다. 다시 말해 종교적 가르침의 핵심이 비이성적이고 논리적 토론이 불가능한 행위나 믿음에 갇혀 있는 것이 아니라는 사실이다. 논리와 이성 이전의 저급한 단계의 신앙을 주장하는 사람들은 어쩌면 고등 종교의 이름으로 포장된 미신을 믿고 있다고 볼 수도 있겠다.

그러면 논리/오류는 무엇하러 배우나?

예전에 독문학을 공부한 한 선생님이 갑자기 전공을 철학으로 바꾸어 박사 학위까지 받은 적이 있었다. 제자들이 왜 전공을 바꾸셨느냐는 물음에 그 선생님은 재미있는 대답을 하셨다.

"내가 말싸움에 약하거든. 철학을 공부하면 말싸움에서 이길 수 있을 것 같아서."

논리를 배우고 오류에 안목이 있다고 해서 말싸움에서 꼭 이긴다는 보장은 없을 것이다. 그러나 상대방의 논리가 무엇인지 그리고 그 주장의 허점이 무엇인지를 정확히 집어낼 수 있다면 논쟁을 유리하게 이끌어갈 수는 있을 것이다. 또한 학문적인 글을 읽으면서 비판적인 시각을 키우는 데도 도움이 될 것이다.

그러나 이 책에서는 그렇게 거창한 목적은 부차적이다. 일단 책을 읽으며 흥미가 생기면 진짜 논리학을 공부할 기회가 있을 것이다. 이 책에서 논리와 오류에 대해 온갖 이야기들을 동원하는 것에는 다른 목적이 있다.

결론부터 말하면, TV 뉴스나 심야토론에서 말도 안 되는 소리를 늘어놓으며 시청자를 짜증나게 하는 사람을 줄이기 위해서다. 인터넷 댓글을 달면서, "빠순이들은 안 돼"와 같은 말을 쏟아내는 무뢰한들을 줄이기 위해서다. 교통사고가 나면 목소리 큰 놈이 이기는 것이 아니라, 다친 사람 먼저 보살피고, 규정에 따라 사고의 원인과 책임을 가릴 수 있는 사회를 보고 싶어서이다.

불과 20년 전에 있었던 일이다. 한 대학생이 안기부에 끌려가 조사를 받는 도중 고문으로 사망하는 사건이 있었다. 당시 정부의 발표는 취조를 하는 도중 책상을 "탁" 치니 학생이 "억"하고 쓰러졌다는 것이었다. 그 후 시민들의 의식도 정부의 모습도 많이 달라지긴 한 것으로 보인다. 그러나 여전히 "조사하면 다 나와!"라고 호통 치며, 조사 대신 협박과 회유로 조서를 꾸미는 코미디 세상이 사라진 것은 아니다. 논리와 오류를 배우는 것은 언젠가는 정확한 수사기록에 근거한 공정한 재판을 통해 시시비비가 가려지는 세상이 올지도 모른다는 황당한(?) 희망 때문이기도 하다.

논리와 오류 : 적이면서 친구인 관계

어빙 코피라는 논리학자에 따르면, 논리학은 "좋은 추론과 나쁜 추론을 구분해주는 방법과 원리를 연구하는 학문"이다.[1] 세상에는 별처럼 많은 좋은 추론들이 있고 그보다 훨씬 더 많은 나쁜 추론들이 있다. 논리학은 그중에서 좋은 추론과 나쁜 추론을 가려내는 방법과 원리를 연구하는 학문 분야라는 것이다. 하지만 그 고된 작업은 전문가들에게 맡기고 우리는 단 한 가지에만 집중하기로 한다. 즉, 나쁜 추론들이 어떤 문제와 함정을 가지고 있는지, 그리고 그런 나쁜 녀석들이 일상생활에서는 어떻게 사용되고 있는지 살펴보는 것에 집중하기로 한다.

좋은 추론을 하기 위해 꼼꼼히 길을 챙기는 것이 논리학이라면 나쁜 추론을 가려내어 잘라버리는 것이 오류론이라 할 수 있다. 따라서 논리와 오류는 서로 등을 돌리고 선 적대적인 관계이다. 논리가 성립하기 위해서는 오류를 배제하여야 한다. 오류는 논리의 틈새를 비집고 그곳에 기생하는 녀석이다. 그러나 때론 논리보다 오류가 더 강력하다. 상대방의 설득이라는 점에서 오류는 논리보다 강력하고 효과적인 도구가 될 수 있다. 때론 오류인지 알면서도 논리적 설득의 피곤한 과정을 생략하기 위해 오류를 용인할 수도 있다. 더구나 논리적 오류라고 해서 그 결론이 반드시 거짓인 것도 아니다.

아마도 논리학은 자연과학과 인문과학을 연결하는 다리와 같은 것이 아닌가 한다. 학문의 기초라 할 수 있는 수학과 논리학은 많은 개념들을 공유하고 있다. 또한 논리학은 철학적 사유의 기초를 이룬다. 올바른 추론에 대한 훈련이 없는 철학적 사유란 문학적 상상력으로 흘러갈 공산이 크다.

---

1 어빙 코피(Irving M. Copi), 민찬홍 옮김, 《논리학 입문(Introduction to Logic)》(학술총서 7), 이론과실천, 1990, 11쪽.

고도의 수학적 지식에는 무지하더라도 수학과 분리된 생활을 상상하기 힘들 듯이 전문적인 논리학 지식이 없다고 하더라도 우리의 일상은 논리적 사유와 오류의 영향에서 벗어나 있지 않다. 경영자의 시장 분석, 정치인의 대중 설득, 학자의 학술적 주장, 부모님의 자녀 교육, 사랑하는 사람과의 연애에 이르기까지 논리 혹은 오류는 깊이 침투해 있다. 그리고 그 모든 곳에서 논리와 오류는 적이면서 친구인 갈등 관계를 연출하고 있다.

왜 오류에 집착할까?

무엇보다 오류 공부는 타인의 논리를 험담하면서 즐길 수 있는 유쾌한 측면이 있다. 좋은 논증을 공부하는 데 쓰는 에너지보다 훨씬 경제적으로 논증의 핵심과 문제점을 파악할 수 있는 것이 오류 공부이다. 왜? 재미있으니까.

다시 어빙 코피의 글을 빌리면, "전통적으로 논리학에서 중요한 부분 중의 하나는 오류, 즉 추론에 있어서의 잘못들을 검토하고 분석하는 일이었다. 논리학의 오류론을 통해서 우리는 추론의 원리 일반에 대해서 더 많은 통찰을 얻을 수 있을 뿐만 아니라 이런 함정들을 잘 앎으로써 우리는 그런 함정들을 더 잘 피할 수 있는 것이다."[2]

---

2 어빙 코피, 앞의 책, 11쪽.

또한 오류 공부는 재료가 무궁무진하다. 오히려 너무 많은 것이 문제라면 문제이다. "몸에 좋지 않으니 담배 끊으세요" 하는 꼬마 녀석의 멀쩡한 논리에 "쬐끄만 녀석이 뭘 안다고" 뻥 큰소리치는 것에서부터 대통령의 국정 연설까지, 우리의 이야깃거리는 하늘 끝부터 땅끝까지 덮여 있다.

그 다음은 물론 논쟁에서 타인과 자신의 오류를 정확히 파악하고, 타당하고 건설적인 논쟁을 이끌어갈 수 있는 능력을 배양하기 위한 것이다. 생활 속의 말싸움에서부터 학술적인 토론 그리고 외교 협상에 이르기까지 논리적 주장이 뿜어내는 힘은 대단하다. 한번은 "미국은 우리의 맹방이니 우리의 입장을 이해해줄 것이다. 그리고 우리는 미국의 은혜를 잊어선 안 된다"는 사고방식을 외교적 기준으로 삼고 있는 외교관을 본 적이 있다. 그에게 나라의 외교를 맡기고 있는 우리 모두에게 불행한 일이 아닐 수 없다.

오류를 파악한다는 것은 타인의 논증에서 허점을 찾아내고, 자신의 약점을 미리 제거하며, 논증에서 논리 이상의 설득력을 지닐 수 있도록 도와준다. 논리력은 오류가 없는 논증을 제시하는 능력이라는 점에서 설득력의 일부에 지나지 않는다. 설득력은 타당한 논증과 적절한 오류의 지혜로운 사용을 통해 더욱 증진될 수도 있다.

강도를 만나면 "강도야!" 하고 소리 치는 대신 "불이야!" 해야 한다는 말이 있다. 강도가 든 것을 알면 사람들이 두려워 집 안에 숨어 있는 데 반해 "불이야!"를 외치면 너도 나도 뛰쳐나와 강도를 잡거나 화를 면할 수 있다는 것이다. 이 긴박한 순간에 "강도야, 모두 다 나오면 강도를 잡고, 앞으로 걱정 없이 살 수 있어요" 어쩌구 저쩌구 한다면? 강도가 황당해서 그냥 갈 수도 있겠다. 하지만 논리적 논증보다 오류가 있는 수사가 더 설득력이 있는 경우는 얼마든지 있다. 이를 막아내고 역으로 이용할 수 있는 재미도 오류 공부를 통해 익힐 수 있을 것이다.

오류와 사기

오류는 의도적인 사기와는 구분되어야 한다. 논리적 오류가 있고 결론이 거짓이 분명하다는 점을 알면서도 그럴듯한 언변으로 상대방을 속인다면 그것은 사기이다. 사기꾼들의 거짓에는 낭만이라곤 눈꼽만큼도 찾아볼 수 없다. 그들은 오직 자신의 이익을 위해 남을 속인다. 글을 쓰면서 실제로는 자신의 입장을 지지하지도 않는 글을 마치 자기 논지를 뒷받침하는 것처럼 인용한다면 그것도 지적 사기 행위이다. 그런 류의 사기는 오류와 명확히 구분되어야 한다.

오류란, 앞서도 지적하였듯이, "옳은 것처럼 보이지만 논리적 결함을 지니고 있는 논증"을 말한다. 옳은 것처럼 보이지도 않고 논리적으로도 결함이 있는 명백한 오류는 논외로 하기로 한다.

"나는 여기 있다."

"너는 거기 있다."

"하여 우리는 연인이다."

위의 주장을 연결할 수 있는 것은 문학적 상상력뿐이다.

오류의 종류는 무수히 많다. 어떤 관점에서 어떤 기준으로 분류하느냐에 따라 오류는 다른 범주에 속하기도 하고, 다양한 이름이 붙여지기도 한다. 살펴보겠지만, 하나의 오류가 문화적 상황이나 분야에 따라 서로 다른 이름으로 불리기도 한다. 유사어 혹은 동의어로 분류한 영어 오류명들에 대응하는 한국어가 없는 것이 허다하다. 하지만 대표격인 오류에 대해서는 가능한 한 대응하는 우리말 용어를 사용하였다. 의미가 분명치 않거나 통용되는 용어가 없는 경우에는 저자의 상상력 안에서 작명을 시도하였고, 많은 경우는 참고용으로 영어 오류명을 병기하였다.

차례

1장
아리스토텔레스의 13가지 오류
Aristoteles's 13 Fallacies

아리스토텔레스는 그의 이전까지 이룩하였던 지적 성과물을 바탕으로 이후 인류의 지적 성숙에 주춧돌을 놓은 인물이다. 철학과 과학을 망라하는 지식의 영역에 개념적 기초를 정립하였을 뿐만 아니라 지식 탐구의 방법에 대해서도 깊은 관심을 기울였다. 그는 자연과학physics으로부터 형이상학metaphysics을 구분하였고, 자신의 지식을 탐구하는 방법이자 매개하는 교각으로서의 논리학 수립에 결정적인 공헌을 하였다.

아리스토텔레스는 명제들 간의 상호 관계나 언어의 논리적 일관성만이 아니라 증명의 형식에 관심을 기울임으로써 형식논리학을 창안하였다. 그의 논리학은 실재에 대한 인간의 사유 즉 실재와 언어와의 적절한 관계에 관한 것이다. 우리는 사유 과정에서 개별 사물들을 그 개체個體로부터 종種, 유類로 범주화하는 경향을 지니고 있다. 아리스토텔레스는 이런 범주들이 인간의 정신적 구조물이 아니라 사물의 내부에 실재하는 것으로 간주하였다. 그에 따르면 실재는 9가지의 범주들categories 즉 양, 질, 관계, 장소, 시간, 상태, 소유, 능동, 수동과 관련이 있다. 이 범주는 언어 특히 헬라어의 특징과 깊은 유사성을 지니고 있음을 알 수 있다. 주어(실재)는 술어(범주)로써 파악된다. 술어는 인위적인 범주화가 아니라 그 주어에 실재하는 것이다. 아리스토텔레스는 이 범주를 논증을 위한 추론 과정이 근거할 수 있는 분명한(명석한) 출발점으로 삼는다. 경험과 관찰을 통한 귀납적 지식의 획득은 내재하는 범주에 대한 술어를 통해 주어(실재)를 파악하는 과정으로 생각할 수 있다. 또한 연역은 주어로부터 논리적 추론을 통해 술어를 확인하는 과정이다.

그는 삼단논법을 통해 연역추리의 기본 요소들을 분석하고 체계화하였으며 논리적 오류들을 지적하였다. 삼단논법은 사물 혹은 주어는 본질적인 속성을 지니고 있다는 전제에서 출발한다. 요약하면 삼단논법은 본질적인 속성들에 관한 명제를 연결시킴으로써 필연적으로 결론에 이르게 되는 방식을 이른다.

"모든 사람은 죽는다"는 명제가 진리임이 밝혀져 있다면,

"나는 사람이다"가 참임을 증명함으로써,

"나는 죽는다"는 결론을 이끌어낼 수 있다.

실재하는 주어로서의 "나"는 "죽는다"는 서술어 혹은 속성을 지

니는 존재임이 증명되는 것이다.

삼단논증은 전제의 정확성에 전적으로 의존하고 있다. 문제는 "모든 인간은 죽는다"는 전제를 어떻게 알 수 있느냐는 점이다. 하나의 전제는 다른 전제로 이어지면서 무한 소급에 빠질 수 있다. 그러나 아리스토텔레스는 "모든 지식이 다 논증될 수는 없다. 직접적인 전제들에 대한 지식은 논증으로부터 독립해 있다"며, "과학적 지식 이외에도 우리들의 정의들을 명석하게 인지할 수 있게 해주는 지식의 근원이 존재한다"고 주장한다. 모든 전제들의 전제인 확실한 전제는 "제1전제^{archai}"이다. 과학적 지식은 근본전제에 의존하고 있는데 이 근본전제는 직관^{nous}에 의해 도달된다. 일단 근본전제가 확립되면 논리적 추론이 가능해진다.

아리스토텔레스의 논리학은 그의 저서 《오르가논^{Organon}》에서 다루어지고 있다. 《오르가논》에는 삼단논법에 대한 아리스토텔레스의 상세한 설명과 함께 소피스트들의 궤변$^{Sophistici\ Elenchi,\ Sophistical\ Refutations}$에 대한 논리적 반박이 실려 있다. 오늘날까지 전해지는 13가지의 논리적 오류를 먼저 소개하기로 한다. 현대 논리학에서는 더 이상 오류로 취급되지 않거나 보다 구체적으로 다듬어진 개념들도 있지만, 대부분은 오늘날까지 중요한 오류로 간주되고 있다.

1) 언어적 오류

강조의 오류

애매문

애매어

합성의 오류

분할의 오류

격#의 오류

2) 비언어적 오류

우연의 오류

후건긍정의 오류

단순결론의 오류

반증무시의 오류

선결문제 요구의 오류

거짓원인의 오류

복합질문

이 장에서는 아리스토텔레스가 지적한 오류 중에서 언어적 오류 5가지와 비언어적 오류 중에서 우연의 오류, 거짓원인의 오류, 복합질문의 오류에 대해서 살펴보기로 한다. 비언어적 오류에 속하는 4가지의 오류는 각기 연관성이 있는 장에서 다루어질 것이다.

격의 오류는 라틴어와 헬라어에서 성, 수, 격이 달라도 같은 형태를 띠는 동사활용형으로 인한 의미의 혼동을 지칭한다. 현대 스페인어나 독일어도 같은 활용형이 다른 성, 수, 격에 사용되는 경우가 있지만 실제로 의미 전달에 혼란을 주는 예는 거의 없다. 따라서 격의 오류는 더 이상 문법적으로나 논리적인 오류로 간주하지 않는다.

1. 나 서울대 나왔어

비형식 : 분할의 오류Division fallacy, 분해의 오류decomposition fallacy.
정의 : 전체의 성격이나 특성을 부분도 동일하게 지니고 있다고 생각하는 오류.

분할의 오류는 합성의 오류와 짝을 이루는 오류로 전체의 특성이 그것을 구성하는 각 부분에도 동일하게 나타난다고 생각하는 오류이다.

먼저 말도 안 되게 분명한 예를 하나 들어본다. 비행기를 살펴보자. 100톤이 넘는 보잉747 여객기가 수백 명의 승객과 화물을 싣고 하늘로 날아오르는 것을 보면 공기의 힘과 그것을 이용하는 인간의 지혜에 늘 감탄을 하곤 한다. 그러나 이렇게 무거운 비행기가 날아오르는 것을 보고 비행기 부품도 날 수 있을 것이라고 생각하는 사람은 없을 것이다. 또는 녹색대학은 총 2,000개의 과목을 개설하여 학생들에게 가르치고 있다. 따라서 녹색대학의 교수님은 모두 2,000개 분야에 능통하다?

논리를 따지기 전에 상식적으로 오류가 있음을 알 수 있다. 비행기가 초고속으로 날 수 있다고 해서 부품도 날 수 있는 것은 아니다. 녹색대학이 가르치는 분야가 아무리 많다 하더라도 홍길동 교수가 그 모든 분야에 정통하거나 모든 과목을 가르치는 것은 아니다.

이같이 전체의 특성이 개별 구성 요소들에도 해당된다는 생각하는 오류를 분할(해)의 오류라 한다. 금방 알아볼 수 있는 분할의 오류의 예를 하나 더 생각해보자.

"미국은 세계 최강 최고의 부국이다. 그러므로 영어학원 선생 Mr. Clinton도 부자이고 힘도 셀 것이다." 그러나 미국이 세계 초강국이라는 사실이 미국인 개개인이 강력하고 부유하다는 것을 입증하지는 못한다. 물론 통계적으로 국민소득이 높으므로 더 부유할 확률이 높은 것은 사실이지만, 그것이 전 국민에 대한 사실을 개별적으로 증명하지는 못한다는 것이다.

이제 일상생활에서 빈번하게 발생하지만 별 의식 없이 사실로 받아들여지는 조금 복잡한 오류의 예를 알아본다.

선미 씨의 부모님은 사윗감을 고르는 데 무척 까다롭다. 그러다 보니 선미 씨는 사람을 만나는 데 일종의 사전 검열을 하지 않을 수 없다. 뭐 그렇다고 선미 씨의 눈이 낮다는 것은 아니다. 그녀는 좀 더 안정되고 편안한 결혼 생활을 할 수 있는 신랑감을 고르고 있다.

그런 선미 씨는 오늘 선을 보았다. 선보러 나온 남자는 꽤 호감이 가는 인상이었다. 무엇보다 부유하고 누대에 걸쳐 자선 사업에 힘써 온 가문의 둘째 아들이어서 마음에 들었다. 부유하고 좋은 일에 힘쓰는 집안의 자손이니 돈 걱정은 없을 테고 좋은 일 하면서 살 수 있지 않겠는가? 더구나 둘째 아들이니 부모님 모실 걱정도 없을 테고.

일반적으로 선미 씨의 판단이 확률적으로 옳을 수 있는 것은 사실이다. 그러나 가문의 전통이 개인의 성격이나 능력을 증명하지 못한다는 것을 잊지 말아야 한다. 개인적인 만남을 통해 상대방의 성격이나 능력, 취향에 대해 좀 더 알아보는 것이 현명한 배우자 선택의 길이 아닐까? 물론 이 질문조차 그리 단순하게 결론이 날 수 있는 문제는 아니다.

부모나 중매쟁이의 주선으로 상대를 골라 결혼하는 것을 중매결혼arranged marriage이라고 한다. 중매의 전통이 강하였던 옛날에는 배우자가 될 사람의 얼굴도 모르고 결혼식을 치르는 경우가 흔하였다. 시대가 바뀌어 중매보다는 연애를 통해 직접적인 '탐색'의 과정을 거쳐 결혼을 하는 경우가 주류를 형성해가고 있다. 하지만 여전히 특히 상류층을 중심으로 중매의 전통이 강하게 남아 있는 것이 사실이다.

유사한 예를 살펴보자. 한국 사회가 점점 더 승자독식의 세계로 변해가는 것은 참 안타까운 일이다. 가장 대표적인 예가 대학 입시와 취직으로 대변되는 사회 전반에 광범위하게 퍼져 있는 '서울대 현상'이다. 해방 직후 경성제국대학이 서울대로 개편되고 한국전쟁 후의 혼란기를 지날 때까지만 해도 한국의 대학은 서울대, 연세대

(연희전문), 고려대(보성전문) 등이 어깨를 나란히 하고 경쟁하던 시기가 있었다. 시간이 지남에 따라 정부의 정책적 지원, 경성제대 출신의 지원, 서울대생들의 노력을 통해 사회 진출이 선순환에 들어서자 급격히 서울대 신화가 형성되어갔다. 법률의 제정 등을 통한 국가의 전폭적인 지원이 이루어지면서 그 흐름은 더욱 강화되어간다.

경쟁이 격화되면서 서울대 입학은 사회적 계층화 현상을 띠게 되었다. 서민의 아들딸이 서울대의 관문을 통과하기 위해서는 더욱 특별한 재능과 행운을 만나야 한다. 그러나 일단 그 관문을 통과하면 일종의 특권이 제공된다. 이번에는 타 대학생들이 서울대생과 경쟁하기 위해서는 특별한 재능과 행운이 있어야 한다. 비록 저소득층이라 해도 일단 합격하기만 하면 타 대학에 비하여 적은 학비와 높은 과외 수입으로 경쟁에서 절대적인 우위에 서게 된다.

이와 같은 서울대 신화의 형성 과정을 통해 사회 전반에 서울대 현상이 나타나게 된다. 그리고 이 서울대 현상은 한국인들의 학벌주의와 연관이 있는데 그 사고방식을 정당화하는 논리 중 하나가 바로 분할의 오류이다. 대학에서의 학업과 다양한 경험을 통한 개인의 능력이 판단의 기준이 되어야 한다는 점에는 누구나 공감한다. 서울대 출

경성제국대학(京城帝國大學) 경성제국대학은 독립운동가들의 교육 운동에 대한 맞불작전의 일환으로 설립되었다고 할 수 있다. 1922년 이상재를 비롯한 47명의 교육운동가들은 조선민립대학기성회를 조직하고 대학 설립을 위한 본격적인 준비에 착수한다. 그러자 조선인들의 고등교육에 대한 욕구를 해소하고 자체적인 교육 운동을 봉쇄할 목적으로 1923년 "경성제국대학 설치에 관한 법령"을 반포하고, 1924년 예과를 시작으로, 1926년 법문학부와 의학부가 설립되면서 정식으로 출범하게 된다. 초대총장은 핫토리 우노키치(服部宇之吉)이다. 경성제국대학은 처음부터 철저히 일본인에 의한 일본인을 위한 식민지 교육의 산실이었다. 1926년 개교 당시 전체 57명의 교수 중 조선인은 5명이었으며 학생은 150명 중 47명이었다. 1941년엔 140명의 교수 중 조선인은 1명, 611명의 학생 중 216명만이 조선인이었다. 경성제국대학은 8.15 해방과 더불어 경성대학으로 임시 개칭되었다가 1946년 국립서울대학교 설립안이 공포되면서 서울대학으로 확대 개편된다. 당시 경성경제전문학교, 경성치과전문학교, 경성이학전문학교, 경성광산전문학교, 경성사범학교, 경성여자사범학교, 경성공업전문학교, 수원농림전문학교 등 9개 전문학교가 통합되어 국립서울대학교의 모습을 갖춘다.

신들의 눈부신 활동에 힘입어 한국 사회는 점차 서울대생은 모두 뛰어나고 훌륭하다고 하는 믿음이 형성된다. 그리고 서서히 아무도 이 믿음을 거부할 수 없는 일종의 강요된 신화에 빠져든다. 이젠 개인적인 능력이 아니라 서울대 졸업장이 능력을 보증하는 증명서가 되어버린다. 따라서 분야를 막론하고 서울대 졸업장만 있으면 능력이 입증되고 신분 상승을 하는 통로가 열리게 된다. 이 순환의 과정이 반복되면서 한국의 상층부는 서울대 출신만으로 채워지는 삼투 현상을 초래하고 있다. 국회의원의 과반을 차지하는 서울대 동창회는 자체적으로 집권당을 만들 수 있는 상황에 이르렀다. 이젠 다수의 기업과 언론이 20대 초반의 신입사원을 선발하는 기준으로 서울대 졸업장을 우선한다. 평생을 통해 자신을 연마하고 전문성과 인격적인 측면에서 성장해가는 인생의 과정이 아니라 대학의 졸업장으로 이미 다가올 인생에 대한 검증과 보증이 마무리되는 셈이다.

미래 한국 사회의 커다란 짐이 될 막대한 사교육의 문제도 20대 초반에 결정되는 인생의 보증수표를 얻고자 하는 지극히 당연한 현상으로 볼 수 있다. 청소년기 10년의 투자를 통해 평생을 보장할 수 있다면 누가 그 투자를 소홀히 할 수 있겠는가?

주제를 바꾸어 좀 더 복잡한 형태의 분할의 오류를 살펴보도록 하자.

사람은 육체적일 뿐만 아니라 영적인 존재이다. 사람의 몸은 세포로 이루어져 있고, 세포는 분자로 나아가 원자로 이루어져 있다. 따라서 물질의 기본 단위를 구성하는 원자도 물성과 영성으로 이루어져 있다고 보아야 한다. 또한 우주 만물의 기본 입자도 물질과 영을 내재하고 있다.

이 해석은 상당히 매력적이고 설득력이 있어 보인다. 사람이 육체적일 뿐 아니라 영적인 존재라고 단정하는 전제도 오류를 범하고 있는 것이긴 하지만, 여기서는 분할의 오류에만 집중하기로 한다. 인간의 특성 즉 영적인 동시에 육체적인 존재라는 특성으로부터 인간을 구성하는 구성 요소, 즉 모든 기본 입자들까지 물질적이며 영적인 부분이나 특성을 포함하고 있다는 주장은 오류이다. 기본 입자들의 특성은 전체의 특성에서가 아니라 그 자체로부터 증명되어야 한다.

생각하기

1. 중매결혼과 연애결혼의 장단점에 대해 생각해보자. 특히 사회의 개인주의적 특성과 집단주의(가족주의 포함)의 특성은 각각의 결혼 방식과 어떤 관계에 있는가?

2. 결혼을 하는 이유, 목적은 무엇인가? 결혼의 목적으로 거론된 사항들이 결혼이 아닌 다른 방식으로 이루어질 수는 없는 것일까?

3. 지역주의나 학벌주의를 거론할 때 우리는 '연고론'과 '실력론'의 두 대립하는 입장을 떠올릴 수 있다. 서울대 현상을 연고론과 실력론의 입장에서 생각해보자. 서울대 현상의 해소 방안으로 '서울대 폐지론'이 있다. 서울대를 폐지하는 것은 답이 될 수 있을까? 그 이유는 무엇일까?

2. 제니퍼의 '퓨전 뾰로롱'

비형식 : 합성의 오류composition fallacy, 결합의 오류.
정의 : 부분이 어떤 성질을 가졌으므로 그 합인 전체도 그러하리라는 추론의 오류.

합성의 오류는 부분의 합이 전체의 성격과 동일하다고 전제하거나 분배적 의미에서 참인 것이 집합적 의미에서도 참이라고 생각하는 것을 이른다.

장기간 시청자들의 인기를 끌고 있는 〈개그콘서트〉에 〈뾰로롱 제니퍼예요〉라는 코너가 있었다. 거구의 개그맨이 여성적인 행동과 말투로 관객을 웃기는 이 프로그램에 잘생긴 얼굴과 못생긴 얼굴을 합성하는 '포토제닉'이라는 꼭지가 있었다. 예를 들어, 개그맨 정종철과 영화배우 최지우의 얼굴을 합성해보도록 한다. "누구 맘대로? 제니퍼 맘대로!" 그리고 관객과 함께 외친다. "퓨전, 뾰로롱~" 그러면 전혀 예기치 못했던 이상한 얼굴이 탄생한다. 미모와 웃기는 얼굴이 적당한 중간선에서 만나는 것이 아니라 전혀 엉뚱하고 이상한 얼굴이 만들어지는 것이다.

　그런데 간혹 잘생긴 얼굴들만 모아서 이런 합성사진을 만드는 경우가 있다. 예쁜 부분만 모아 얼굴을 만들면 가장 잘생긴 얼굴이 만들어지는 것이 아니고 뭔가 어색한 얼굴이 나오는 것을 한 번쯤은 보았을 것이다. 이같이 결합의 오류는 부분의 합이 전체의 성격을 결정한다고 전제하는 오류이다.

　　　　　　　　라인홀드 니버Reinhold Niebuhr라는 미국인 신학자이자 사회학자가 있다. 그는 《도덕적 인간과 비도덕적 사회》라는 명저에서 개인적으로는 도덕적인 인간들이 어떻게 비도덕적 사회를 만들어가는가 하는 문제를 탐구하고 해답을 제시하고 있다. 그에 따르면 소위 거듭난 그리스도인이 많아지면 자동적으로 사회가 도덕적이고 선한 사회로 변화할 것이라는 믿음은 피상적인 낙관주의일 뿐임을 경고하고 있다. 비록 사회를 구성하고 있는 개인이 선하다고 할지라도 집단의 이기주의 앞에서는 무력하게 무너지는 사회적 현실에 눈떠야 한다는 것이다.

　니버는 사회의 구조가 집단의 이익에 지배를 받고 있으며, 이러한 사회의 이기적 지배 구조를 변혁하기 위해서는 개인의 도덕성을 강조하는 개인윤리를 넘어서 사회구조적인 차원의 변화와 윤리적 실천이 있어야 한다고 지적한다. 도덕적인 개인들의 합이 사회의 도덕성을 보장해주지 못한다는 니버의 지적은 윤리적 측면에서 결합의 오류를 지적한 것으로 해석해볼 수 있겠다.

개인과 사회의 관계에 대한 상반된 대표적인 사회학자들의 입장을 간단히 살펴보자. 칼 마르크스Karl Marx, 에밀 뒤르켕Emile Durkheim, 막스 베버Max Weber는 개인과 사회의 관계를 각기 다른 관점에서 고찰한 사회학의 창시자들이다.

사회학뿐만 아니라 심리학, 경제학, 정치학, 철학 등 19세기 이후 거의 모든 학문 영역에 깊은 영향을 끼친 칼 마르크스의 기본 구도는 간단하다. 물적 토대 즉 물질적 조건이 상부구조 즉 인간의 심리나 사회현상 전반에 우선하며 그것들을 규정한다는 것이다. 즉 개인과 사회를 규정하는 것은 역사적 단계에서 그 개인이나 사회가 처하고 있는 물적 토대에 의해 설명된다.

에밀 뒤르켕은 마르크스의 유물론적 입장에서 벗어난 동시에 개인보다 사회에 강조점을 둔 이론을 전개한다. 사회는 그 자체로 실체이며 개인들의 총합과 동일시 될 수 없는 그 이상의 것이다. 뒤르켕의 《자살론》은 일정한 조건의 사회에 나타나는 자살률의 고찰을 통해 개인의 자살을 사회적 조건 하에서 설명한다. 사회라는 객관적 실재가 인간 개개인을 규정하며 사회학은 그 외부적 실재에 대한 연구이다.

반면, 막스 베버는 뒤르켕과 대립되는 입장에서 개인과 사회를 보고 있다. 실재하는

자살론 1897년에 출간된 뒤르켕의 대표적 저술. 당시 대부분의 자살에 대한 연구는 개인의 성격이나 심리에 초점을 두었던 반면에 뒤르켕은 개인과 사회의 관계에 주목하여 지극히 개인적인 문제로 보이는 자살이 사회적 결과임을 설명하고 있다. 뒤르켕은 이 책에서 '아노미' 개념을 발전시킨다. 개인들은 사회와 결합의 정도에 따라 상이한 "사회적 통합성"을 띠게 되는데, 특정한 그룹의 통합성의 정도가 자살율에 반영되어 나타난다. 연구에 따르면 결혼한 사람들, 자녀가 있는 사람들, 가톨릭교도들의 자살률이 낮게 나타났다. 뒤르켕은 자살의 유형을 네 가지로 나눈다.
1) 이기적 자살 : 소속감의 결여 따른 고독감.
2) 이타적 자살 : 소속 집단과 강한 연대의식으로 집단에 이익을 주기 위해 자살을 선택.
3) 아노미적 자살 : 무규범적 혼돈의 상태에서의 자살.
4) 숙명적 자살 : 규범의 과잉으로 인한 자살.

것은 개인들뿐이며 사회는 일종의 추상화된 개념이다. 따라서 사회학은 사회적으로 정향된 개인들의 행동을 연구하는 것이다. 즉 비록 불가능하긴 하겠지만 모든 개인들에 대한 충분한 이해는 사회에 대한 충분한 이해를 가능하게 한다.

뒤르켕의 지지자들은 베버의 추종자들에게 사회학을 개인에 대한 연구로 환원하였다고 '환원주의자' 라고 비난하고, 베버의 추종자들은 사회를 실재하는 것으로 믿는 '물화物化, reification론자' 들이라고 비아냥거린다.

논리적 오류와 관련해서 베버와 뒤르켕의 논쟁은 결합의 오류와 분해의 오류의 측면을 지니고 있는 것을 알 수 있다.

다음으로 원자폭탄과 AK 자동소총의 위험성에 대해 생각해보자. 원자폭탄 한 개와 자동소총 한 정으로 인명을 살상할 수 있는 수는 비교의 대상이 되지 못할 것이다. 히로시마와 나가사키에 떨어진 원자폭탄은 한 번에 20만 명 이상의 사망자를 냈다. AK 소총으로는 한 번에 단지 몇 명의 인명 살상이 가능할 뿐이다. 이 사실을 근거로 지구촌에서 AK 소총에 의한 인명 살상의 문제는 무시해도 될 것이라는 결론에 이른다면 큰 오산이다.

프로테스탄트 윤리와 자본주의 정신(Die Protestantische Ethik und der Geist des Kapitalismus) 1904~1905년 막스 베버는 자신이 편집을 맡고 있던 학술지 《사회과학과 사회정책》에 "서양에서 근대 자본주의는 어떻게 태동되었는가?" 하는 질문을 탐구하는 논문을 발표하였다. 베버는 자본주의의 태동이 개신교 특히 칼뱅주의의 예정설과 소명 의식의 심리적 결과였다고 본다. 칼뱅교도들은 금욕주의적 윤리와 근검한 생활을 통한 자본의 축적으로 예정에 대한 불안감을 해소하고자 한다. 베버에 의하면 예정설과 소명 의식의 상승작용에 의한 자본주의 정신의 태동은 단지 우연한 심리적 결과이다.

자본론 칼 마르크스(1818~1883)의 대표적 저술로 원제는 《Das Kapital, Kritik Der Politischen Oeconomie, 자본론 : 정치경제학 비판)이다. 1867년 1권이 출판된 후, 엥겔스에 의해 유고가 정리되어 1885년과 1894년에 2권과 3권이 출판되었다. 《자본론》은 가장 기본적이고 추상적인 경제학의 범주인 상품 분석에서 출발하여, 화폐, 자본, 잉여가치의 생산 과정, 자본의 축적, 자본의 순환, 잉여가치의 분배 법칙, 자본주의 사회의 계급 등으로 논의를 전개하고 있다. 백여 년의 시차를 감안하더라도 여전히 세계 자본주의 전개 과정을 이해하는 데 깊은 영감을 주는 불후의 명저이다.

AK47 자동소총은 세계 14개국 이상에서 생산되며 82개국에 총 1억 정 이상이 있다. 엠네스티 인터내셔널의 보고서에 따르면, AK 소총과 같은 개인화기로 5년간 약 180만 명이 목숨을 잃는 것으로 나타났다. 분당 6백 발까지 발사되는 이 무시무시한 자동화기는 아프리카 일부에서는 단 돈 3만 원에 거래되고 있으며, 세계 각 지역의 내전에 주요 병기로 사용되며 무고한 희생자를 양산하는 살인 병기이다. 니콜라스 케이지 주연의 영화 〈Lord of War〉는 이러한 살상 무기의 위험과 강대국들의 위선적인 행태를 잘 보여준다.

AK 소총을 비롯하여 여러 개인화기에 의해 세계 어딘가에서 매달 약 2만 5천 명이 목숨을 잃고 있다. 일 년 평균 희생자는 30만 명 이상이다. 인류는 개인화기로 원자폭탄 두세 개를 떨어뜨려야 가능한 살상을 매년 반복하고 있는 것이다. 실로 무서운 야만의 연속이다.

생각하기

1. 개인과 사회를 보는 칼 마르크스, 에밀 뒤르켕, 막스 베버의 입장 중 어느 것이 가장 마음에 드는가? 먼저 각 입장을 지지하는 측면에서 고찰해본 후, 가장 마음에 드는 입장을 지지할 수 있는 예를 생각해보자.

2. 합성의 오류가 성립하지 않고, 부분의 합이 전체의 성격과 동일해지는 예는 무엇이 있을까?

3. 독도가 우리 땅인 이유 14가지

비형식 : 반증무시의 오류ignorance of refutation.

유사오류 : 은폐된 증거의 오류suppressed evidence, 반쪽 진리half truth.

정의 : 결론을 부정하거나 다른 결론을 지지하는 강한 증거를 무시하는 오류.

전제와 조건에 따라 강한 논증이 되기도 하고 약한 논증이 되기도 하는 것이 귀납 논증의 특징이다. 형식상의 논리적 오류가 없음에도 불구하고 논증을 구성하는 전제의 선택이나 핵심적인 증거를 무시함으로써 다른 결과를 도출하게 된다. 이를 반증무시의 오류 혹은 '은폐된 증거의 오류'라고 한다.

다음은 〈개그콘서트〉의 '노마진'의 상술에 대한 이야기이다.

네~ 만나서 반갑습니다.

목사님에게 염주를 파는 남자, 스님에게 성경책을 파는 남자

지하철 2호선의 외로운 벤처사업가 노마진입니다.

오늘 갖고 나온 제품.

그렇습니다.

휴대용 MP3 입니다.

이것이 왜 타사 제품과 다르냐?

다른 제품들은 용량에 제한이 있어 맘껏 다운받지 못한다는 거.

이 제품은 용량이 무한이라 무제한 다운이 가능하다는 거죠!

하지만 노래 한 곡 다운받는 데 24시간이라는 거.

자, 또 다른 특징이 있습니다.

책의 내용을 그대로 다운받아 내용을 들을 수 있는 음성 기능이 있는 거죠.

하지만 컴퓨터에 연결해 책 한 권을 모두 타자로 쳐야 한다는 거.

이게 어디 제품이냐면 좀 깁니다.

그렇죠, 바로 NGJLHG!

'내가 조립한 거' 죠.

밑줄 쫙 별표 하나 돼지꼬리 땡땡 네 노마진이었습니다~!

   노마진의 개그는 "하지만" 때문에 성공하지만 상술은 "하지만" 때문에 실패한다. 노마진은 "하지만" 전까지는 획기적인 신제품이 나왔다고 고객들의 시선을 집중시킨다. 이때까지 그의 말만 들으면 이 신제품은 지금까지 시장에서 볼 수 없었던 특별한 것이라는 생각이 든다. 그것은 노마진이 그 제품의 치명적인 결점을 숨기고 있기 때문이다. 노마진의 은폐된 증거의 오류가 고객들이 신제품에 관심을 갖게 하고, 〈개그콘서트〉를 보고 있는 시청자들에겐 그 은

폐된 증거가 드러나는 순간 웃음을 선사한다.

　　　　　은폐된 증거의 오류는 논자 자신이 모르고 있을 경우가 아니면, 어떤 이해관계에 의한 속임수나 정치적 수사에 자주 사용된다. 대표적인 예로, 일본의 독도 영유권 주장을 들 수 있다. 독도가 한국의 영토라는 고대 자료들이 적지 않을 뿐 아니라 영유권 제기 자체가 일본의 식민지 침탈을 상기시킴에도 불구하고 일본 정부와 국민들은 그러한 증거들을 무시 외면하고 독도가 자신들의 땅이라고 강변한다. 일본 정부와 국민들이 무시하고 있는 증거들이 어떤 것들이 있는지 간략히 살펴보기로 한다.

1. 독도는 서기 512년(신라 지증왕 13년)에 우산국于山國이 신라에 병합될 때부터 한국의 고유 영토가 되었다.

2. 서기 1737년, 프랑스의 유명한 지리학자 당빌D'Anville이 그린 〈조선왕국전도〉에도 독도(우산도)가 조선 왕국 영토로 그려져 있다.

3. 1667년의 일본 관찬 고문헌 《은주시청합기》에도 울릉도와 독도 옆에 "조선의 것"이라고 글자를 써 넣었다.

4. 1696년 일본 정부는 일본 어부들의 울릉도(및 독도) 고기잡이를 엄금했다.

5. 19세기 일본 메이지 정부 외무성의 〈일본외교문서〉에는 "울릉도와 독도가 조선 부속으로 되어 있다"라는 실증 자료가 수록되어 있다.

1장 아리스토텔레스의 13가지 오류

6. 일본 내무성은 시네마현에 "울릉도와 독도는 조선 영토이고 일본과는 관계없는 땅임"이라고 결정하였다.

7. 일본 태정관 또한, "울릉도와 독도는 일본과 관계없다는 것을 심득心得 (마음에 익힐 것)할 것"이라는 훈령을 내무성에 내려보냈다.

8. 갑오개혁 후 대한제국이 작성한 근대적 한국 지도에서는 울릉도와 독도를 정확한 위치에 표시하고 한국 영토임을 명백히 하였다.

9. 대한제국은 1900년, 독도가 대한제국 영토임을 세계에 공표하였고, 서양 사람들은 독도를 '리앙쿠르 바위섬'이라고 호칭하였다.

10. 일본은 1905년 내각 회의에서 독도를 일본 영토로 편입, '다케시마'로 명명하였다.

11. 연합국 최고사령부는 1946년 1월 군령을 발표하여, 한반도 주변의 제주도, 울릉도, 독도 등을 일본 주권에서 제외하여 한국에 반환시켰다.

12. 1950년 연합국은 '구일본영토 처리에 관한 합의서'를 채택하여 다시 한 번, 독도는 일본이 한국에 반환해야 할 영토라고 밝혔다.

13. 연합국들이 샌프란시스코에서 모인 '대일본강화조약'에서 미국은 일본의 맹렬한 로비로 독도를 누락하고 말았다.

14. 1950년 유엔군은 독도를 한국 영토로 인정하여, 한반도와 함께 방위할 수 있도록 했다.

—http://cafe.naver.com/correctkorea.

('동해 · 독도 지킴이'를 방문하면 독도와 관련한 다양한 정보를 얻을 수 있다.)

독일을 비롯해 서구 국가들은 주변국들에 고통을 준 식민 통치나 침략을 깨끗이 사과하고 주변국들 및 과거 식민지 국가들과의 미래지향적인 관계를 모색하고 있다. 그러나 일본은 자신들의 잘못에 대해 진심으로 사과하지는 않으면서, 그 문제를 제기하는 것은 미래지향적이고 건설적인 관계에 장애가 된다는 입장이다. 아직도 식민 통치의 경험이 민족적 상처로 남아 있는데, 식민 통치로 생긴 문제들을 부정하거나 적반하장으로 일본의 영유권을 주장하거나 시혜론을 들고 나오는 것은 기가 막힌 노릇이다.

동남아시아 전역에서 침략 전쟁을 벌이던 일본군의 성노예로 한국, 중국, 동남아 국가들에서 여성을 납치하여 침략군의 성노리개로 삼았던 종군위안부 문제는 일본인들의 의식을 단적으로 보여주는 사건이다. 특히 피해 여성들과 관련 기구들의 지속적인 요구에도 불구하고 정부의 공식적인 인정, 사과, 보상을 회피하는 모습은 일본인들의 후안무치한 옹졸함을 여실히 증명하고 있다.

일본의 위안부 처리 문제는 국제적인 관심을 끌어 2006년 9월에는 미 하원의 국제관계위원회가 종군위안부 동원 사실을 인정할 것, 역사적 책임을 받아들일 것, 반인간적이고 끔찍한 범죄에 대해 현재와 미래 세대에 교육할 것 등을 골자로 하는 결의안을

샌프란시스코조약 제2차 세계대전의 전후 처리를 위해 1951년 9월 8일 연합국과 일본이 미국 샌프란시스코에서 조인하고 1952년 4월 8일에 발효한 조약. 종전 후 미소를 중심으로 한 냉전 체제의 등장으로 대일본강화조약이 지연되다가 한국전쟁을 전후하여 일본과의 강화조약을 촉진하려는 움직임이 양 진영에서 전개되었다. 1949년 미국과 영국의 외무장관이 워싱턴의 극동회의에서 일본과의 강화 방침을 협의하였으며, 중국과 소련 역시 1950년 2월 중소우호동맹 상호원조조약으로 일본과의 강화 촉진을 협약하였다. 미국은 1950년 9월 제5회 유엔총회에서 미 국무부의 '대일강화 7원칙'을 제출하여 절충을 시작하였다. 당시 가장 문제가 된 것은 중국의 대표권 문제였는데 이유는 소련은 중국공산당 정부를 승인한 반면 미국은 국민당 정부를 지지하였기 때문이다. 결국 중국이 제외된 가운데 1951년 8월 강화조약의 최종안이 마무리되었으며, 공산 진영인 소련, 체코, 폴란드 3국을 제외한 49개국의 서명으로 조약이 체결되었다. 이 조약은 전문과 7장 27개조로 이루어져 있으며, 제3장의 두 조항은 이후 미일안보조약의 근거가 된다. 한국은 샌프란시스코조약에 참여하지 못하였으며, 전후 냉전 관계에서 일본을 미국 진영에 진입시키려는 의도로 인해 전쟁 피해국인 한국과 중국의 입장이 반영되지 못한 조약이 되었다.

채택하였다. 그러나 일본의 적극적인 로비로 본회의 채택이 세 차례나 좌절된 결의안이 2007년 1월 다시 하원에 제출되었다. 이번에는 일본 총리의 공식적인 사과를 촉구하는 내용이 추가되었다. 그리고 2월 15일부터 하원 외교위원회에서 위안부 청문회가 개최되었다. 일본은 역시 전방위적인 반대 로비를 펼쳤으며, 아베 총리는 종군위안부를 일본 정부가 강제적으로 납치한 증거가 없다는 주장을 굽히지 않았다. 그는 "미 하원에서 위안부 결의안이 가결돼도 사죄하지 않겠다"는 입장을 표명하였다. 결의안 자체가 강제성이 없기 때문에 사죄하지 않는 것이 법적으로 문제될 것은 없다. 그러나 일본이라면 껌벅 넘어가는 미국인들이지만 일본 총리가 하원 결의안에 직접 반기를 드는 발언을 하자 부정적인 여론이 형성되기 시작하였다. 아베 총리의 발언이 있은 다음 날인 3월 6일《뉴욕타임스》는 위안부 진실 인정이 과거 극복의 첫 단계라며 비판적인 기사를 내보냈고, 연이어《로스엔젤레스타임스》는 아키히토 일왕이 위안부 문제를 사죄해야 한다는 보다 강경한 입장을 나타냈다. 또한《뉴욕타임스》는 8일 이

고노담화 1993년 8월 당시 관방장관이던 고노 요헤이(河野洋平)의 명의로 발표된 일본 정부의 공식 문서로서 종군위안부 문제에 대한 1년 8개월간의 조사에 따른 보고서 형식의 문서이다. 고노담화는 종군위안부의 존재와 강제 동원 사실을 최초로 시인하고 사죄를 표명한 일본 공식 문서로 이후 일본 총리들의 위안부 문제 사죄에 대한 기초가 되었다. 문서는 "위안소의 설치는 군 당국의 요청에 의한 것이며, 모집은 군의 요청을 받은 업자가 주로 행했지만 감언, 강압에 의한 사례가 많았고, 나아가 관헌이 직접 가담한 일도 있었다"고 못 박았다. 고노담화를 이끌어낸 일본 정부의 조사는 위안부 강제 모집 사실을 폭로한 요시다 세이지의 증언이 기폭제가 되어 시작되었다. 요시다는 "태평양전쟁 때 '국민 총동원령'을 집행하는 노무보국회의 야마구치현 동원부장으로 있으면서 조선인 6천 명을 강제 연행했고 그 가운데 위안부 여성도 많았다"고 밝혔다. 그의 증언이 91년《아사히신문》에 집중 보도되면서 일본 사회의 관심을 촉발시켰으며, 한국, 중국, 동남아, 네델란드인 등 위안부 피해자들의 증언이 속출하였다. 그러나 요시다에 대한 일본 언론과 학계의 비판이 거세지고 요시다는 일부 사례가 꾸며진 이야기라고 인정한다. 그러나 요시다는 위안부 강제 동원 사실을 부인하진 않았으며, 자신의 사재를 들여 한국 천안에 '사죄의 비'를 세우기도 하였다. 일본 자민당이 위안부 문제에 대해 재조사를 하겠다는 주장은 고노담화가 거짓 증언과 언론의 과장에 의해 가공된 사실이라는 폐기론자들의 입장을 반영하고 있다. 위안부 문제에서 가장 핵심적인 문제는 일본의 강제 동원을 입증할 만한 정부 공식 문서가 발견되지 않았다는 점이다. 이 문제는 좀 더 밀도 있는 연구가 필요한 대목이다. 그러나 인류의 양심을 저버린 범죄 행위에 정부가 공식 문건을 남기진 않았을 것이라는 상식에 기초해보면, 원한에 묻힌 70년 세월을 지낸 아직도 생존해 있는 수백 명의 증언이 공식 문건 이상의 무게를 지니는 것으로 보아야 할 것이다.

문제를 다시 거론하여 일본이 위안부 등 역사적 사실을 부인해 피해 여성들에게 또다시 상처를 주고 있다고 비난했다.

그러나 일본은 여전히 기존의 입장을 고수하며 미국 언론에 반론 문 게재를 요구하고 자민당 중심으로 위안부 문제를 재조사하기로 결정하였다. 이 재조사는 위안부 강제 동원을 인정하였던 고노담화 를 부정할 근거를 마련하기 위한 명분 쌓기용에 지나지 않는다. 일 본이 이 같은 주장을 계속하는 것은 한국 정부 등이 적극적으로 증 거자료를 수집하고 국제사회의 주의를 환기시키지 못한 책임도 부 정할 수는 없다. 그러나 부끄러운 역사는 기록을 뜯어 고쳐서라도 바꾸려들거나 불리한 증거를 의도적으로 무시하는 일본의 자세가 가장 큰 문제라 하겠다. 일본인들을 만나면 건설적이고 미래지향적 인 양국 관계를 위해서라도 잘잘못은 분명하게 인정하는 것이 중요 하다는 사실을 과거 일본의 만행에 대한 자료를 가지고 설명해줄 필요가 있을 것이다.

생각하기

1. "한국은 평화를 사랑하는 백의민족이다"는 주장은 나름대로 자랑스러운 자긍심을 느 끼게 하는 말이다. 그러나 우리는 베트남전에서 한국군이 보여준 '용맹'이 베트남인들에 게 무엇을 뜻하였는지 쉽게 잊고 지낸다. 특히 그 기간 동안 한국인의 피를 받아 태어난 적지 않은 수의 라이따이한들과 그들의 가족들에 대한 우리의 무관심은 되돌아볼 필요 가 있다. 우리는 진정 평화를 사랑하는 민족인가? 이 질문에 대한 대답은 과거의 역사 못 지않게 오늘 우리가 어떤 진로를 선택하느냐에 달려 있다고 생각한다.

1장 아리스토텔레스의 13가지 오류

2. 한국인과 결혼하였거나 일자리를 찾아 한국에 들어와 체류하고 있는 외국인 노동자들에 대한 편견과 차별, 그리고 부당한 처우가 종종 사회문제가 되어 지면에 오르내린다. '동방예의지국' 한국이 기본적인 예의와 양심을 팽개친 모습을 보이고 있지는 않은가? 한국에 합법 혹은 불법으로 체류하고 있는 외국인 노동자 문제를 어떻게 처리하는 것이 좋을까? 엄격한 단속과 추방, 일시 체류와 귀국, 한국 노동자와 동등한 대우, 일정 기간과 요건이 충족하면 영주권 발급, 일정 조건을 갖추면 불법체류자도 합법적 영구 거주 허용 등 다양한 해법이 나올 수 있다. 여러분은 어떤 방법을 선호하며, 그 이유는 무엇인가?

4. 한 가닥으로 알 수 있는 스파게티의 맛

비형식 : 불충분한 표본의 오류fallacy of insufficient samples.

동의어 : 성급한 일반화 오류hasty generalization, 부분-전체의 오류, 특수-일반의 오류, 소량의

표본small sample.

정의 : 논증을 뒷받침할 전체적인 증거를 제시하지 않고 부분적인 사실만을 들어 결론을 주장

하는 오류.

성급한 일반화의 오류는 일부 제한된 사례를 일반화하여 모든 경우가 다 그러한 속성을 지니고 있다고 주장한다. 간단한 예를 들어보면,

"지리산을 갈 때마다 진달래가 흐드러지게 피어 있더군. 아마 지리산엔 진달래가 항상 피어 있나 봐."

"옆집 순이 누나가 미니스커트를 입고 나갔다. 누나는 미니스커트를 좋아하나 보다. 아님 미니스커트밖에 없나?"

"아래층 전세방에 세 들어 사는 강릉댁이 복권에 당첨되어 횡재했다는데! 우리도 복권 사서 부자 되자구."

"역사를 공부하다 보면 인간의 역사는 전쟁과 파괴의 연속이라는 생각

이 든다."

지리산에 "항상" 진달래가 피어 있는 것을 알기 위해서는 일 년 열두 달 모두 지리산을 방문하여 진달래가 피어 있다는 것을 확인해야 할 것이다. 물론 그럴 필요도 없이 알 수 있기는 하지만.

순이 누나의 옆집에 사는 나는 어제 무더위를 뚫고 처음 이사왔다. 내가 그 아름다운 누나를 본 건 오늘이 두 번째다. 그냥 내 눈에 미니스커트만 줌인zoom-in & close-up되어 보였는지 모르겠다.

대부분 파괴보다는 건설이 오랜 시간이 걸린다. 역사적으로 전쟁과 파괴와 살상의 기록은 슬픈 일이긴 하지만 항상 있는 것은 아니고 오랜 기간의 땀과 눈물이 밴 건설의 과정 이후에 있다. 그래서 더욱 슬픈 일인가?

성급한 일반화의 오류는 전체를 대표한다고 하기엔 너무 적은 수의 표본에 기초해서 일반적인 결론을 내릴 때 발생한다. 만일 전체 집단이 균일한 성질을 지니고 있다면 단 하나의 표본으로도 전체의 특성을 바로 알아낼 수 있겠지만, 그 집단이 불균질한 특성을 가지고 있다면 충분히 많은 수의 표본을 잡아야 전체 집단의 일반적인 성질을 알아낼 수 있을 것이다. 예를 들어, 어떤 정치적 사안에 대한 국민들의 여론을 조사한다고 할 때, 소수의 의견만을 묻는다면 다양한 의견을 정확히 반영했다고 보기는 어려울 것이다.

성급한 일반화의 오류를 재미있게 소개한 글을 소개한다.

스파게티 요리를 하고 있다고 생각해보자. 스파게티가 잘 익었는지 알
아보기 위해 한 가닥을 집어 올려 맛을 본다. 그 한 가닥이 잘 익었다면,
스파게티 면이 모두 잘 익었다고 생각할 것이다. 이때 표본은 한 가닥의
면발이고 모집단population은 그릇에 담긴 면발 전부이다. 이것은 성급한 일
반화의 오류를 범하는 것일까? 아니다.

이것은 무언가 요리를 할 때 우리들 대부분이 행하는 추론의 형태이다.
스프를 끓일 경우에도 우리는 숟가락에 조금만 담아 맛이 괜찮은지 확인
을 한다. 확실히 하기 위해 몇 숟가락씩 퍼 먹으며 맛을 볼 필요는 없는 것
이다. 왜냐하면 작은 숟가락으로 조금 담아서 맛을 보더라도 그것이 그릇
에 담긴 스프 전체를 대표한다고 볼 수 있기 때문이다. 같은 이유로 한 가
닥의 스파게티 면발도 전체의 스파게티가 잘 익었는지 확인하기엔 충분하
다고 생각할 수 있다.

이런 추론이 설득력을 지니는 이유는 스파게티가 대량 생산되고 면발이
같은 봉지에서 나왔기 때문이다. 또한 같은 봉지에서 나온 면을 같은 용기
의 끓는 물에 넣고 같은 시간 동안 같은 정도로 조리했다면 면이 같은 정
도로 골고루 익었다고 생각해도 무방할 것이다. 따라서 우리는 한 가닥의
스파게티 면발 맛을 보고서 전체 스파게티가 잘 익었는지 판별할 수 있는
것이다.

그렇지만 이런 추론이 잘못된 결론에 도달할 수 있다. 만일 국을 끓이는
중에 양념을 쳤다고 생각해보자. 매운 고춧가루를 뿌리고 한번 저어주는

것을 잊어버렸다. 만일 양념을 뿌린 그 자리에서 한 숟가락을 퍼 맛을 본다면 너무 매워서 먹을 수 없는 국이라는 생각이 들 것이다. 반면 다른 곳은 매운 맛이 없는 밋밋하고 어쩌면 비릿한 맛을 낼 것이다. 양념을 잘 저어주지 않으면 한 부분이 전체를 대표한다고 볼 수 없게 되는 것이다. 따라서 양념을 저어주지 않았다는 것을 잊고, 국이 너무 맵다고 결론을 내린다면 '성급한 일반화의 오류'를 범하는 것이다. 그리고는 오늘은 요리에 실패했다고 투덜거리면 더 바보스러운 짓이 될 것이다. 국에 양념을 하거나 라면에 스프를 넣고서 잘 저어주는 것이 바로 이런 이유에서이다. 맛을 보기 전에 잘 저어서 조금만 찍어서 맛을 보아도 전체의 맛을 잘 알 수 있는 요리법을 익히는 것이 바로 성급한 일반화의 오류를 방지하는 길이다.

물론 스파게티나 국보다 더 복잡한 모집단의 특성을 알아보기 위해 표본을 골라낼 때는 당연히 좀 더 세심한 주의를 기울여야 할 뿐 아니라 충분히 많은 수의 표본을 선택해야 한다. 정치적 입장에 대한 국민의 의사를 묻는 여론조사의 경우에 특정한 몇몇의 의견만을 표본으로 삼는다면 여론을 오도하게 된다. 성급한 일반화의 오류는 표본이 모집단을 대표할 수 있을 정도로 크고 정확하지 않으면 언제나 일어날 수 있다.

—Engel, S. Morris, *With Good Reason : An Introduction to Informal Fallacies*, (St. Martin's, 1994), pp. 137~140.

한국의 경우, 일부 특정한 정치적 사안에 대해 지역적인 여론이 극명하게 갈라지는 것을 알 수 있다. 이때 어떤 한 지역에서 아무리 많은 수의 표본을 선택한다고 하더라도 한국인의 여론을 대표한다고는 할 수 없을 것이다. 국가적 차원에서의 여론을 수렴하는 것은 지역적 성질을 넘어선다. 어느 한 지역의 정치적 입장이 대표성을 지닌다고 강변한다면 그것은 1) 국가적 차원에서 성급한 일반화의 오류를 범하는 것이거나 2) 국가 개념의 미발달로 인해 국가 차원의 인식과 이해보다는 지역적 이해를 우선시하는 일종의 봉건적 상태에 머물러 있다고 보아야 할 것이다.

정체성론 조선은 오랫동안 정체되어 있는 사회였고 그로 인해 스스로 근대화를 달성하는 것이 불가능하였다. 따라서 일본의 조선 병합이 정체되어 있는 조선의 근대화를 가능하게 하였다는 주장이다.

자본주의 맹아론 식민주의 사학자들의 '정체성론'에 대한 대항 논리로 등장하였다. 1960년대부터 등장한 자본주의 맹아론은 조선후기 사회가 대단히 역동적이었고, 자본주의 맹아라고 할 만한 광작, 경영형 부농, 도고 등이 존재했었다는 주장이다.

수탈론 자본주의 맹아론은 내재적 발전론으로, 일제 식민지 시대에 대규모 토지 수탈이 이루어졌다는 '수탈론'으로 전개된다. 민족주의 역사가 신용하는 '조선토지조사사업 연구'라는 논문에서 총독부가 농민과 왕실 토지의 40%를 수탈하였다는 등의 주장을 한다.

식민지근대화론 1980년대 들어 실증주의적 연구를 내세운 일군의 학자들은 '수탈론'이 민족 감정만 내세우는 허구적 이론이라고 주장한다. 실증적 자료 분석에 따르면 실제 국유화된 토지는 3%에 불과하며, 토지조사사업의 목적은 수탈이 아니라 등기제도의 도입에 있었다는 등의 주장이다. '식민지근대화론'이라는 명칭은 비판적인 '수탈론' 진영에서 붙여준 것으로 일정 정도 오해의 소지가 있는 게 사실이다. 더구나 수탈론 진영은 자료실증주의를 내세운 근대화론자들에게 맞설 만한 연구논문을 내지 못하고 있는 실정이다.

생각하기

1. '부분진리의 오류'를 이용하여, 스티븐·호킹과 내가 아는 것에 차이가 없음을 논증해보자.

2. '반쪽 진리' 혹은 '부분 진리'(half truths)를 진리라고 할 수 있을까? '빛은 입자이다'와 '빛은 파동이다'는 두 진술은 빛의 성질에 대한 각각의 일면을 보여주고 있다. 이때 '빛은 입자이다'는 부분 진리의 주장은 타당성을 지닌다고 볼 수 있을까?
조금 다른 경우. 일제 식민지가 한국의 근대화에 도움이 되었다는 주장이 있다. 이 이론은 사실 서울대 경제학부를 중심으로 한 주류 이론 중에 하나이다. 반면 다수의 한국인은 일본의 식민지 지배에 대한 부정적인 견해와 해석을 지지한다. 식민지 근대화론은 부분만을 보여주고 있는 것인가? 아니면 한국 근대사 전반에 대한 종합적인 조망을 하고 있는 것일까?

(1번에 가능한 하나의 논증)
스티븐 호킹은 내가 알고 있는 물리법칙에 관한 지식을

가지고 있다. 내가 아는 것은 그도 안다. 그리고 스티븐 호킹은 빅뱅이 일어나기 5분 전에 대해 아무것도 모른다. 나도 빅뱅 5분 전에 대해 아는 바가 없다. 그가 모르는 것은 나도 모른다. 내가 아는 것은 호킹도 알고, 호킹이 모르는 것은 나도 모르니까 우리 둘은 아는 것에 차이가 없다.

5. 조사하면 다 나와

비형식 : 복합질문complex question, plurium interrogationum, many questions, 함정질문loaded questions.
정의 : 복잡하고 복합적인 질문에 대해 '예/아니오' 식의 단순한 대답을 요구하는 오류.

복합질문에 긍정이나 부정의 응답을 하면 논증의 전제를 인정하게 된다. 흔히 수사관이 범인의 자백을 유도할 때나 검사가 증인으로부터 답변을 끌어내고자 할 때 쓰는 유도심문으로 많이 사용된다. 검사나 수사관은 "예/아니오로만 답하세요"라고 대답의 범위에 울타리를 친다. 무의식중에 증인이 복합질문에 말려들어 "예" 혹은 "아니오"라고 대답하는 순간 그는 질문에 숨어 있는 전제를 긍정하는 올가미에 걸리고 만다.

코미디 프로그램 가운데 언제나 "조사하면 다 나와!" 하고 윽박지르는 수사관이 있었다.

형사 : "어이, 곽한구. 이젠 부잣집만 털기로 했나?"

한구 : "무슨 소리예요, 아니에요!"

형사 : "그래, 그럼 부잣집이건 아니건 다 턴 단 말이지?"

한구 : "왜 그래요, 전 아니에요."

형사 : "솔직히 대답해! 조사하면 다 나와! 그래, 이번 건은 아니란 말이
지?"

한구 : "예, 아니에요."

형사 : "그래, 그럼 이전 건 네가 한 거 맞다는 얘기군, 구속시켜!"

아주 형편없고 수준 낮은 복합질문으로 수사를 진행하는 형사에
게 한구는 반론을 제기하려고 애쓰지만 소용이 없다. 그러나 이런
상황이 똑똑하고 노련한 검사가 순박한 시골 총각을 심문하는 자리
에서라면 아주 쉽게 검사의 함정에 걸려들 수 있다. 특히 법이 오직
권력 의지만을 기억하고 있는 특정한 시기를 살고 있는 오늘의 우리
에겐 각별히 유의해야 할 슬픈 현실이다.

봉준호 감독의 영화 〈살인의 추억〉은
한국에서뿐만 아니라 외국에서도 높은 평가를 받았다. 송강호가 열
연한 형사 박두만이 용의자를 취조하고 있다. 노장 박노식이 연기
한 백광호는 얼어붙어 정신이 없는 상황이다. 영화의 대본을 잠시
들여다보자.

고개를 돌려 취조 광경을 물끄러미 지켜보는 서태윤.

두만 : (차분하게) 여자들 다 니가 죽인거지?

광호 : ……(도리도리)

두만 : 좋아 그럼…… 여자들을 니가 다 죽인 건 아니지?

광호 : (잠시생각하다)……(도리도리)……(끄덕끄덕)

두만 : 그렇지. 그러니까 이향숙 빼고는 안 죽였다 이거지?

광호 : (헷갈리듯)……어……

두만 : 좋았어. 자, 도장 찍자! (조서를 들이민다.)

광호 : (버럭) 아무도 안 죽였다!

먼저 박두만은 "여자들은 니가 다 죽인 건 아니지?" 하고 복합질문으로 유도심문을 한다. 정신이 반쯤 나간 백광호는 어찌 대답할지를 몰라 망설이다 고개를 가로저었다 끄덕인다. 헷갈리는 상황에서 긍정과 부정을 동시에 하는 것이다. 그러자 박두만은 "그러니까 이향숙 빼고는 안 죽였다이거지?"라고 다그친다. 백광호가 아직 어안이 벙벙해 있는 사이 박두만은 조서에 도장을 찍으라고 들이댄다. 이것은 복합질문에 의한 유도심문이 성공하는 듯한 순간이다.

미국 정부 조직은 입법, 사법, 행정부의 견제와 균형checks and balances이 가장 중요한 핵심 요소로 되어 있다. 대통령은 대법관을 임명하고, 대법관은 종신으로 대통령의 결정을 비롯한 모든 사항의 최종적인 법적 판단을 내린다. 입법부는 입법과 심의를 통해 대통령과 사법부를 견제하고 탄핵할 수 있다. 이중 삼중으로 짜여 있는

1장 아리스토텔레스의 13가지 오류

견제와 균형의 틀은, 전쟁과 같은 특수한 경우를 제외하면, 매우 잘 유지되는 편이다.

　그중 입법부와 행정부의 견제와 균형을 보여주는 법안 승인 절차가 있다. 국회의 입법 과정은 먼저 개별 의원이나 의원 그룹의 발의에 의해 법률안 초안이 제출되면서 시작된다. 같은 사안에 대해서도 다양한 입법안이 제출되고 이 초안들은 장기간에 걸쳐 논의와 수정을 거친다. 결국 민주/공화 양당과 개별 의원들의 의사가 반영되어 상당히 수정된 법안이 국회에서 채택되면, 그 법안은 백악관의 대통령에게 전달된다. 대통령은 이 법안에 대해 'Yes or No' 즉 승인 또는 거부만 할 수 있다. 다시 말해 마음에 들지 않는 법안의 일부만 승인한다거나 거부할 수 없다는 것이다. 이 같은 장치는 대통령이 싫더라도 자신이 원하는 부분을 얻기 위해 원하지 않는 부분도 수용하도록 하기 위한 것이다. 간혹 국회는 이를 이용하여 대통령이 강력히 추진하는 정책에 특정한 법안을 끼워넣어 함께 제출하기도 한다. 대통령은 자신이 원하는 것을 얻기 위해 국회가 원하는 것도 받아들여야 하는 것이다.

견제와 균형(checks and balance) 국가의 권력을 분산시켜 상호 견제하게 함으로써 권력의 균형과 국가 질서의 안정을 추구하는 통치 원리를 이른다. 이러한 원칙은 존 로크(John Locke)의 사상과 몽테스키외(Montesquieu)의 명저 《법의 정신》에 크게 영향을 받았다. 18세기 말 프랑스혁명의 여파로 왕정복고의 바람이 불던 유럽과는 달리 새로운 이념에 의한 독립국가를 지향하였던 미국의 설립자들은 이 원칙을 적극적으로 수용하였다. 미국은 입법, 사법, 행정부의 삼권분립뿐만 아니라 국회의 양원제, 주정부와 연방정부의 권한 분리 등 다양한 장치를 통해 견제와 균형의 정신을 수용하였다.

한국의 견제와 균형 장치들
1. 국회의 행정부 견제
　1) 대통령, 국무총리, 국무위원 탄핵소추권
　2) 국무위원 해임건의권
　3) 예산안에 대한 심의 의결권
　4) 국정감사
　5) 대통령의 조약체결비준에 대한 동의권
　6) 계엄해제권 등
2. 행정부의 국회 견제
　1) 대통령의 법률안 거부권
　2) 정부의 법률안 제출권
3. 사법부의 국회 및 정부 견제
　1) 위헌법률심판 제청권
　2) 행정소송
4. 행정부의 사법부에 대한 견제
　1) 예산안 편성권
　2) 대통령의 사면권
5. 한국과 일부 국가들은 헌법재판소를 별도로 두고 있다. 헌법재판소의 국회 및 행정부 견제 수단.
　1) 위헌법률심판권
　2) 헌법소원심판권
　3) 권한쟁의심판권
　4) 탄핵의결권

이때 미 국회의 법안 제출은 특수한 형태의 복합질문이라고 볼 수 있겠다. 그리고 대통령의 승인 또는 거부는 법안에 복합적으로 들어가 있는 법안 전부에 대한 대답인 것이다. 이는 미 정치 체계가 복합질문의 오류를 견제와 균형의 장치로 이용한 사례라 할 수 있다.

_____

생각하기

1. 만약 백광호가 이향숙을 죽였고 일부 증거가 발견되었다면, 다음의 대화는 복합질문의 오류에 해당될까?

고개를 돌려 취조광경을 물끄러미 지켜보는 서태윤.
두만 : (차분하게) 여자들 다 니가 죽인거지?
광호 : ……(도리도리)
두만 : 좋아 그럼…… 여자들을 니가 다 죽인 건 아니지?
광호 : (잠시생각하다)……(도리도리)……(끄덕끄덕)
두만 : 그렇지. 그러니까 이향숙 빼고는 안 죽였다 이거지?
광호 : (헷갈리듯)……어……

2. 복합질문의 오류와 타당한 질문을 가르는 기준은 무엇일까?

3. "박두만의 마지막 질문이 타당한 질문이 되게 하는 기준은 무엇일까?"라는 질문에 숨어 있는 오류는 무엇인가?

4. 논술에서 주어진 주제나 질문이 유도하는 정답을 쓰려고 하지 말자. 환경 문제에 대한 질문에 모두가 '지속 가능하고 환경 친화적인 환경 정책'을 쓴다면 너무 뻔한 대답이 되고 만다. 한 번쯤, "뭐 별로 걱정할 것 없다"거나 혹은 "아무리 노력해도 소용없다"는 독특한 입장에서 '논리적인 대답'을 시도해보자.

6. 예수는 없다

비형식 : 강조의 오류accent.

동의어 : 상황오도misleading context, out of context, 강조의 전환shifting accent.

정의 : 문장의 특정한 부분에 대한 강조점을 달리하여 서로 다른 의미를 전달하는 오류.

　　　　　　　　어떤 말의 특정 부분을 강조하여 문
장의 의미를 바꾸거나 말의 전체 문맥에서 벗어나 일부만을 인용함
으로써 본래의 뜻을 왜곡하는 것을 강조의 오류라고 한다. 특히 문
장의 문맥context을 무시함으로써 발생하는 오류를 '탈문맥적 인용의
오류' 라고 한다.

　1. 우리는 친구에게 폭력을 써서는 안 됩니다.

　　= 친구가 아닌 사람들에 대해선 상관없다.

　2. 우리는 친구에게 폭력을 써서는 안 됩니다.

　　= 폭력이 아니면 괜찮다. 욕을 하거나, 속이는 행위는 상관이 없다.

특별히 숨겨진 뜻이 없이 평이하게 던져진 말이나 화자가 의도한 강조점을 달리 받아들인 청자에 의해 본문의 의미는 크게 달라질 수 있다.

"네 이웃을 사랑하라"는 말을 "네 **이웃**을 사랑하라"는 것으로 강조점을 달리해 읽는 것은 진의를 왜곡하는 일이 될 것이다. 즉 주변의 이웃을 사랑하라는 직설적인 명령형은 '이웃'은 사랑하되 이웃이 아닌 경우는 신경 쓸 거 없다는 야박한 명령이 되고 만다. 더구나 그 이웃이 누구인가 하는 문제로 파고들면, 성자의 가르침의 핵심은 완전히 실종된다. 그 성자는 '네 이웃'이 강도 만난 이와 그를 도와준 사마리아 사람이라고 이미 말해놓았다. 다시 묻는 이유는 무엇인가?

✱

여기서 탈문맥적인 인용에 의한 강조의 오류에 대한 비판글의 한 예를 소개해본다. 이 글은 오강남 교수의 《예수는 없다》라는 책에 대한 이영식의 서평 〈탈맥락화의 위험성에 관하여...(오강남의 《예수는 없다》라는 책을 읽고)〉의 일부이다.

예수는 없다(오강남 지음, 현암사, 2001) 출판 3개월 만에 3만 부의 판매를 기록한 베스트셀러 도서로서 비교종교학을 전공한 기독교인의 기독교 성찰서이다. 제목에서 볼 수 있듯이 "예수 믿고 천국 가자"고 하는 전통적인 특히 한국 기독교에 대해 "그런 예수는 없다"는 비판적 목소리를 담고 있다. 기독교인이든 아니든 꼭 읽어보아야 할 교양서이다. 한국 사회의 중요한 그러나 여전히 겉돌고 있는 실체인 기독교를 이해하는 데 큰 도움이 될 것이다.

예를 들어 저자는 극단적으로 보수적인 기독교인들의 사고방식을 극복한 모델로서 김진홍 목사 책을 매우 짧게 인용하고 있는데(284쪽, 이 인용구는 책의 겉표지에도 쓰여 있다) 원 저자의 말하고자 하는 컨텍스트를 완전히 제거한 채 자의적으로 인용하고 있다. 저자가 인용하는 김진홍 목사의 글은 다음과 같다.

"예수를 안 믿는 것보다 훨씬 더 문제인 것이 그릇 믿는 것이다. 예수를 믿는 일은 바로 믿지 않는다면 차라리 믿지 않는 게 낫다."(《황무지가 장미꽃같이》 제2권, 263쪽)

나 역시 김진홍 목사의 저작과 설교의 80%는 읽고 들었다고 자부하며 저자가 인용하는 김진홍 목사의 책도 감명 깊게 읽은 바 있다. 그런데 이 구절은 저자의 다원주의적 신앙관을 지지하는 데 인용되어서는 결코 안 되는 문맥이다. "황무지가 장미꽃같이"라는 책은 김진홍 목사가 기독교적 배경에서 태어났으나 참된 진리를 찾아서 불교에도 심취하고 철학에도 심취하여 구도자의 길을 걷다가 드디어 한 분 예수 그리스도를 고백해가는 과정에 관한 자전적 이야기이다. 여기서 '예수를 안 믿는 것보다 더 문제인 것이 그릇 믿는 것이다' 라는 김진홍 목사의 글은 다원주의를 선택하라는 의미가 전혀 아니다. 김진홍 목사의 어떤 글에도 다원주의를 지지하는 주장은 발견하지 못했다. 만약에 내 글이 그렇게 탈 문맥적으로 인용되어 마치 저자가 주장하는 다원주의를 지지하는 것처럼 인용되었다면 매우 기분이 좋지 않았을 것이다. 그리고 강력하게 항의했을 것이다.

—www.bibliotherapy.pe.kr 참조.

기독교인 종교학자로서 평생을 후학 양성에 힘써온 오강남 교수는 기독교의 자기성찰과 종교 간의 대화, 불교를 비롯한 타 종교의 소개에 많은 관심을 기울이고 있다. 그의 책들은 늙지 않는 젊고 신선한 사고, 쉽고 평이한 문체에 담긴 깊은 성찰의 흔적들로 인해 독자들의 찬사를 받고 있다.

그러나 그런 오강남 교수라고 글쓰기가 누워서 떡먹기는 아니고, 그의 글에 오류가 없는 것은 아니다. 오강남 교수는 이런 강조의 오류를 적절히 이용하기까지 한다. 그의 저술 중에 《예수는 없다》라는 책이 있다. 사실 그가 책에서 주장하고 있는 것은 "한국의 일반적인 교회에서 주장하는 그런 '예수는 없다'"는 것이다. 그러나 의도적으로 한 부분만을 선택 강조하여 독자들의 시선을 끄는 것은 오류를 이용한 독자의 관심 촉발 방식으로 볼 수 있다. 위에 인용한 글에는 오강남 교수의 자유로운 발상에 항의하는 혈기 왕성한 기독교인의 반론이 있다. 김진홍 목사의 글을 종교다원주의 입장에서 해석한 오강남 교수의 글은 김진홍 목사의 저술 의도와 문장의 맥락을 무시한 해석이라는 주장이다. 그리고 오강남에 대한 이영식의 비판은 매우 정당한 것으로 보인다.

종교다원주의(pluralism) 유럽인들에 의한 소위 '신대륙의 발견'은 당시 기독교에 의한 '타 종교의 발견'과 같은 의미를 지녔다. 기독교 유일의 유럽 사회에 동양의 불교, 유교, 힌두교, 이슬람의 발견은 충격이었으며, 서구 기독교인들은 다양한 종교와 기독교의 관계를 정립할 현실적인 필요가 생겼다. 가장 초기의 반응은 배타주의(exclusivism)로서 진정한 진리와 구원에 이르는 길은 기독교에만 있다는 주장이다. 대다수의 기독교인들은 아직 배타주의를 지지하고 있다. 그러나 점차 동양의 고등 종교를 공부한 기독교인과 종교학자들이 등장하면서, 다른 종교들의 가르침도 기독교의 진리 안에 포함되어 있으며, 궁극적으로 그들도 기독교적인 구원에 이를 수 있다는 포용주의·포괄주의(inclusivism)가 등장한다. 포괄주의는 여전히 기독교 중심주의에서 벗어나지 않으면서도 다양한 종교적 현실을 포용하려는 노력으로 간주된다. 서구인들 사이에 동양의 종교 사상에 대한 이해가 깊어지고, 동양 종교 스스로 서구 학문을 습득한 학자들을 배출하면서, 진리와 구원에 이르는 길은 다양하며 절대적이고 배타적인 진리는 존재하지 않는다는 다소 과격적인 다원주의(pluralism)가 등장한다. 다종교적 현상을 놓고 볼 때 다원주의는 매력적인 주장이긴 하나 개별 종교들의 진리 주장과 선교라는 측면에서 어려운 문제를 남겨두고 있다.

몇 년 전 서울 여의도 국회 앞 광장에 벌거벗은 예언자들이 나타나 소동을 벌인 적이 있었다. 다음은 당시 상황을 전하는 신문기사를 퍼온 글이다.

국회 앞 나체시위

"북한 김정일이 기습남침을 한다"며 10일 오후 여의도 한복판에서 모교회의 목사라고 밝힌 두 사람이 나체로 차량 시위를 하고 있다.

자신들은 하늘의 사자이며 "만연한 종교, 정치, 사회의 부패를 심판하고 또한 북한의 김정일이 2월 20일 기습남침을 기도한다는 성경의 예시를 알리러 왔다"며 주변의 시선은 아랑곳 하지 않고 나체시위를 계속했다.

추격해온 경찰이 제지하며 현행법 위반이라고 설명한 후 연행하려 하자 두 사람은 순순히 옷을 입고 경찰차에 몸을 실었다.

이렇게 여의도의 해프닝은 저녁놀과 함께 저물어갔다.

—《일요신문사》, 2003. 2. 10.

이 기사는 제목을 "국회 앞 나체시위"로 시위의 내용이나 특성에 대한 보도 없이 평이하게 뽑아놓았다. 나체라는 독특한 수단을 통해 국회 앞에서 뭔가 주장을 했다는 것을 알려 약간의 호기심을 끄는 정도라고 하겠다.

그러나 독자의 시선을 자극하기 위하여, 혹은 어떤 메시지를 전달하기 위하여 다른 제목을 뽑는다면 신문 기사를 읽는 독자들의 이해는 상당히 달라질 수 있다.

먼저, "**북한의 남침 임박**, 목사들 주장"이라는 제목을 생각해보자. 먼저 북한의 남침이 임박했다는 강력한 경고가 눈을 자극한다. 나체시위라는 부분은 드러내지 않고, 목사들이 주장했다는 것으로 일종의 종교적 신뢰감을 유도한다.

"**목사들 나체시위**, 남침 임박 경고"라는 제목으로 기사를 읽어보자. 이 표제를 대하는 독자는 "목사들이 정신이 나갔나 보군" 하는 반응을 보일 것이고, 따라서 뒤따르는 남침 임박 경고는 신뢰성을 상실할 것이다.

소리로 매개되는 말의 경우 목소리의 크기나 억양이 강조를 나타내는 반면, 신문이나 활자화된 언어는 철자의 크기나 색깔을 사용한다. 이 같은 강조의 오류는 논리적 사고에 훈련이 되어 있지 않고, 일일이 많은 정보를 읽고 점검할 수 없는 대중을 상대로 한 정치적 담론이나 언론의 보도에 빈번히 등장한다. 또한 논쟁의 수준에 도달하지 못한 말싸움식의 토론장에서도 자주 발견할 수 있다.

강조의 오류는 빈번히 사용될 뿐 아니라 오랜 역사를 지니고 있는 것으로, 이미 2500년 전 아리스토텔레스가 찾아낸 13가지 오류에 포함되어 있다.

생각하기

1. '강조'와 '강조의 오류'를 가르는 기준은 무엇일까? 그 기준은 저자, 독자 그리고 글

자체 중 어느 관점에 맞추어져야 한다고 생각하는가? 만일 저자가 강조하고자 의도한 핵심이 그의 저술에는 다르게 나타나고, 독자는 또 그것을 다른 각도에서 강조점을 읽는다면, 저자와 독자, 책 중에서 어느 쪽에 가장 무게를 두는 것이 좋을까?

2. 《예수는 없다》라는 책의 제목은 다분히 의도적으로 독자들을 자극하기 위한 것으로 보인다. 책의 내용은 '어떠어떠한 그런 예수는 없다'로 이해할 수 있을 터인데, 앞부분을 생략함으로써 기독교 일반의 '예수는 없다'는 의미를 강조한다. 이처럼 일정한 부분을 의도적으로 누락시킴으로써 다른 부분을 강조하는 '강조의 오류'와 비슷한 사례들은 어떤 것이 있을까?

7. 채식주의와 폭력성

비형식 : 선결문제요구의 오류begging the question, petitio principii, 질문구걸하기.

동의어 : 순환정의circular definition, 순환추리circular reasoning, reasoning in a circle, 순환논증 circular argument, 닭-계란 논쟁chicken and egg argument, 악순환vicious circle, 전제부 재의 오류.

정의 : 어떤 논증의 결과를 미리 단정하거나 논제를 재확인하는 방식으로 논쟁을 전개하는 오류. 일종의 순환논증.

선결문제요구의 오류를 지칭하는 영어 'begging the question'에서 질문이나 라틴어의 'petitio principii'는 공식적인 토론에서 제기되는 질문을 말한다. 공식적인 논쟁에서 간혹 논쟁의 진행을 촉진하기 위해, 상대방에게 어떤 부분은 논쟁할 필요 없이 인정해줄 것을 요구하는 경우가 있다. 그런데 이런 양해의 요구가 토론의 핵심적인 주제에 대한 것이라면, 토론을 무의미하게 할 것이며 상대방이 받아들일 리가 없다. 이런 오류를 '질문구걸하기' 혹은 '논제의 요구petitio principii'라고 하며, 정답을 예단하는assuming the answer 일종의 '전제의 오류fallacy of presupposition'에 해당한다.

'선결문제요구'의 영어 번역인 '질문구걸하기'라는 이름은 오류의 내용을 정확히 전달하지 못하는 문제가 있다. 영어 표현에 'I'm begging'은 '빌다, 구걸하다'는 뜻 외에도 약간 비꼬는 듯한 반어적 의미를 지니기도 한다.

"Do you have any evidence? Show me a single one! I'm begging"은 "증거 있어? 있으면 한번 내봐보시지!"라는 식으로 자신의 말이 의문의 여지가 없이 확실하다는 뉘앙스를 가지고 있다.

아마도 'begging the question'이라는 이름을 붙인 사람이 '선결질문에 대한 요구'라는 아리스토텔레스의 본래 의도와 begging의 현대 속어적 의미를 염두에 두고 이름을 붙이지 않았을까 하는 생각이다.

　　　　　　　　　뉴욕을 여행하는 한국인들은 뉴욕의 존 F. 케네디 공항에 도착하면 대부분 플러싱Flushing에 먼저 들러서 한국 음식을 먹는다. 플러싱은 한국어만으로도 생활이 가능한 한인들의 밀집 지역이다. 한국 간판을 단 한국인들의 가게에서 한국말로 한국 음식을 주문하고 한국 상품을 살 수 있는 곳이기도 하다. 그곳에 금강산이라는 이름을 가진 대형 한국 식당이 있다.

길동 : 플러싱의 금강산 식당 어때요?

춘향 : 너무 좋지요. 음식 맛 좋고, 교통 편리하고.

길동 : 그곳 음식이 맛있는가 보죠?

춘향 : 그럼요. 음식이 좋으니까 비즈니스가 잘되서 식당이 금방 컸죠. 그
　　　러니까 당연히 최고급 요리사를 쓰죠. 최고 요리사들이 음식을 하니 맛
　　　있지 않을 수 있겠어요?

　　눈치 채셨는지? 음식 맛이 좋으냐는 질문에 춘향은 음식 맛이 어
떻게 좋다는 대답을 하지 않았다. 그녀는 음식이 맛있냐는 질문에
음식이 맛있다는 동어반복의 대답을 하고 있다. 춘향의 말은 '음식
이 맛나기 때문에 사업이 잘되고 그래서 좋은 요리사를 고용하고
그러니까 음식 맛이 좋다' 는 처음과 끝이 같은 순환구조를 이룬다.
　　음식 얘기가 나왔으니 채식vegetarian과 육식carnivorous 혹은 잡식
omnivorous성의 식습관과 인간성에 대해 잠시 생각해보기로 하자. 채
식주의 지지자들과 육식주의자들(실제는 잡식주의자들) 사이에 벌어지
는 논쟁 중에 '육식과 인간의 폭력성' 에 대한 논쟁이 있다. 평생 10
만 권의 독서를 했다는 전설이 전해지는 오쇼 라즈니쉬1931~1990는
인도의 영성 지도자이자 철학자로 잘 알려져 있다. 그가 남긴 육식
의 해독에 관한 글을 읽어보자.

채식주의(vegetarianism/veganism) 고기류를 비
롯하여 동물에서 얻을 수 있는 식품을 피하고 식
물성 음식을 취하는 식생활 태도를 말한다. 어원
인 vegetus는 온전한 식생활을 의미하며, 영어의
식물, 채소류를 의미하는 vegetable에서 유래하였
다. 모든 육류와 동물에서 나온 식물 및 생산품
일체를 거부하는 이들을 베건(vegan), 우유나 계
란은 섭취하는 채식주의자는 베지테리안
(vegetarian)으로 분류한다. 베지테리안은 다시 우
유 제품을 먹는 락토베지(Lacto-Veggie)와 우유와
계란을 모두 먹는 오보-락토 베지(Ovo-lacto
Veggie)로 구분한다. 베지(Veggie)는 채식주의자
를 통칭해 줄여서 부르는 말이다.

"육식은 독毒이 있는 음식을 먹는 것이다."
　　이젠 과학자들도 동물을 죽일 때 그 동물이
공포 때문에 온갖 독소가 분비된다는 사실에 동
의한다. 죽음은 쉬운 일이 아니다. 그대가 동물
을 죽일 때, 동물의 내부에서는 공포로 인해 엄
청난 떨림이 일어난다. 동물은 살아남기를 원한

다. 그래서 온갖 종류의 독소를 뿜어내는 것이다. 그대 역시 공포를 느낄 때는 몸 안에 독소가 분비된다. 이 독소들은 그대가 싸우거나 도주하는 데 도움이 된다. 때때로 화가 나면 그대는 상상하지 못했던 일을 할 수 있게 된다. 평상시 흔들지도 못했던 바위를 옮겨놓을 수가 있다. 하지만 거기에는 분노가 있고 독소가 퍼지고 있다. 공포로 인해 사람들은 올림픽 육상 선수도 앞지를 수 있을 만큼 빨리 뛸 수도 있다. 누군가가 그대를 죽이기 위해 칼을 들고 뒤쫓아오고 있다고 생각해보라. 그대는 그대가 할 수 있는 최선을 다할 것이다. 그대의 온몸은 최대한으로 작동될 것이다. 그대가 동물을 죽일 때, 이와 같은 분노와 불안과 공포가 일어난다. 동물의 눈앞에 죽음이 닥쳐오고 있다. 동물의 모든 분비기관에서 수많은 종류의 독이 분비된다. 그래서 현대에는 동물을 죽이기 전에 무의식적으로 만들고 마취시키는 방법을 생각해냈다. 현대의 도살자들은 마취법을 쓴다. 하지만 이것은 극히 표면적인 차이만 있을 뿐, 별 차이가 없다. 마취가 미치지 못하는 가장 깊은 곳에서는 죽음을 대면해야 하기 때문이다. 동물들은 그것을 의식하지 못할지도 모르고, 무슨 일이 일어나고 있는지 자각하지 못할지도 모른다. 하지만 그 일은 마치 꿈속에서처럼 일어나고 있다. 동물은 악몽을 꾸고 있다. 그래서 고기를 먹는 것은 독이 있는 음식을 먹는 것이다. (…중략…) 만일 그대가 육식을 해왔다면, 그것을 그만둘 수 있다. 그것은 그렇게 큰 일이 아니다. 그래서 고기 먹는 것을 중지한다면 석 달 안에 몸은 채식을 하지 않는 데서 비롯된 모든 독소를 깨끗이 벗어버릴 것이다. 그것은 매우 간단하다.

—오쇼 라즈니쉬, 김성식 등 옮김, 《라즈니쉬의 명상건강》, 정신세계사, 1996.

육식은 동물의 죽음과 관련된 독성을 섭취하는 것이며, 채식으로 전환한다면 이 같은 공포의 독성을 해소할 수 있을 것이라는 주장이다. 최근 서구에서는 채식과 육식을 인간의 폭력성과 연결시키는 논쟁이 다소 줄고 영양학적인 측면이나 경제·사회적 측면에서 보다 집중적으로 논의되는 것 같다.

육식이 인간의 폭력성과 어떤 연관성을 지니고 있느냐는 문제는 독자들의 판단에 맡기기로 하고 여기서는 이와 관련된 오류의 예를 살펴보기로 한다. 한 채식주의자가 인간의 폭력성을 극복하기 위해서 채식을 해야 한다는 주장을 하였다.

"오쇼 라즈니쉬의 말처럼 육식은 인간에게 공포와 수많은 종류의 독을 품게 합니다. 이것은 폭력적인 인간 문화의 가장 기초를 이루는 것입니다. 따라서 사람들이 평화롭고 온유한 삶을 살기 위해서는 채식을 해야 합니다."

이 주장은 어떻게 채식이 인간의 폭력성을 극복하고 평화롭고 온유한 삶을 살게 하는지를 설명하고 있지 않다. 오히려 논쟁의 초점인 "채식이 평화롭고 온유한 삶을 살도록 하는가?"라고 하는 질문을 참으로 전제하고 있다. 다시 말하면, 인간이 비폭력적이고 평화로운 삶을 살기 위해서는 채식을 해야 한다. 왜냐하면 채식이 인간을 평화롭고 온유한 인간으로 만들기 때문이다.

아직도 뭐가 잘못됐지? 이런 생각이 드는 독자들이 있을지 모르겠다. 무엇인가 옳다고 미리 전제하고 그 전제 자체에 대한 비판을 허락하지 않는 우리의 습관이 몸에 배어 있는 탓이다.

생각하기

1. 다음의 선언명제는 선결문제요구의 오류를 범하고 있다.

"자본주의적 생활양식이 인간의 본성에 가장 부합한다는 사실이 20세기의 역사적 경험을 통해 충분히 증명되었다는 것은 누구도 부정하지 않을 것이다."

19세기 세계의 주도적인 경제 이념이 된 자본주의가 20세기 말 경쟁 이념이던 사회주의와의 경쟁에서 승리함으로써 이념적 적자생존의 법칙에 따라 생존하게 되었다. 이것은 자본주의적 생활양식이 인간의 본성에 가장 부합하기 때문일까?

2. 한국은 공교육이 울타리만 제공하고 알맹이는 사교육이 맡는다고 할 정도로 비정상적이고 기형적인 사교육 중심의 교육 현실을 지니고 있다. 좋은 공교육 기관은 좋은 사교육을 많이 받았거나 받고 있는 사람들이 많이 모인 장소에 다름 아니다. 강남의 학군이 좋다는 말은 강남의 공교육 기관인 고등학교가 좋다는 말이겠으나, 실은 강남에 사학이 가장 발달했다는 말 혹은 그럴 경제적 여유가 있다는 사실을 의미하는 것은 아닐까? 다음 주장에 대해 생각해보자.

"자식에게 최그의 교육 기회를 주기 위해서는 강남 학군으로 전학을 시켜야 한다. 왜냐하면 강남 학군의 고등학교들은 학생들에게 최선의 교육을 제공하기 때문이다."

자본주의(Capitalism) 19세기 사회주의자들이 사용하기 시작하면서 등장한 개념으로 국가나 학자의 수만큼 그 정의도 다양하다. 대체로 이윤 획득을 위한 상품 생산 혹은 화폐경제와 유사하게 정의할 수 있으며, 사회주의 계획경제에 대하여 사유재산제에 바탕을 둔 '자유주의 경제'를 뜻하기도 한다. 칼 마르크스는 자본주의의 특성을 1) 이윤을 목적으로 상품을 생산한다. 2) 노동력이 상품화된다. 3) 생산이 무계획적으로 이루어진다고 주장했다. 사회주의의 도전에 응전하는 과정에서 근대 자본주의도 많은 수정을 거치면서 사회주의적 요소들을 절충하게 된다.

8. 열역학 제2법칙과 진화

비형식 : 우연의 오류accident.

동의어 : 포괄일반화 오류sweeping generalization, 통계적 일반화statistical generalization, 단순화
의 오류dicto simpliciter, spoken simply, 예외부정의 오류destroying the exception.

정의 : 일반적인 사실을 구체적인 상황에 직접 대입하려 할 때 발생하는 오류.

우연의 오류란 어떤 일반적인 원칙을 모든 경우에 예외 없이 적용할 수 있는 것처럼 생각하고, 적용할 수 없는 우연적이거나 예외적인 상황에까지 적용하는 오류를 이른다. 즉 일반적이고 넓은 의미에서는 타당하다고 받아들일 수 있지만 구체적인 모든 사례에 그대로 적용하는 것은 무리가 따르는 명제들을 절대적인 진리인 양 받아들이는 것은 잘못이다.

친구 집에 들렀다. 친구 가족은 막 식사를 끝내고 설거지 중이었다. 친구 어머니께서 "너 밥 먹었니?" 하고 물었다. 순간 우리 집 벽에 걸려 있는 '거짓말하지 말라'는 가훈이 생각났다. "아뇨, 안 먹었는데요." "그래, 그럼 배가 고프겠구나?" 어머니께서 물었다. 나는 "예, 무척 배가 고프네요" 하고 대답했다. 친구 어머니는 나를

위해 밥을 다시 짓고 치운 밥상을 다시 차리셨다. 나는 밥을 맛있게 먹었다.

밥을 맛있게 먹고 나자 집으로 오는 길에 골목을 지키고 있던 녀석들에게 소지품 검사라는 것을 당했다. 돈이 있느냐고 물었다. 모자에 넣어둔 돈을 꺼내줄 수밖에 없었다. 나보다 체격도 작은 녀석들이 내 뺨을 가지고 놀았다. 하지만 나는 참을 수밖에 없었다. 왜냐하면, 우리 집 가훈에는 '싸우지 말라'는 것도 있었기 때문이다.

이 글의 주인공은 '거짓말하지 말라'는 가훈이 선의의 거짓말white lie도 허락하지 않는 것으로 단순화하고, '싸우지 말라'는 것을 정당한 방위도 허락하지 않는 절대적인 규범으로 이해하고 있다. 이것을 '포괄일반화의 오류'라고 한다.

✢

열역학 제2법칙과 진화에 대한 다음의 글은 일반적인 법칙을 구체적인 사례에 예외 없이 적용한 경우이다.

우주가 하나의 닫힌 체계이고 따라서 우주는 열역학 제2법칙의 지배를 받는다. 그러므로 우주의 모든 물질은 점차 질서가 파괴되고 혼란이 증가하는 방향으로 진행해야 한다. 하지만 진화는 그와 정반대의 방향을 따라가는 것이다. 그러므로 진화론은 자연법칙에 반하는 가설이다.

진화한다는 것은 단순한 형태의 생명체가 점점 더 복잡한 생명체로 발전해간다는 주장이기 때문에 무질서도가 증가한다는 엔트로피의 법칙에 반한다. 따라서 진화는 열역학 제2법칙을 거스르는 이론으로서 성립할 수가 없다는 것이다.

이 주장은 우주적 차원의 엔트로피 법칙이 우주의 모든 점에서 균일하게 진행되어야 한다는 전제를 가지고, 우주 안에 무수히 많은 열린계들 즉 태양계나 지구, 그리고 개별적인 생명체 등에 예외 없이 적용되어야 한다고 보는 오류이다.

카지노에 간 도박사의 예를 들어보자. 2001년 개봉된 〈오션스 일레븐Ocean's Eleven〉이라는 영화는 라스베이거스의 화려한 카지노를 배경으로 조지 클루니와 브레드 피트의 명연기가 어우러져 높은 인기를 누렸다. 카지노를 통째로 털 생각을 하고 있는 영화의 주인공 대니 오션(조지 클루니 분)이 이런 말을 한다.

열역학 제1법칙(the first law of thermodynamics) 역학적 에너지에 국한되었던 에너지 보존법칙에 열 에너지까지 포함한 에너지 보존법칙이다. 위치 에너지, 운동 에너지, 열 에너지 등은 서로 형태를 바꿀 수는 있지만 스스로 생성되거나 소멸되지는 않는다는 법칙을 말한다.

열역학 제2법칙(the second law of thermodynamics) 엔트로피의 법칙이라고도 한다. 엔트로피(entropy)는 물질의 무질서도를 나타내며, 닫힌계에서 엔트로피는 항상 증가하는 방향으로만 에너지 전환이 일어나며, 최종적으로 엔트로피가 더 이상 증가할 수 없는 무질서의 평형 상태에 도달한다는 법칙이다. 엔트로피는 비가역적 성질을 띠고 있어 증가한 엔트로피가 다시 감소할 수는 없다.

열역학 제3법칙(the third law of thermodynamics) 네른스트의 열정리 혹은 네른스트-플랑크의 정리라고도 한다. 네른스트는 절대온도 T가 0이 되면 엔트로피의 변화도 0이 된다고 주장했다. 즉 절대온도가 0도가 되면, 열역학 과정에서 압력이나 자기장 등 다른 외부 조건에 관계없이 엔트로피가 증가하지 않는다는 것이다. 이 경우 절대온도 0에서 열용량도 0이 된다. 반면 플랑크는 절대영도에서 엔트로피 자체가 0이 된다고 주장했다. 이 경우 비열이나 팽창률이 0이 되며, 절대영도에 도달하는 것이 현실적으로 불가능하다는 결론에 이른다.

Danny : Cause the house always wins. You play long enough, never change the stakes, the house takes you. Unless, when that perfect hand comes along, you bet big, and then you take the house.

데니 : 하우스가 언제나 이기기 때문이지. 판돈을 바꾸지 않고 계속 게임
을 하면 결국 하우스가 너를 빈털터리로 만들 거야. 어떤 완벽한 타짜
가 나타나서 크게 한 판 하고 하우스를 차지해버리지 않는다면 말야.

확률에 의해 정확히 통제되고 있는 카지노의 승률은 하우스가 언
제나 이기도록 프로그램되어 있다. 특히 슬롯머신과 같이 정확히
정해진 확률에 우연한 승리를 기대하는 게임이라면 하우스의 승리
는 어떤 경우에도 명백하다.

이 사실을 바탕으로 "카지노에 가봐야 소용없어 결국 잃고 말테
니까?"라고 말한다면 이 또한 '통계적 일반화' 혹은 '단순화의 오
류'를 범하는 것이다.

라스베이거스의 카지노는 승률이 가장 낮은 슬롯머신의 경우 하
우스가 확률적으로 4~15%를 가져가며, 나머지는 게임의 패자들이
승자에게 몰아준다. 하우스의 입장에서는 블랙잭이 가장 이익이 적
은데 약 0.2~0.7%가 하우스의 몫이 된다. 간혹 케노^{Keno}와 같이
25%까지 하우스 몫으로 떨어지는 게임도 있다.

카지노에서 도박을 계속한다면, 데니의 말처럼 하우스가 이기는
것은 정해진 사실이다. 그러나 개별 도박사들의 하나하나의 게임
결과는 다를 수 있다. 같이 게임을 하면서 돈을 잃고 있는 90% 이
상의 사람들이 일부는 하우스에 일부는 승자에게 몰아주기를 하고
있기 때문이다. 따라서 카지노에서 도박을 하면 반드시 돈을 잃을
것이라는 주장은 오류이다.

그러나 절대 도박에 맛을 들이지는 말기 바란다. 미국 한인들 중

에도 수년간 타국의 멸시를 견뎌내며 모은 돈을 도박으로 탕진한 이들이 적지 않다. 어떤 사람은 카지노에서 며칠간 낮밤을 지새우며 수억 원의 돈과 타고 간 차까지 날려버렸다. 다행히(?) 카지노 측은 그에게 여섯 시간 거리에 있는 집까지 갈 수 있도록 고급 리무진을 내어주었다.

우연의 오류와는 반대로 특수한 경우에 참인 것을 일반적인 경우에도 참이라고 주장할 때 범하게 되는 오류를 '역우연의 오류converse accident fallacy' 라고 부른다. 일종의 성급한 일반화의 오류라고 볼 수도 있겠다. 역우연의 오류와 유사하지만, 일반화하지 않고 여전히 특수한 경우에 참이었기 때문에 다음의 특수한 경우에도 참이라고 생각하는 오류를 '특수우연의 오류specific accident fallacy' 라고 한다.

옛 애인과 다투고 난 후에 맛있는 케이크를 선물하면 화가 풀렸었다. 그러므로 지금 사귀고 있는 애인과 다툰 후에도 케이크만 선물하면 화가 풀릴 것이다.

이렇게 생각하는 사람이 있다면, 특수우연의 오류를 범한 대가를 톡톡히 치를 수 있음을 기억하기 바란다. 그러나 그냥 가만히 있는 것보다는 뭔가 하는 게 좋을 테니까 한번 시도해보는 것은 나쁠 것도 없긴 하겠다.

생각하기

1. 1960년대 미국의 흑인 인권 운동은 마틴 루터 킹 목사Martin Luther King, Jr.와 말콤 엑스 Malcolm X로 대표된다. 마틴 루터 킹 목사는 간디의 영향을 받아 비폭력 저항운동을 전개한 반면 말콤 엑스는 구조적 폭력을 무너뜨리기 위해선 힘으로 저항해야 한다고 주장하였다. 그는 종교도 이슬람으로 개종하고 흑인 인권의 보장을 위해서는 폭력을 포함한 모든 수단 을 옹호하였다. 킹 목사와 말콤 엑스는 모두 1960년대 말 암살을 당하고 만다. 흑인에게 가해지는 '인종적 폭력이 악이다'는 신념으로 저항하였던 두 사람의 입장에 대 해 생각해보자.

2. 간디나 루터 킹 목사의 '비폭력 저항운동'이 말콤 엑스류의 '폭력 저항'보다 후대의 인정을 받고 기념되는 이유는 무엇일까? 그리고 루터와 말콤 엑스의 경우에서처럼 동시 대에 공존하였던 두 입장을 경쟁적 혹은 상호보완적 측면에서 생각해보자. 말콤 엑스가 없었다면 루터 킹의 비폭력 저항운동이 그만큼 주목받을 수 있었을까?

새빨간 논리

2장
삼단논법(三段論法)
Syllogism

삼단논법이란 세 개의 명제 즉 두 개의 전제와 하나의 결론으로 이루어진 논증 형식이다. 삼단논법은 그 전제의 성격에 따라 정언삼단논법定言三段論法, 가언삼단논법假言三段論法, 선언삼단논법選言三段論法으로 구분된다.

세 가지 삼단논법 중에서 일반적으로 삼단논법이라고 부르고 가장 중요한 것은 정언삼단논법이다. 정언삼단논법은 세 개의 개념으로 이루어져 있으며 논증에서 각각의 명제가 두 번씩 사용된다. 이때 결론의 주개념을 소개념(S), 술어 개념을 대개념(P), 그리고 전제에서만 등장하여 두 전제를 연결하는 개념을 매개념(M)이라 한다. 대개념이 포함되어 있는 명제는 대전제, 소개념이 등장하는 명제는 소전제라고 부른다.

대전제—인간(M)은 모두 죽는다(P).

소전제—소크라테스(S)는 인간(M)이다.

결론—그러므로 소크라테스는 죽는다.

정언명제는 다시 네 가지 종류로 나누어진다. 긍정을 뜻하는 라틴어 Affirmo에서 A유형과 I유형, 그리고 부정을 뜻하는 Nego에서 E유형과 O유형으로 이름이 붙여졌다. 또 A, I, E, O 유형은 모든 집합을 포함하는 전칭과 일부분만을 포함하는 특칭으로 구분된다. 따라서,

A형 : 모든 정치인은 멍청이다. (전칭긍정)

E형 : 모든 정치인은 멍청이가 아니다. (전칭부정)

I형 : 어떤 정치인은 멍청이다. (특칭긍정)

O형 : 어떤 정치인은 멍청이가 아니다. (특칭부정)

이처럼 정언삼단논법은 표준명제로 전환된 대전제—소전제—결론의 배열을 갖추고 있다. 각각의 유형이 삼단의 위치에 자리할 경우의 수는 64개이다. 또 매개념의 위치에 따라 4개의 격이 정해진다. 매개념이 대전제의 주어와 소전제의 술어에 있으면 1격, 두 전제 모두의 주어개념이면 2격, 두 전제 모두에서 술어 자리에 있으면 3격, 대전제의 술어와 소전제의 주어 자리에 있으면 4격이다.

이를 다시 고려하면 정언삼단논법의 모든 가능한 수는 256가지이다. 아리스토텔레스는 이중 25가지만이 타당한 형식이라고 보았다. 그러나 존재함축existential import을 인정하지 않는 현대 논리학에서

는 타당한 삼단논증은 15가지로 제한된다.

삼단논증의 타당성은 벤다이어그램으로 그려보는 것이 가장 시각적인 방법이다. 그러나 삼단논증의 내용과 문제점을 지적해보기 위해서는 정언적 삼단논증을 구성하는 11가지 규칙들을 살펴보는 것이 유용하다.

규칙 1.

정언적 삼단논법은 반드시 세 개의 개념을 가져야 하고, 그 개념은 논증 전체에서 동일한 의미로 사용되어야 한다.

삼단논증을 구성하는 개념이 4개 혹은 그 이상이면, '사항오류' 또는 '다항오류' 가 발생한다. 또한 매개념의 의미가 다의적인 경우에는 '애매어' 혹은 '애매문의 오류' 가 발생한다.

규칙 2.

정언삼단논법은 대전제, 소전제, 결론 세 개의 명제만으로 이루어진다. 세 개 이상의 명제로 이루어진 논증은 삼단논법이 복합을 이룬 연쇄삼단논법이다. 이 경우에는 한 삼단논법의 결론이 다음 삼단논법의 전제로 기능한다.

규칙 3.

매개념은 적어도 한 번은 주연되어야 한다. 만약 매개념이 한 번도 주연되지 않는다면, '매개념 부주연의 오류' 를 범하게 된다.

규칙 4.

전제에서 부주연인 개념을 결론에서 주연시키면 안 된다. 만약 전제에서 부주연인 개념을 결론에서 주연시키면, '부당주연의 오류', 대개념을 부당하게 주연시키면, '대개념 부당주연의 오류', 소개념을 부당하게 주연시키면 '소개념 부당주연의 오류'를 범하게 된다.

규칙 5.

전제가 모두 부정일 때는 결론을 도출할 수 없다. 두 전제 모두가 부정일 경우, '양부정의 오류'를 범하게 된다.

규칙 6.

전제가 모두 긍정일 때는 결론도 긍정이어야 한다. 전제가 모두 긍정임에도 불구하고 부정인 결론을 도출되는 것은 '부당부정의 오류'라고 한다.

규칙 7.

전제 중 하나가 부정이면 결론도 부정이어야 한다. 전제 중 하나가 부정임에도 불구하고 긍정인 결론을 도출하는 것은 '부당긍정의 오류'이다.

규칙 8.

전제가 모두 특칭일 때는 결론을 도출할 수 없다. 만약 두 전제가 모두 특칭이라면, '양특칭 전제의 오류'를 범하게 된다.

규칙 9.

전제 중 하나가 특칭이면 결론도 특칭이어야 한다. 전제 중 하나가 특칭임에도 불구하고 전칭인 결론에 이르는 것은 '부당전칭의 오류'이다.

규칙 10.

대전제가 특칭이고 소전제가 부정이면 결론을 도출할 수 없다.

규칙 11.

전제가 모두 전칭일 경우에는 특칭의 결론을 도출할 수 없다. 두 전제가 모두 전칭임에도 불구하고 특칭의 결론을 이끌어낸다면 이는 '존재가정의 오류'를 범하는 것이다.

가언삼단논법은 가정적 전제에서 출발하여 전개하는 삼단논증 방법이다.

만일 A이면 B이다.

A이다.

그러므로 B이다.

대전제를 전건과 후건으로 구성하는 가언판단을 하고, 소전제에서 후건을 긍정 또는 부정하여 결론을 도출하는 논법이다.

대전제—만일 독약을 먹으면(전건) 죽는다(후건).

소전제—독약을 먹었다. (전건긍정)

결론—그러므로 죽는다. (후건긍정)

이때 소전제에서 후건을 긍정하여 전건을 긍정하는 결론에 이르는 삼단논증을 '후건긍정의 오류'라고 한다.

대전제—만일 독약을 먹으면 죽는다.

소전제—죽었다.

결론—그러므로 독약을 먹었다.

대전제가 참이라 하더라도 죽었다는 사실이 독약을 먹었다는 것을 입증하지는 못한다. 죽을 수 있는 경우의 수는 너무도 많기 때문이다.

또한 대전제의 전건을 부정하여 후건을 부정하는 결론을 도출하는 것을 '전건부정의 오류'라 한다.

대전제—만일 독약을 먹으면 죽는다.

소전제—독약을 먹지 않았다.

결론—그러므로 죽지 않는다.

이 경우에도 마찬가지로 독약을 먹지는 않았지만 죽을 수 있는 가능성은 언제나 열려 있다는 점을 간과하고 있다.

다음은 후건부정의 경우를 살펴보자.

대전제—만일 독약을 먹으면 죽는다.

소전제—죽지 않았다.

결론—독약을 먹지 않았다.

이 후건부정식은 형식상으로는 오류가 없는 타당한 논증이다. 독약을 먹으면 죽을 텐데 죽지 않은 걸 보면 독약을 먹지는 않았다는 것을 알 수 있다. 그러나 비형식적으로는 내용상의 문제점을 안고 있다.

선언삼단논법은 선택적인 대전제로부터 소전제의 판단을 근거로 결론을 이끌어내는 방식이다.

대전제—A 또는 B이다.

소전제—A는 아니다.

결론—그러므로 B이다.

구체적인 예를 들어보자.

대전제—우리나라의 수도는 서울이거나 부산이다.

소전제—우리나라의 수도는 부산이 아니다.

결론—그러므로 우리나라의 수도는 서울이다.

위와 같은 형식이 된다. 그러나 다음과 같은 예를 들어보면 뭔가 분명하지 않은 결론이 도출되는 것을 알 수 있다.

대전제—일본은 우리의 적이거나 친구이다.

소전제—일본이 우리의 적은 아니다.

결론—그러므로 일본은 우리의 친구이다.

이와 같은 선언삼단논법은 확연히 이분법적으로 구분되지 않는 사항을 분리하여 이분법적인 선택을 요구하는 오류로서 '양단오류' 혹은 '분리선언의 오류'라고 칭한다.

전통적으로 가언삼단논법과 선언삼단논법은 정언삼단논법에 포함되는 것으로 여겨지고 있다. 그러나 현대 논리학은 모든 삼단논증을 정언삼단논법으로 분석하는 것은 부정확한 부분이 있다고 본다. 따라서 현대 형식논리학의 삼단논법은 세 개의 명제가 모두 같은 유형인 순수삼단논법, 명제의 내용이 상이한 경우의 혼합삼단논법으로 구분하여 다룬다. 특히 혼합삼단논법은 혼합가언적 삼단논법, 혼합선언적 삼단논법, 양도삼단논법으로 나뉜다. 또한 두 전제나 결론 중 어느 하나를 생략한 논법을 생략삼단논법 혹은 귀납삼단논법이라 한다.

※ 삼단논법의 오류들

사항오류

애매어 오류

애매문 오류

매개념 부주연의 오류

부당주연의 오류

9. 간추린 한국 조폭의 역사

형식 : 단순매거의 오류, 단순열거의 오류^{fallacy of enumeration}.

정의 : 단순히 사실들을 나열하여 어떤 법칙을 확립하는 오류.

단순매거의 오류의 가장 흔한 예를 하나 들어보자.

한국의 대통령은 지금까지 이승만, 윤보선, 박정희, 최규하, 전두환, 노태우, 김영삼, 김대중, 노무현, 이명박이다. 이들은 모두 남자이다. 그러므로 다음의 대통령도 남자일 것이다.

물론 이 결론의 개연성이 큰 것은 사실이지만 단순한 사실의 나열을 통해 한국의 대통령은 쭉 남자가 차지할 것이라는 어떤 법칙을 이끌어내려 한다면 그것은 단순매거의 오류를 범하는 것이다.

비슷한 예로, "플라톤, 아리스토텔레스, 어거스틴, 아퀴나스, 데카르트, 칸트, 헤겔 등 철학사의 거장은 모두 남자이다. 이를 통해 여성은 철학적 자질이 남자보다 떨어지며, 앞으로도 걸출한 여성 철학자는 나타나지 않을 것이다"고 결론을 맺는다면, 이 또한 매우 성차별적인 단순매거의 오류에 속한다.

단순매거의 오류가 '편향 통계'나 '반증무시의 오류' 혹은 '성급한 일반화의 오류' 등과 다른 점은 어떤 특정한 상황에서 그런 관찰이 통계상의 편향이나 증거의 무시 혹은 부분적인 관찰에만 의존하는 것이 아니라는 점이다. 아마도 때론 상당히 객관적인 통계 자료를 제시할 수도 있다. 그러나 그것은 역사적 맥락이나 사회적 조건에서 발생할 수밖에 없는 특수한 결론일 수 있다. 단순매거의 오류는 성차별, 인종차별, 지역차별 등에 빠져 있는 사람들이 흔히 사용하는 수많은 오류들 중에 하나이다.

　　　　　조폭 영화는 한국 영화의 한 장르로 자리 잡을 만큼 관객들의 관심을 끌고 있다. 그런데 조폭 영화를 보면 대부분 전라도 사투리를 쓰는 건장한 어깨들이 등장한다. 깔끔한 외모의 지적인 보스는 대부분 서울말을 쓰는 반면 단순, 무식, 과격하거나 혹은 코믹한 행동대원들은 한결같이 전라도 사투리를 쓴다. 당연, 왜 조폭은 전라도 말을 쓰는 것일까? 조폭은 전부 전라도 출신인가 하는 의문이 들게 된다.

결론부터 말하면, 현재의 인구수 대비 전라도 출신의 조폭이 많은 것은 사실이다. 일단 80년대까지 한국 사회를 떠들썩하게 했던 3대 폭력 조직은 조양은의 양은이파, 이동재의 OB파, 김태촌의 서방파를 들 수 있다. 이들 3대 조폭은 모두 전라도 출신이라는 공통점을 가지고 있다.

이를 근거로 전라도 사람들은 다른 지역 사람들보다 폭력적이고, 공갈, 협박, 사기 등 범죄 성향이 강하다고 결론짓는다면? 의도적으로 통계를 조작한 것도 아니고, 일부의 사실만으로 결론을 낸 것도 아니며, 경험적으로도 그것이 사실인 것 같은 생각이 들 수 있다. 더구나 영화나 보도를 통해서 익숙한 조폭의 모습을 보아오지 않았던가? 사정이 이렇다 보니 전라도 사람들의 성향을 사기, 공갈, 협박, 폭력과 연결시켜 일반화하고 비난하는 사람들이 적지 않다.

다시 결론부터 말하면, 이런 비판은 인종차별과 다를 바 없는 지역차별적인 사고방식이고, 논리적으로도 단순매거의 오류를 범하고 있다. 사실 차별주의자들은 '오류 백화점'이라 할 만큼 다양한 오류로 뭉쳐진 존재들이다.

얘기가 나왔으니 잠시 한국 조폭의 역사를 간단히 살펴보기로 하자. 먼저 근엄한 양반들의 허세와 탁상공론을 떠올리기 쉬운 조선시대에도 조직폭력배가 있었다는 사실이 흥미롭다. 조직과 규율을 갖추고 있던 검계劍契와 기방의 실질적인 운영자였던 왈자曰字는 요즘의 조폭과 매우 유사했던 것으로 생각된다. 주먹과 유흥업소는 아무래도 조폭과 떼어 생각할 수 없는 친근 관계가 있는가 보다.

조선 시대의 조폭의 성격은 유교적 이념에 따른 강력한 신분 사회라는 조선의 성격과 동전의 양면을 이루고 있다. 검계나 왈자는 무예나 기술에서 양반네들보다 뛰어난 재능을 지니고 있던 중인 계층이나 하층의 반양반적 성격을 반영하는 거울이었다고 할 수 있다. 강명관은 〈검계와 왈자〉에서 조선 시대의 검계와 왈자들의 생활상을 생생히 보여주는 이규상의 글을 소개하고 있다.

"서울에는 오래전부터 무뢰배들이 모인 것을 '검계'라 하였다. '계'란 우리나라에서 사람이 모인 것을 이르는 말이다. 검계 사람은 옷을 벗어 몸에 칼을 찬 흔적이 없으면 들어갈 수 없다. 낮에는 낮잠을 자고 밤에는 나돌아 다니는데, 안에는 비단옷을 받쳐 입고 겉에는 낡은 옷을 입는다. 맑은 날에는 나막신을 신고 궂은 날에는 가죽신을 신는다. 삿갓 위에는 구멍을 뚫고 삿갓을 내려 쓴 뒤, 그 구멍으로 사람을 내다본다. 혹은 스스로 칭하기를 '왈자'라고 하며, 도박장과 창가娼家에 종적이 두루 미친다. 쓰는 재물은 전부 사람을 죽이고 빼앗은 것이다. 양가 부녀자들이 겁간을 당하는 경우가 많았으나, 대개가 호가豪家의 자식들이어서 오랫동안 제압할 수가 없었다. 장대장이 포도대장으로 있으면서 검계 사람을 완전히 잡아 없애고 발뒤꿈치를 뽑아 조리를 돌렸다."(이규상,《一夢集》,〈張大將傳〉중)

—강명관, 〈조용한 아침의 나라를 뒤흔든 무뢰배들 I 검계와 왈자〉,

《조선의 뒷골목 풍경》, 푸른역사, 2003.

조선 시대 조폭들도 무척 눈에 띄는 복장과 행동을 하고 다니기를 즐겼다는 것을 알 수 있다. 또한 이들이 호족 세력의 자식들이었다는 지적도 흥미롭다. 조폭이 있는 곳에는 언제나 뒤쫓는 검사나 형사가 있어야 이야기가 더욱 흥미진진하다. 조선 시대에도 조폭들의 킬러가 있었다. 바로 '장대장'이다. 〈장대장전〉을 쓴 이규상에게 조선 조폭계의 모습과 전설적인 인물 장붕익에 대해 전해준 이는 부동산중개업을 하고 있던 노인 표철주라고 한다. 그는 소시적 돈을 물 쓰듯이 쓰고 항상 여자를 끼고 살며 한칼 하던 검계의 일원이었다. 그러나 좋은 시절은 물불 가릴 줄 모르고 잔인하기까지 한 장붕익이라는 인물이 등장하면서 종말을 고한다. 이 사또 나리가 검계의 어깨들을 닥치는 대로 잡아 죽여버리는 통에 검계들은 일시에 공포의 도가니에 빠져들었다.

아무튼 조선 시대에도 조폭은 주먹과 돈과 여자와 깊은 연관을 맺고 있었다. 그리고 기존 사회의 틀 안에 소속되지 못하거나 배척당한 이들이 주를 이루고 있었다. 당시에도 그들을 쫓는 거머리 같은 사또 나리들이 있었고, 조폭들의 노년이 그리 평탄치 못했던 것도 오늘날과 그리 다르지 않은 것 같다.

시대가 일제 식민지로 넘어가면서 식민지 사회를 반영하는 조폭 세계가 등장한다. 식민 시대 후반에 등장한 조폭들은 일본의 식민 지민으로서 저항의식이 드러나는 동시에 일본, 중국, 한국의 폭력 조직이 경쟁하는 구도가 형성된다. 또한 전국 각지에서 대표적인 주먹들이 고르게 등장하여 활동 무대를 분할하고 이들 세력 간의 충돌과 타협을 통해 주도권이 옮겨갔다.

쌍칼 김기환, 구마적 고희경, 신마적 엄동욱, 김두환은 종로를 중심으로 세력을 확보하였고, 평양 지역 조폭 두목이었던 이화룡은 명동, 이정재는 동대문에서 세력을 다졌다. 경상도 출신 김무옥, 경기도 이천 출신의 이정재, 임화수, 유지연합회, 홍영철은 소공동을 구역(나와바리)으로 삼고 대립하였다.

해방과 남북 분단의 과정에서 조폭에게 남쪽 이데올로기를 몸으로 보여주는 행동대장의 역할이 맡겨지면서 조폭들은 정치와 관련을 맺게 된다. 조폭들은 자유당 정권의 부정과 부패를 주먹으로 덮어주는 대가로 신분의 안전과 경제적인 혜택을 누릴 수 있었다. 당시 한국 문화계에 중대한 영향을 미친 조폭계의 기인이 등장한다. 바로 평양에서 월남하여 명동파를 결성한 이화룡이다. 그는 서북청년단 및 기독교와 깊은 연관을 맺으면서 해방 후 한국 정치와 종교에 발을 들여놓는다. 이화룡은 1961년에는 영화 산업에도 진출을 시도하였다. 그러나 5.16 쿠데타가 발생하면서 체포되어 조직을 은퇴하였다. 이화룡은 한국 조폭과 정치, 종교, 문화예술계의 전략적 제휴를 모두 이루어낸 인물로 기록될 것이다. 최근에는 김태촌이 정치와 종교, 문화예술계에 걸친 영향력을 보여주기도 했다.

1961년 5월 16일 박정희 소장에 의한 군사쿠데타가 발생하면서 한국 조폭계는 일대 변화를 경험하게 된다. 아무리 강력한 조폭이라 한들 국가 권력에 대적할 대상은 아닌 것이다. 이는 중국 무협소설의 고수들이 중원을 놓고 각축하지만, 황궁에서 밀파된 고수들은 피하는 이치와 비슷하다고 하겠다.

군사쿠데타로 불안한 국민의 민심을 회복하는 차원에서 군사정권은 대대적인 범죄 소탕 작전을 벌이는데 이때 쟁쟁한 조폭들이 반사회적 범죄자로 체포되어 사형당하거나 조직에서 은퇴하게 된다. 1980년 전두환 군사정권이 삼청교육대를 창설하여 전국의 폭력배들과 폭력배라는 소문이나 고발이 있는 모든 사람들을 체포하여 혹독한 학대를 하였던 것도 같은 맥락이다.

이렇게 조폭계의 명사들이 퇴장하고 1960~70년대에 걸쳐 국내 최대 조직의 지위를 지킨 것이 신상사파이다. 정치적 독재의 시기에 조폭계에도 강력한 단일 보스 체계가 유지되었던 것이다. 그러나 신상사의 독주는 유신 시대가 말기로 향하던 1975년 1월 부하인 조양은에 의한 '사보이습격사건'으로 종말을 고한다. 흥미롭게도 4년 뒤 박정희 대통령도 안기부 안가에서 술을 마시던 중 부하인 김재규에 의해 살해된다.

1970년대는 한국의 산업화가 급속도로 진행되던 시기이다. 일자리를 찾지 못한 농촌 인구가 집단적으로 도시로 몰려들었다. 특히 저곡가 정책과 저개발로 후진성을 면치 못하던 곡창 지대인 전라도민들은 매년 10만 명 이상이 서울 근교로 집단 이주하였다. 이때부터 여수, 목포, 광주를 중심으로 활동하던 조폭들도 본격적으로 서울로 진출하게 된다. 1975년 양은이파의 등장은 서울과 수도권 지역의 하층을 형성하였던 전라도민들의 처지가 조폭계에 투영된 결

저곡가 정책 1960년대 후반부터 급격히 진행된 산업화와 함께 등장한 농작물 가격 정책으로 노동자의 저임금을 유지하기 위해 낮은 식량 가격을 유지한 정책을 이른다. 산업화 과정에서 노동집약적인 수출 산업은 국제적인 가격 경쟁력을 높이기 위해 폭력적인 저임금에 의존하였다. 그러나 아무리 임금을 낮게 잡아도 기본적으로 먹는 문제는 해결해야 하는 것이다. 때문에 국가는 정책적으로 농산물 저가 정책을 강제하고, 농촌은 전반적인 해체의 길로 들어섰다. 또한 공업화 정책으로 도시 지역에 많은 일자리가 창출되면서 농촌 인구가 도시로 급격히 이주하면서 도시 주변의 빈민가를 형성하고 저임금 노동자를 공급하는 인력시장을 형성하게 된다. 저곡가 정책의 대표적인 사례로 주식인 쌀을 국가에서 매입하는 '추곡수매'를 들 수 있다. 가을걷이가 끝나갈 무렵이면 정부에서 쌀의 등급을 결정하고 가격을 매겨 일괄 수매하고 때에 따라 수매가보다 낮은 가격에 방출하기도 하였다. 농민들의 주력 상품인 쌀 가격은 막대한 정부의 방출 물량으로 저가를 벗어날 수 없게 된다. 일부 농작물은 저가 정책으로 인해 생산이 줄어들면서 시장 가격이 상승하게 되는데, 이 경우 시장에 긴밀히 반응하지 못하는 농민들보다는 유통 분야에서 시장을 조절하며 폭리를 취하는 경우도 발생한다. 저곡가 정책의 후유증으로 농촌의 붕괴가 심화되고 곡물 생산이 줄어들어 국산 농작물의 가격이 상승하자 이제는 값싼 외국 농작물의 수입으로 곡물 가격의 하향 조정이 이루어지고 있다. 국가의 식량 안보를 떠나서 전통과 문화의 저수지와 같은 농촌을 붕괴시키며 식단의 가격을 낮추는 것이 현명한 일인지 자문해볼 때가 되었다. 공장은 다시 지을 수 있는 것이지만 농촌의 붕괴와 함께 사라지는 고유 농산물, 문화 유산과 전통은 복원이 불가능한 것들이다.

과로 볼 수도 있을 것이다. 곧이어 같은 전라도 계열인 이동재의 OB파, 김태촌의 서방파가 세력을 분점하면서 수도권의 조폭계는 전라도 계열기 통일하게 된다.

1990년 이후, 전라도라는 지역적 성격을 반영할 만한 요인이 줄어들고 기존 3대 계파가 정권의 단속에 위축되면서 주도적인 조폭은 눈에 잘 띠지 않는다. 대신 IT 강국의 면모가 조폭계에도 반영되어 나타나고 있다. 조폭들은 기존의 사업들 외에 첨단 기술과 인터넷을 이용한 조직 범죄 혹은 국제적인 범죄 활동으로 영역을 넓혀가고 있다. 또한 부동산은 물론 주식시장에 진출하면서 돈의 흐름과 함께 활등 영역이 이동하고 있다. 최근들어 '폭력 상품'을 파는 기업 형태가 등장하면서 부유층이나 권력자들의 폭력을 대행해주는 '용력업체'와 같은 형식으로 합법화하는 경향을 보이고 있다. 이처럼 돈, 여자, 주먹 그리고 권력이 누가 먼저랄 것도 없이 무리지어 함께 이동하는 것이 조폭의 이동 경로이다.

생각하기

1. 인터넷 뉴스 검색을 통해 2000년 이후 조폭과 정치, 조폭과 종교, 조폭과 예술계가 관련된 사건들을 찾아보자. 정치, 종교, 예술과 같은 고상하고 중요한 사회적 영역이 조폭과 연계되는 이유는 무엇일까. (2011년 제4회 규장각한국학연구원 국제심포지엄에서 발표된 논문 참조. Erik Mobrand(싱가폴국립대학)의 "한국 국가 형성과 거리 주먹, 1945~1963.")

2. 미국 조폭의 대명사 마피아도 한때 CIA요원이나 판검사까지 조직의 관리하에 두면서 막강한 세력을 떨치기도 하였다. 당시 마피아가 완전히 평정한 도시는 마피아가 잡범들이 설치는 것을 억제하여 범죄율이 낮아진다는 설도 있었다. 조폭은 공존해야 할 필요악인가 아니면 근절해야 할 절대악인가? 아니면 또 다른 무엇인가?

10. 보수주의자는 좌익이 아니다

형식 : 대개념 부당주연의 오류illicit major, illicit process of the major term.
정의 : 대전제에서 부주연한 개념을 결론에서 주연할 수 없다는 정언삼단논법의 규칙을 위반
　　한 오류.

　　　　　　　　　　말이 정의이지 무슨 의미인지 그림이
그려지지 않는다. 그래서! 정언삼단논법의 정상적인 예,

　　대전제—모든 동물(매개념, M)은 생물(대개념, P)이다.

　　소전제—모든 인간(소개념, S)은 동물(M)이다.

　　결론—모든 인간은 생물이다.

　다시 말해,

　　$M \subset P$

　　$S \subset M$

그러므로, S⊂P

다른 예를 하나 더 들어보자.

대전제—모든 인간(M)은 죽는다(P).
소전제—나는(S) 인간(M)이다.
결론—그러므로, 나는 죽는다.

그렇다면, 다음의 삼단논법은 어떤지 살펴보자.

대전제—내 어항의 물고기(M)는 빨간색(P)이다.
소전제—내가 좋아하는 동물(S)은 내 어항의 물고기(M)가 아니다.
결론—그러므로 내가 좋아하는 동물(S)은 빨간색(P)이 아니다.

뭔가 잘못되었다는 것을 금방 알 수 있을 것이다. 그러나 구체적으로 무엇이 어디에서 잘못된 것일까?

여기서 잠시 주연周延, distribution, 부주연不周延, undistribution에 관하여 좀 더 자세히 알아보도록 하자. 어떤 명제의 한 개념, 여기서는 "어항의 물고기", 모두가 그 명제에 해당될 경우, 즉 '모든 어항의 물고기가 빨간색'일 경우에 우리는 "어항의 물고기"가 주연한다고 한다고 말한다. 주연, 부주연 관계는 각 개념의 외연 내포 관계와 밀접한 관련이 있다. 각 개념들 중에 가장 외연이 큰 것을 대개념, 가장 작은 것을 소개념, 그리고 그 둘을 연결하고 있는 개념을 매개념(혹은 중개념)

이라 한다.

결론에서 "내가 좋아하는 동물"은 내가 좋아하는 동물 '모두'를 의미한다고 볼 수 있다(주연). 소전제에서 내가 좋아하는 동물은 어떤 것도 어항의 물고기가 아니다. 이와 같이 '전부' 혹은 '전무'를 의미하는 명제를 전칭명제라 한다. 이때, 긍정의 전칭명제는 주어가 '주연'하고, 부정명제에서는 술어가 주연된다. 따라서 결론의 부정명제에서 빨간색은 '주연된 술어'가 된다. 즉, 대전제에서 부주연한 대개념이 결론에서 주연하였는데, 이 경우에 오류가 발생한다는 것이다. 긍정과 부정이 뒤바뀌면서 주연관계가 혼란스럽게 느껴진다.

✻

조금 더 헷갈리게 하는 예를 들어보도록 하자.

대전제—모든 공산주의자(M)는 좌익(P)이다.
소전제—어떤 보수주의자(S)도 공산주의자(M)
　　　　가 아니다.
결론—그러므로, 어떤 보수주의자(S)도 좌익(P)

페레스트로이카(Perestroika) 1985년 4월 고르바초프(Mikhail Gorbachev) 소련연방 대통령에 의해 주도된 소련의 사회주의 개혁정책. 페레스트로이카는 소련 공산주의 체제의 기틀을 세운 스탈린주의가 반세기 이상 지나면서 야기한 병폐를 제거하기 위해 시작되었다. 20세기 초 중공업을 중심으로 낙후한 소련 경제에 기적적인 성장을 이루어냈던 스탈린주의 모델은 80년대에 접어들어 한계에 직면하고 소련은 개혁이냐 체제의 붕괴냐 갈림길에 직면하였다. 중공업 우선 정책은 생활 소비재 생산의 낙후성을 초래하여 국민의 생활 수준은 후진성을 띠었고, 개인의 창의성은 말살되어갔으며, 국가 의존적이고 기생적인 생활 형태를 만들어내었다. 또한 국가의 정치·경제 체제는 극도의 통제와 계획경제의 운영으로 방만하고 비생산적인 관료조직을 출현시켰다. 개혁은 내용적으로는 사회주의 원칙의 기본을 지키면서도 사회적 혁신과 유연성을 확보하기 위한 조치들을 포함하였다. 첫째, 개인의 자유 확대를 통한 개인 간의 경쟁을 유도하고 경제적 효율성을 증진하려 하였다. 둘째, 사회주의 체제를 유지하면서 개인의 소유를 인정하기 위하여 국가 소유, 협동조합 소유, 개인 소유로 소유의 주체를 다원화는 방안. 셋째, 사회주의 체제하의 사회적 정의를 새롭게 하여 일하지 않고 분배만 받았던 기생적 행태를 제거하기 위해 분배 체제를 정비하려 하였다. 넷째, 탈이데올로기적 외교 노선과 탈군사화를 추구하였다. 즉 국가 이익과 무관함에도 불구하고 단순히 이데올로기적인 이유로 유지해오던 외교 노선을 탈피하고 해외 군사 개입과 군비 지출을 삭감하려는 노력이었다. 그러나 이미 때늦은 개혁정책은 구체제를 유지하면서 개혁을 이루는 데 실패하고, 미국과의 세계 체제 경쟁에서의 패배로 인식되면서 사회주의 붕괴의 도화선이 되었다.

이 결론은 기존의 결론이 상식적으로 타당해 보임으로 인해 오류인지 아닌지 구분하기가 어렵다.

먼저 벤다이어그램으로 하나씩 살펴보기로 하자. 직접 그려보거나 가위로 잘라내 보면 확실히 눈으로 확인할 수 있을 것이다.

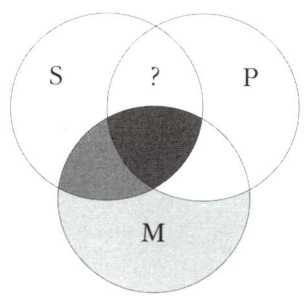

대전제에서 '모든 M이 P인 영역'은 M과 P가 겹치는 부분이다. 따라서 나머지 M 부분은 잘라낸다. 소전제에서 'S는 M이 아니다'인 영역은 S에서 M 부분을 잘라내야 한다. 즉 가운데 삼각원이 잘려나갔다. 이제 색이 칠해지지 않은 백색의 공간만이 남았다. 결론이 그 남은 부분을 정확히 설명하고 있는지 살펴보면 된다.

결론에서 'S는 P가 아니다'고 하였다. 그러나 물음표가 그려진 영역이 있을 수 있다. S와 P가 전혀 겹치는 부분이 없다면, 'S는 P가 아니다'는 결론이 타당하겠으나, 주어진 삼단논증에서는 그것을 확인할 수 없다. S와 P가 접하는 정도가 아주 적으면, 그런 예를 발견하기가 매우 힘들 것이므로 쉽게 오류에 빠져들 가능성이 있다.

"보수주의자는 좌익이 아니다"는 결론이 한국 사회에서는 상식으로 들릴 수 있겠지만, 쿠바 공산 사회의 보수주의자들은 좌파일 수 있다는 점을 떠올리면 쉽게 이해할 수 있을 것이다.

다음의 글은 "한국의 공무원들이 대단히 훌륭한 능력을 지니고 있으며, 70년대 고속 성장은 박정희의 지도력보다는 이들 공무원의 노력 때문이라고 생각한다"는 고 노무현 대통령의 주장에 대한 반박의 형식을 띠고 있다. 홍세표 논설위원은 노무현의 주장을 비판하면서 대가념 부당주연의 오류를 제시하고 있다.

먼저 주장의 논리를 따라가면서 글을 읽어보기 바란다.

　　노 대통령의 생각이나 이에 기초한 발언이 경제 성장의 기적을 일구어 낸 박 대통령을 폄훼하는 것이 고작이라면 이런 대통령을 누가 신임하고 따르겠는가? 또 이에 인용 동원된, 주눅 들어 기를 못 피는 오늘의 공무원의 민망스러워함은 생각이나 해보았는지? 어찌하여 사사건건 깎아내리고 온갖 흠결을 찾아내 나쁜 대통령의 전형으로 삼고 있는 박 대통령보다 능력 있고 진일보한, 훌륭한 대통령으로 스스로 자리 잡지 못하고 있는가?

　　박 대통령은 집권하면서 모든 분야에서 낙후된 제도를 선진화하였다. 그중에서도 절망시되던 우리 경제를 세계가 경악할 정도로 부흥시켰

글라스노스트(Glasnost)　페레스트로이카와 함께 단행된 고르바초프의 정보 개방정책. 페레스트로이카를 성공적으로 이루어내기 위해서는 먼저 반대 세력의 적절한 통제와 국민들의 자발적인 참여가 필수적이었다. 글라스노스트의 정보 공개는 그간 금지해왔던 소위 반체제적인 문학, 사상, 예술의 공개, "역사의 공백을 메우자"는 기치 아래 트로츠키를 비롯한 사회주의 논쟁과 스탈린 치하의 숨겨진 진실들, 미공개 통계나 사건사고 관련 자료들, 그리고 소련 공산당 협의회나 인민대의원 대회 등도 국민에게 중계되었다. 명실공히 사회주의 민주화를 이룩하려는 노력이었지만, 숨겨진 정보의 공개는 사회주의 체제에 대한 국민들의 환멸과 불신을 더욱 자극하여 소련 체제 붕괴를 정당화시켜주는 결과를 낳았다.

다. 또한 공무원의 사기를 진작시켰고 이른바 우수한 한국 공무원과 능률적인 관료 제도를 양성하고 확립하는 데 전력투구하였다. 오늘의 우수한 공무원들이 존재하는 것은 결코 우연이 아니며 박 대통령의 높은 비전과 강력한 영도 하에 탄생된 것임을 우리는 잘 안다. 우수한 공무원, 관료조직은 하늘에서 떨어진 것이 결코 아닌 것이다.

노 대통령은 오히려 이토록 우수한 공무원을 활용하지 못했다. 아니 어쩌면 큰 정부 지향, 코드인사 등 시대를 역행하는 통치 행위를 자행함으로써 경제발전 동력조차 상실했고 우수한 공무원들은 폐단 많은 전형적 관료주의적 공무원으로 전락하고 말았다. 그럼에도 불구하고 노 대통령은 왜 스스로 자초한 실정에 대해서는 자성하지 않는가? 정말 자성할 자질조차 못 갖고 있는 것인지, 자성할 용기가 없는 것인지? 모든 것이 야당의 탓이고 보수꼴통 언론의 잘못이고 자질이 떨어져 이해하지 못하는 극우 사고의 국민의 반목 탓으로 돌리고 있으니 한심하다.

노 대통령의 발언 내용은 대체로 얕은 지식의 사람에게는 그럴듯하여 설득력 있게 들릴는지 모르나 매양 논리학에서 가장 혐오하는 '대개념 부당주연의 오류'에서 한발자국도 벗어나 있지 못하다. 인용도 적절치 않으며 논리의 비약도 허다해서 식자의 비위를 상하게 한다. 그분은 스스로 어떻게 생각할지 모르지만 역리逆理, 즉 패러독스로 유명한 고대 '그리스'의 철학자 '제논'의 역리가 그분의 속성이다.

— 홍세표, 〈5.16 이후의 성장 기틀 왜 허물어트리고 있나?〉,

《News and News》, 2007. 1. 18.

홍세표의 논지는 매우 분명해 보인다. 박정희 정권 기간에 양성된 양질의 공무원 인력을 가지고도 왜 노무현 대통령은 경제적 동력을 상실하고 공무원들은 관료주의에 떨어뜨렸는가? 그리고 "인용도 적절치 않으며 논리의 비약도 허다해서 식자의 비위를 상하게"하는 식언을 거듭하느냐는 질책이다.

그러나 홍세표의 글도 여러 가지 오류로 점철되어 있는 것을 숨길 수 없다. 독자에게 매우 호소력 있는 논설이지만, 문단마다 독특한 논리적 오류를 담고 있어 오류 공부를 위한 좋은 자료이다. 특히 대개념 부당주연의 오류가 어떻게 적용이 되는지는 알 길이 없다.

생각하기

1. 홍세표의 글에서 한 문단에 하나 이상의 오류를 찾아보자. 글에서 주장한 대개념 부당주연의 오류가 가능하다면 어떻게 가능한지 생각해보자.

2. '보수와 진보'라는 개념은 본문에서 살펴보았듯이 대단히 상대적인 개념들이다. 여러분이 생각하는 보수와 진보의 개념은 무엇인가. 그리고 보수와 진보는 서로 공존할 수 없이 배척하는 개념인지 아니면 그 반대로 상보적인 역할을 할 수 있는지 생각해보자.

11. 청소년과 타조

형식 : 매개념 부당주연의 오류fallacy of the undistributed middle term.
유사어 : 부주연 중개념의 오류undistributed middle.
정의 : 삼단논법에서 중개념middle term이 적어도 한 번은 주연되어야 한다는 조건을 충족시키
지 못해서 발생하는 오류.

매개념 부당주연의 오류는 대전제와
소전제의 매개념이 서로 일치하지 않고 애매한 뜻을 함축하고 있어
서 생기는 오류인 반면, 부(당)주연 중개념의 오류는 매개념이 한 번
도 주연되지 않아, 대전제와 소전제의 논리적 연결선이 없는 경우
를 이른다. 예를 들어 보면,

청소년은(P) 두 발 달린 동물이다(Q).
타조는(R) 두 발 달린 동물이다(Q).
따라서, 청소년(P)은 타조이다(R).

개인적인 경험으론 아직 타조인 청소년을 만나보지 못했고 들어

본 적도 없는 것으로 보아, 결론이 사실이 아닐 확률은 매우 높다. 논리적으로는 두 전제의 빈개념賓概念인 "두 발 달린 동물이다"가 동일하다. 그러나 두 전제를 연결하는 매개념媒槪念으로서 삼단논법을 만족시키기 위해서는 적어도 하나의 빈개념이 주연되어 있어야 한다. 즉 '모든 두 발 달린 동물은 타조'라거나 '모든 두 발 달린 동물은 청소년'이라는 명제가 성립하여야 삼단논법을 충족시킬 수 있다.

물론 앞의 예는 그렇지 못한 것을 알 수 있다. 그리고 그것에 의거하여 결론을 낸 논증을 매개념 부당주연의 오류라고 하는 것이다.

✳

확대정의의 오류에서 예로 든 아리스토텔레스의 '인간 정의'를 다른 각도에서 살펴보기로 하자. 아리스토텔레스는 "인간은 깃털이 없는 두 발 짐승이다"고 정의하였다. 그러자 디오게네스는 "털을 뽑은 닭 한 마리를 들고 와서 아리스토텔레스의 정의에 따르면 이것이 인간이다"며 벌거벗은 닭을 광장에 내동댕이쳤던 것이다.

아리스토텔레스의 인간 정의에 대해서 디오게네스가 반론을 제기한 방식이 바로 부주연 중개념의 오류를 통해서였다. 이것을 삼단논법으로 살펴보자. 아리스토텔레스는 말한다.

"인간은 깃털이 없는 두 발 짐승이다."

단순한 사실의 서술로 본다면 그리 틀린 말도 아니다. 경험적으로는 '깃털이 있는 인간'이나 '두 발 짐승이 아닌' 인간을 한 명만 찾아오면 되겠지만, 그것이 쉬운 일은 아닐 것이다. 아리스토텔레스의 정의가 너무 넓어서 대충 다 포함할 수 있기 때문이다.

그러자 디오게네스는 멋지게 한 방 날릴 생각을 하였다. 닭을 한 마리 구해서 털을 모조리 뽑아버렸다. 그리고 아리스토텔레스의 아카데미를 찾아가 소리쳤다. "이것이 아리스토텔레스가 말한 인간이다." 즉, "털을 홀라당 뽑은 닭이 인간이다"는 것이다. 물론 말도 되지 않은 소리이다. 더구나 아리스토텔레스가 언제 털을 홀라당 뽑은 닭이 인간이라고 했는가? 인간이 깃털이 없다고 했지.

그러면, 디오게네스의 논리를 한번 따져보기로 하자. 디오게네스는 "깃털을 뽑은 닭은 깃털 없는 두 발 짐승이다"는 명제가 사실임을 알고 있다. 그리고 아리스토텔레스가 "인간은 깃털 없는 두 발 짐승이다"고 한 것도 알고 있다.

디오게네스의 주장은 아리스토텔레스의 말이 맞다면, "깃털 뽑은 닭은 인간이다"는 주장도 맞아야 할 것이라고 추정한다. 그러나 닭의 깃털을 뽑아 놓고 보니 인간이라고 하기엔 문제가 상당히 많았다. 그래서 아리스토텔레스의 제자들에게 말했다. 이게 너희 스승이 인간이라고 말한 것이다. 그 말이 옳다고 할 수 있겠는가?

디오게네스의 반증에 숨어 있는 오류를 다시 간추려보면,

아리스토텔레스 : 인간은 깃털 없는 두 발 달린 짐승이다.
디오게네스 : 털을 뽑은 닭은 깃털 없는 두 발 짐승이다.

결론—그러므로, 털을 뽑은 닭은 인간이다.

　이 결론이 틀렸다. 그러므로 아리스토텔레스의 정의는 잘못되었다. 이 디오게네스의 논증에는 오류가 있다. 그러나 논리학의 창시자 아리스토텔레스는 디오게네스의 반박에 놀라서 정의를 수정하였다.

　　"인간은 깃털 없고 손톱 발톱이 평평한 두 발 짐승이다."

　좀 더 생활에 가까운 예들을 살펴보기로 하자.

　1)
　제주도는 아열대 기후를 나타낸다.
　일본 남단의 섬들도 아열대 기후를 나타낸다.
　그러므로 제주도는 일본 남단의 섬이다.

　2)
　북한 추종자들은 북한의 붕괴에 의한 통일에 반대한다.
　통일 운동가들은 북한의 붕괴에 의한 통일에 반대한다.
　그러므로 통일 운동가들은 북한 추종자들이다.

　3)
　우리 공장 사장의 목표는 최대한 이윤을 많이 남기는 것이다.

악덕 자본가의 목표도 최대한 이윤을 많이 남기는 것이다.

그러므로 우리 사장은 악덕 자본가이다.

4)

기독교인들은 말을 잘한다.

공산주의자도 말을 잘한다.

그러므로 기독교인들은 공산주의자이다.

모든 예에서 살펴보았듯이, 동일한 결론에 이르는 두 개의 범주가 서로 구분되는 범주임에도 동일한 성격을 지니고 있다는 점을 들어 범주 자체를 동일시하는 논증이 매개념 부당주연의 오류이다.

개별적인 관찰을 통해 발견한 공통점은 범주의 동일화가 아니라 그보다 더 넓은 범주의 특성을 파악하는 계기로 삼을 수 있다. 제주도와 일본 남단이 아열대 기후 지역에 포함된다거나 양심적인 사장도 악덕 자본가도 최대 이윤을 목표로 한다는 점에서는 동일하다는 등의 정보를 획득할 수 있는 것이다.

한국 사회의 노동운동이 전투적이라는 비판에 대해, 그것은 단순히 노동운동의 문제가 아니라 대립과 투쟁의 역사였던 한국 근대사의 유산이라는 주장이 있다.

사실 "전투적인 방식"은 노조가 만들어냈거나 노조만 고집하는 전유물이 아니다. 며칠 전 의료법 개정에 반대하는 의사들의 시위가 있었다. 자기 밥그릇 줄어든다고 성난 수천의 군중 앞에서 수술 칼을 잡고 자신의 배를 그어대는 의사와, 이를 말리기는커녕 방조하고 조장한 대한의사협회는 온건하고 합리적인가? 부패의 대명사인 사립학교 이사회에 외부인을 참여시키는 게 그렇게 속 쓰려 집단으로 삭발해대는 목사들은 온건하고 합리적인가?

자기 목소리가 100% 관철되지 않으면 병원 문을 닫고 학교를 폐쇄하겠다는 반사회적인 주장을 서슴지 않는데도 노조의 "전투적인 방식"에 핏대를 올려대던 관료와 사용자와 언론들 가운데 이들 기득권층들을 비판하는 이는 없었다. 제국주의, 식민지, 내전, 동족 학살, 독재, 살인적인 착취를 통한 압축적 경제 성장, 격렬한 민주화 투쟁을 거치면서 우리 사회는 대화와 타협보다는 대립과 투쟁에 익숙해졌다.

동학농민전쟁 이후 1세기 넘게 이어지고 있는 대립과 투쟁의 역사는 "전투성militancy"이라는 유산을 우리 사회 곳곳에 남겨놓았다. 그것은 사회 전체의 병리이지 노동운동만의 문제가 아닌 데도 노조의 전투적인 방식만이 도마에 올려지는 이 부조리한 현실을 어떻게 이해해야 할까?

—윤효원, 〈"전투적 자본가에 몰리는 노동자 보듬어라" :
윤효원의 '노동과세계' 〈12〉
이상수, 그 성공의 조건〉, 《프레시안》, 2007. 2. 9.

갑오농민전쟁 1894년(고종 31년) 전라도 고부군에서 시작된 농민 중심의 대규모 저항운동. 운동의 성격을 어떻게 보느냐에 따라 '동학혁명', '갑오농민운동', '갑오농민혁명', 혹은 '갑오농민전쟁'이라 일컫는다. 19세기 말 경제적 궁핍과 사회적 혼란에 허덕이던 조선 사회는 이미 혁명의 기운이 태동하고 있었다. 그러던 중 전라도 고부군수 조병갑이 자행한 착취와 악행은 결국 폭력적인 저항의 도화선에 불을 붙이고 만다. 창시자 최제우의 사후에 혁명적인 강경론이 점증하던 동학의 신진 지도자 전봉준이 봉기의 선두에 나섰다. 동학교도와 농민을 중심으로 1894년 1월 10일 촉발된 봉기는 순식간에 요원의 불길처럼 전라도 전역을 휩쓸었다. 동학농민봉기가 동학농민혁명으로 전개되어가는 시점이다. 그들은 집강소를 설치하여 자체적인 치안과 행정을 펴면서 "12개조 폐정개혁안"을 발표하였다. 개혁안에는 노비제도 철폐, 과부의 재혼 허가, 지벌(地閥)에 의한 관리 채용 금지, 토지 분배와 같은 근대적이고 혁명적인 요구들이 포함되어 있다. 이를 수용할 수 없었던 조선왕조는 외국 세력을 끌어들여 혁명 세력을 진압하려 한다. 조선에서 영향력 확대를 노리고 있던 청나라와 일본은 신속히 군대를 파견하여 수십만의 동학혁명 세력을 학살한다. 이를 계기로 동학은 심각한 타격을 받고 많은 인사들이 기독교로 개종하기도 한다. 또한 조선 정부는 갑오개혁을 통해 혁명의 요구를 일정 부분 수용한다. 그러나 명성황후 측의 요구로 국내에 진입한 청과 텐진조약을 근거로 함께 들어온 일본이 청일전쟁을 일으키게 된다. 청일전쟁의 결과가 일본의 승리로 기울자 조선의 국운은 승자인 일본에 의해 좌우되는 역사로 밀려들어 간다. 이미 때늦은 감은 있지만, 조선왕조가 갑오농민혁명의 요구를 초기에 적극 수용하였다면 어떤 결과가 나왔을까 하는 점은 한번 생각해볼 만하다.

윤효원은 노조운동 방식의 문제점을 인정하면서도, 그것이 한국 근대사의 부정적 유산이라는 점을 간파해낸다. 소위 '전투성'의 문제는 노조에만 발견되는 것이 아니고, 기득권층인 의사 집단이나 목사들과 같은 전혀 다른 계층에도 광범위하게 퍼져 있는 사회현상이라는 것이다.

그러나 윤효원이 여기서 도출하는 결론은 '노동자나 의사나 목사나 다 똑같다'는 것이 아니다. 즉 매개념 부당주연의 오류에 빠지지 않는 것이다. 대신 그는 더 적극적이고 합리적인 대안을 제시하고자 한다. 단지 노조만의 문제가 아닌 '전투성'을 비판하려면 다른 계층에 대해서도 공정하게 해야 할 것이다. 그리고 똑같이 전투성이 문제가 되는 상황이라면 사회적 약자를 보듬는 방식으로라야 문제의 해결에 접근할 수 있다는 것이 윤효원의 논지이다. 귀담아 들을 만한 주장이다.

12개조 폐정개혁안

1) 동학교도와 정부와의 숙원을 없애고 공동으로 서정(庶政)에 협력할 것.
2) 탐관오리의 죄상을 자세히 조사 처리할 것.
3) 횡포한 부호를 엄중히 처벌할 것.
4) 불량한 유림과 양반을 징벌할 것.
5) 노비문서를 불태울 것.
6) 칠반천인(七班賤人)의 대우를 개선하고 백정의 머리에 쓰게 한 평양립(平壤笠)을 폐지할 것.
7) 청상과부의 재혼을 허가할 것.
8) 무명의 잡부금을 일절 폐지할 것.
9) 관리 채용에 있어 지벌(地閥)을 타파하고 인재를 등용할 것.
10) 일본과 상통하는 자를 엄벌할 것.
11) 공사채(公私債)를 막론하고 기왕의 것은 모두 면제할 것.
12) 토지는 균등하게 분작(分作)하게 할 것.

생각하기

1. 아리스토텔레스가 "깃털이 없고 두 발 달린 짐승이 인간이다"고 정의하였다면, 디오게네스의 반증은 타당할 수 있을까?

2. 인간과 "깃털 없는 두 발 짐승" 그리고 "털을 뽑은 닭"의 관계를 벤다이어그램으로 그려보자.

12. 뇌물을 받으면 춥다

형식 : 사항오류 fallacy of four terms, four terms, quaternio terminorum.

정의 : 정언삼단논법에서 대전제와 소전제가 총 3항으로 구성되어 있지 않고 4항으로 되어 있
는 오류.

        사항오류는 정언적 삼단논법의 기본 규칙을 지키지 않아 형식은 그럴듯해 보이지만 실제는 삼단논법을 구성하고 있지 않은 경우에 발생하는 오류이다. 삼단논증에서 대전제와 소전제는 매개념으로 연결되어야 하지만 매개념이 존재하지 않거나 그 의미가 애매한 논증의 오류이다. 간단한 예를 통해 살펴보도록 하자.

    대전제─개는 포유동물이다.

    소전제─고양이는 동물이다.

    결론─그러므로 개는 동물이다.

두 전제와 결론은 각기 참인 명제들이다. 그러나 대전제와 소전제는 서로 매개어가 없어서 서로 논리적 연관성을 지니고 있지 못하다. 비록 결론이 참임을 알 수 있다 하더라도 이 논증은 사항오류를 범하고 있다. 좀 더 명확한 구분을 위하여,

대전제—개그맨이 되는 것이 나의 꿈이다.

소전제—나의 꿈이 밤마다 나를 괴롭힌다.

결론—개그맨이 되는 것은 밤마다 나를 괴롭힌다.

위의 논리는 정신이 모호한 잠꼬대 같은 소리로 들린다. 여기서 "나의 꿈"은 두 개의 서로 다른 의미를 가진 단어이다. 이 논증식은 형식상 3항을 이루고 있는 것처럼 보인다. 그러나 동음이의同音異義어를 사용하고 있기 때문에 실제로는 네 개의 항으로 이루어져 있는 것이다. 4항으로 이루어진 삼단논법은 건전한 논증식이 아니며, 타당한 결론에 이를 수 없다.

사항오류 가운데 이렇게 전혀 연관이 없는 네 개의 항으로 되어 있는 경우는 비교적 쉽게 판별이 된다. 그러나 논술과 같은 긴 문장에서는 저자나 독자 모두 서로 다른 문단의 상이한 주개념과 서술개념을 연결하여 사항오류를 범하기도 한다. 사항오류의 일반적인 형태는 애매어 혹은 애매구를 포함하고 있는 '매개념 부주연의 오류'를 들 수 있다.

✳

먼저 애매어 오류equivocation이면서 매
개념이 모호한 경우ambiguous middle term의 예를 살펴보기로 한다.

뇌물수수가 드러나면 옷을 벗어야 한다.
옷을 벗으면 춥다.
그러므로 뇌물수수가 드러나면 춥다.

이 경우 매개념middle term인 "옷을 벗다"는 서로 다른 의미로 사용되
고 있다. 대전제에서는 "직장을 그만두다/쫓겨나다"의 뜻이고, 소전
제에서는 문자 그대로 옷을 벗는 행위를 나타낸다. 이렇게 서로 다
른 의미의 매개념을 동일한 것으로 간주하여 매개시킬 경우 오류가
발생한다. 즉 형식적으로는 3항처럼 보이지만 실제로는 4항으로 이
루어져 있어 삼단논증의 조건을 충족하지 못하고 있다.
영어의 단어에서 이중적 의미가 발생하는 예를 하나 더 들어본다.

Man is an intelligent animal.
No woman is a **man**.
Therefore, no woman is an intelligent animal.

요즘은 인간을 통칭하는 경우 man이라는 단어 대신 human beings
또는 humans를 사용하는 경향이 많지만, man이라는 단어는 '남자'
와 '인간'의 의미를 모두 가지고 있다. 따라서 위 명제들을 번역하

면 다음과 같다.

> **인간**은 지적인 동물이다.
> 여성은 **남성**이 아니다.
> 그러므로 여성은 지적인 동물이 아니다.

언어적 의미의 혼동이 없는 한국어 번역의 경우에는 논리적 오류가 형식적으로도 분명하게 드러난다. 이 경우 번역문은 사항오류의 매개념 부당주연의 오류—undistributed middle term에 해당하지만 영어 표현은 애매어 오류로 볼 수 있겠다.

"옷을 벗는다"와 같이 이중적 의미를 가진 말들은 그 언어를 일상적으로 사용하는 사람들이라면 비교적 쉽게 구분할 수 있다. 그러나 외국어를 배우는 경우에 이런 관용적 표현은 항상 골칫거리이다. 그냥 무조건 외운다는 정신으로 외우는 것도 여간 힘들지 않고, 막상 정확하게 구사할 때나 장소를 알기도 어렵다. 함께 생활하면서 생생한 경험 속에서 익히는 것이 최선의 방법이다.

한발 더 나아가 언어의 피상적인 의미를 넘어서는 어떤 것을 지시하기 위하여 일상적인 언어를 사용하는 경우와 같은 특수한 영역을 생각해볼 수 있다.

> 道可道非常道 (도가도비상도)
> ―도(1)를 도(2)라고 하면 이미 도(3)가 아니다.

도(1), 도(2), 도(3)은 각기 조금씩 다른 의미로 사용되고 있지만 도道라는 하나의 단어로 포괄되어 있다. 도(3)은 언어로 표현하고 구체적으로 생각할 수 있는 그런 도(1),(2)가 아니다.

사정이 이렇다 보니 도와 같은 단어를 포함하는 논증은 빈번히 논리성을 초월한다. 논리적 연관 관계를 맺기에는 의미의 숫자가 너무 많고 유동적이기 때문이다.

조금 더 간단한 예를 들어보기로 한다.

"부처를 만나면 부처를 죽여라."

선승들이 신참 수도승들에게 서슬 퍼렇게 외친다. 말은 그럴듯하고 멋있어 보이는데 막상 무슨 얘기인지 어떻게 하라는 건지 알 수가 없다. 여기서도 부처라는 단어는 몇 가지 중복된 뜻을 지니고 있다. 먼저는 허상 혹은 마야로서의 부처이다.

"허상에 사로잡힌 네 눈에 무엇이 보일까 보냐? 네 눈에 부처다 싶은 것이 보이면 죽여버려라. 헛것을 보았느니라."

'그러면 허상이 아닌 부처란 무엇인가? 그런 것이 있기는 있는 것인가? 모든 것이 무상하고 나self라는 것도 허상일 뿐이라는데. 그렇다면 부처란 있지도 않은 것이로구나. 그러니 죽일 것도 없겠구만.'

"네가 있지도 않다고 말하는 그 부처는 무엇이냐?"

"그럼, 그 부처를 만나도 죽여야 하나요?"

"난, 부처가 무엇인지 아는 바 없다."

이런 분들에겐 언어적 논리가 통하지 않는다. 오히려 언어적이고 형식적인 논리에 잡혀 있는 것을 부수어버리기 위해 '거침없이 하이킥'을 날린다. 언어적 표상이 논리 정연한 것은 무참히 부수어버리고, 전혀 논리적으로 가당치도 않는 말들로 논리 이상의 논리를 전한다. 머리 아픈 것을 즐기는 이들이나 뇌에 운동이 좀 필요한 분들은 《벽암록》 일독을 권한다.

생각하기

점심(點心)과 관련된 두 이야기

1) 중국 남송 시대에 한세충(韓世忠)이라는 장군에게 양홍옥(梁紅玉)이라는 부인이 있었다. 당시 송나라는 금나라와 전쟁을 벌이고 있었는데, 장군의 부인이 직접 만두를 빚어 병사들의 식사를 준비하였다. 그러나 병사의 수는 많고 음식은 적으니 배불리 먹일 수 있는 음식을 마련할 수가 없었다. 그때 양홍옥이 음식을 나누어주면서, "만두의 양이 많지 않으니 마음(心)에 점(點)이나 찍으십시오"라고 말했다고 한다. 이 부인의 말에서 유래하여 점심(點心)은 "마음에 점을 찍듯이 하는 간단한 요기"라는 의미를 얻어 지금의 낮 시간 식사를 뜻하는 점심으로 변화되었다. 병사들이 그 만두 한 조각을 먹으면서 점을 찍은 마음이 어디 작은 만두뿐이었겠는가? 멋진 이야기가 아닐 수 없다.

2) 중국 불교사상이 꽃을 피웠던 당나라(618~907) 시절은 선불교도 최고의 수준을 자랑하고 있었다. 북종선은 경전의 학습을 강조하는 경향(점수)이 있었던 반면, 남방의 남

종선은 오직 한순간 마음을 올바로 깨치면 바로 깨달음을 얻을 수 있다(돈오돈수)고 가르쳤다. 북방에 덕산(德山, 780~865)이라는 스님이 있었다. 덕산은 유식학에 깊은 조예가 있었으며 각종 경전을 공부하였으며 특히 《금강경》의 대가로 명성을 얻었다. 그런데 남방 쪽에서 들려오는 소리에 의하면 남종선에서 공부는 게을리 하고 마음이 부처라고 한다는 것이었다. 덕산은 어리석은 자들에게 깨우침의 어려움을 가르쳐주겠다고 결심하고 자신의 주 특기인 《금강경》을 걸망에 집어넣고 긴 남방 여행길에 올랐다. 드디어 풍주에 도착하여 길거리의 한 주막에 들어갔다. 출출한 배를 채우기 위해 주막에 들어서자 한 노파가 나왔다. 그 노파가 물었다.

"거 등에 짊어지고 있는 게 무엇이요?"

"금강경 주석서외다."

덕산이 시골 노파를 힐끗 보며 대답했다. 그러자 노파가 또 물었다.

"제가 한 가지 물어볼게 있는데, 만일 대답을 해주시면 음식을 그냥 보시하지요. 그렇지만 대답을 해주지 못하시면 음식은 다른 곳에 가 드시도록 하세요."

덕산이 기가 찰 노릇이었다. '내가 누군 줄 알고 감히 시험하려 들다니…….' 속으로 생각하면서 덕산은 어쨌든 음식 보시를 받을 수 있겠구나 생각했다.

"그래, 물어볼 게 뭐요?"

노파가 물었다.

"금강경에 '과거의 마음도 얻지 못하고, 현재의 마음도 얻지 못하고, 미래의 마음도 얻지 못한다'는 구절이 있는데, 스님은 어느 마음을 점찍으려(점심, 點心) 하시는지?"

《금강경》의 대가 덕산은 말문이 막혔다.

두 이야기 모두 여성이 주인공으로 등장한다. 연대순으로 보면 두 번째 이야기가 당대의 일이니까 송대보다 앞선 것으로 볼 수 있다. 이야기의 깊은 속뜻은 독자의 마음에 이미 가득 담겨 있을 것으로 믿는다.

벽암록(碧巖錄) 중국 송나라 때 완성된 불교 선종계 서적으로 주로 임제종의 공안을 10권에 담아 1125년에 완성되었다. 정확한 명칭은 '불과환오선사벽암록(佛果[圜悟]禪師碧巖錄)' 또는 '불과벽암파관격절(佛果碧巖破關擊節)' 이라 하며 줄여서 '벽암록' 혹은 '벽암집' 이라 한다. 영어로는 'The Blue Cliff Record'로 알려져 있다. 임제종계의 선승 설두 중현(雪竇 重顯)이 《전등록(傳燈錄)》의 1,700칙(則) 공안 가운데 100칙을 골라 게송(偈頌)을 붙이고, 환오극근(圜悟克勤)이 각칙(各則)에 수시(垂示), 저어(著語), 평창(評唱)을 붙여 완성한 후 그의 제자가 편찬하고 간행하였다. 이 책에는 달마 대사로부터 6조 혜능까지 선승들의 가르침과 행적, 그리고 혜능 이후 임제종을 중심으로 중국 선승들의 구도행과 가르침의 내용을 들여다볼 수 있는 일화와 선문답이 가득하다. 가까이 두고 가끔 한 구절씩 음미해본다면 삶이 조금은 더 풍요로워질 것이다.

13. 찰스 강변의 교통 체증

형식 : 후건긍정의 오류affirming the consequent, asserting the consequent, affirmation of the consequent.

정의 : 삼단논법의 전건을 긍정하여 후건의 결론을 이끌어내는 전건 긍정식에서 후건을 긍정하여 전건의 결론으로 이끌어가는 오류.

후건긍정의 오류는 삼단논증과 관련된 오류 형태의 하나로 다음과 같은 형식을 띤다.

만약 P이면 Q이다.

Q이다.

그러므로, P이다.

알기 쉽게 쥐약과 쥐의 예를 들어보자.

대전제―쥐는 쥐약을 먹으면(전건) 죽는다(후건).

소전제―쥐가 죽었다(후건긍정).

결론—그러므로 쥐는 쥐약을 먹었다.

쥐약을 먹은 쥐가 반드시 죽는다고 하더라도, 쥐가 죽은 것이 항상 쥐약 때문이라고는 할 수 없다. 옆집 고양이 짓일 수도 있고, 쥐약이 아닌 다름 음식을 먹고 식중독에 걸렸을 수도 있고, 너무 늙어서 굶어 죽은 것일 수도 있기 때문이다. 쥐가 죽을 수 있는 방법은 실로 다양하다고 할 수 있으며, 쥐약을 먹고 죽는 경우는 그중 아주 특이한 한 가지 예에 지나지 않는다. 그러므로 후건을 긍정하여 전건을 긍정하는 후건긍정식의 결론은 오류이다.

후건긍정의 오류도 매우 빈번하게 발견되는 오류 중 하나이다. 옛날에 '공산당은 말이 많다'는 일견 수긍이 가는 선입견이 있었다. 그러다 보니, '말이 많으면 공산당이야!'라는 말이 생겨나기도 하였다. 이 주장도 대표적인 후건긍정의 오류인데, 공산당이 말이 많다는 주장이 사실이라 하더라도, 말이 많은 사람들이 모두 공산당은 아니기 때문이다. 당시에 떠돌아다니던 말 중에 '예수쟁이는 너무 말이 많아!'라는 것도 있었다. 이것만 보아도 말이 많은 이들이 공산당만은 아니었음을 알 수 있다. 적어도 '말이 많으면 공산당이거나 예수쟁이'여야 하기 때문이다. 이런 예들은 후건의 긍정이 전건의 긍정을 정당화하지 못한다는 사실을 잘 보여주고 있다.

교통 체증의 원인에 관하여 생각해보자.

1) 만일 폭설이 온다면(전건) 길이 막힐 것이다(후건).

2) 길이 막혔다(후건긍정).

3) 그러므로 폭설이 왔다(전건긍정).

이 또한 전형적인 후건긍정의 오류이다. 폭설이 오면 길이 막히는 것이 사실이긴 하지만, 길이 막히는 이유는 그 외에도 수도 없이 많다.

10년도 더 전에 보스톤의 찰스 강 북쪽 MIT 앞의 도로 메모리얼 드라이브—보스톤의 한국 유학생들은 이 길을 강변북로라고 부른다—가 한가한 시간에 엄청 막힌 날이 있었다. 이유인 즉, 강변에서 금발의 두 미녀가 가슴을 드러내놓고 출근길에 지나가는 자동차들을 구경하고 있었기 때문이었다. 가슴을 내어놓은 미녀들이 지나가는 자동차들을 구경하는 동안, 지나가는 차의 운전자들은 아름다운 강과 더욱 아름다운 미녀들의 가슴을 구경하느라 서행에 서행을 거듭했기 때문에 길이 막히지 않을 수 없었다. 이날 교통 체증의 원인은 날씨와는 전혀 관계가 없었다. 그 외에도 수없이 많은 교통 체증의 원인이 있을 것임에 틀림이 없다. 비슷한 예로,

대전제—외과의사 김 박사가 치료하면 고칠 수 있을 것이다.

소전제—병이 치료되었다.

결론—외과의사 김 박사가 치료하였다.

그러나 결론적으로 병이 치료되었다는 사실이 반드시 외과의사 김 박사가 치료하였다는 것을 전제할 필요는 없다. 드물더라도 뛰어난 다른 외과의사도 병을 치료할 수 있었을 것이다. 그 외에도 몇 가지 특정한 조건이 갖추어져 있어야 할 것이다. 첨단의료장비, 수혈할 피, 약품, 그 외 집도를 함께할 의사와 간호사들의 도움 등.

병과 치료의 경우를 예로 든 이유는, 한국의 고질적인 질병(가난)을 치료한 것(경제 발전)으로 칭송되는 박정희 시대의 경제 발전을 잠시 생각해보기 위해서다.

박정희 시대 18년은, 아직 한국전쟁의 후유증에서도 벗어나지 못했던 한국이 세계 최빈국에서 중공업 중심의 개발도상국으로 성장한 기간과 겹쳐진다. 지지자들은 빈곤에서 벗어난 기적적인 경제 성장은 박정희의 지도력이 아니면 불가능하였다는 신념으로 그를 민족적 지도자로 추앙한다. 반면 반대자들은 그 기간의 경제 성장은 세계 경제의 호황과 조응하는 경향이 있으며, 그 대가로 치른 군부 독재, 민주주의 후퇴, 인권의 상실은 경제적 성장보다 훨씬 심각한 문제를 야기하였다고 주장한다. 지지와 반대의 두 입장과 양자를 절충하는 중간적인 입장을 하나씩 간단히 소개해보겠다.

먼저, 9년 이상 박정희 대통령의 비서실장을 지냈으며 경제 관련 분야의 관료를 지낸 김정념과 같은 당시의 관료들과 민족적 보수주의 진영은 박정희의 경제 개발 정책은 세계사적으로도 중요하고 훌륭한 정책이었다고 주장한다. 단지 급속 성장에 따른 부수적 손상이 있었던 것은 사실이나, 민주, 분배, 인권의 가치조차 박정희식 발전이 없었으면 생각할 수 없었을 것이라고 강조한다. 다음은《중앙일보》가 김정념 전 비서실장과 인터뷰한 기사의 일부이다.

김 : (…중략…) 물론 자유민주주의에 있어 쿠데타로 정권을 잡는 게 좋지는 않아요. 하지만 위로부터의 혁명, 즉 무력으로 정권을 잡아 결과적으로 나라를 구해낸 혁명이 4개 있다는 게 후진국 정치를 연구하는 학자들의 정설이었습니다. 일본 메이지 유신, 터키의 케말 파샤, 이집트의 나세르, 페루의 벨라스코 장군이죠. 최근에는 박 대통령의 5.16도 포함해 5개 나라가 된 것이죠.

중앙 : 박 대통령 18년 동안 경제가 얼마나 달라졌나요?

김 : 61년 한국의 1인당 소득은 89달러로 세계 125개국 중 101번째였어요. 파키스탄, 토고, 우간다, 방글라데시, 에티오피아 등과 더불어 최빈국 그룹이었죠. 북한은 320달러로 50번째였습니다. 멕시코, 리비아와 포르투갈, 브라질의 중간이었죠. 박 대통령의 18년 집권이 끝난 79년 한국은 1,510달러로 49번째로 올랐고 북한은 120번째로 최빈국으로 전락했어요. (…중략…)

김 : 우선 해방 이후 한국의 현대사를 제대로 공부했으면 좋겠어요. 내가 책 제목을 '최빈국에서 선진국 문턱까지'로 한 것은 그냥 말로만 그런 게 아니에요. 숫자를 검증해보세요. 그러면 박 대통령과 남한이 잘했다는 걸 알 텐데 그걸 깨닫는 데 시간이 많이 걸리겠죠.

—〈박정희 경제 개발 회고록 개정판 낸 김정렴 씨〉, 《중앙일보》, 2006. 8. 16.

반대로 박정희 경제 모델이 한국의 시장경제를 병들게 한 암세포였다는 상극의 주장이 있다. 전 고려대학교 총장 이필상 교수는 2006년 11월 13일자《동아일보》와의 인터뷰에서 다음과 같이 주장했다.

(박정희 신드롬의 원인이 경제 업적에 있다는 해석의 질문에 대해)

경제가 어렵다 보니 사람들이 정신적 돌파구를 찾게 됐는데, 막연히 과거 박정희 시절의 고도 성장을 동경하면서 그것을 신화로 삼는 일이 벌어진 겁니다. 일부 사람들에게는 박정희 경제 신앙으로 굳어졌죠.

(박정희 개발독재의 폐해라면 어떤 것들이 있을까요?)

가장 큰 문제는 정경유착을 통한 불법 지배 체제 형성입니다. 정통성 없는 독재 권력이 수단과 방법을 가리지 않고 돈을 벌어보겠다는 재벌과 불법 공생 관계를 형성한 것이죠. 권력은 재벌이 각종 인허가상 특혜를 비롯해 금융, 차관, 세제 특혜를 주고 그 대가로 재벌로부터 정치자금을 받았습니다. 그 결과 권력과 재벌의 유착이라는 불법 구조가 우리 사회를 지배하게 됐습니다. 그 정당성 없는 지배 계층이 지금까지 사회, 경제, 정치를 좌지우지하고 있습니다. 정경유착 구조는 역사 발전의 큰 걸림돌을 만든 거죠.

(…중략…)

독재는 어떤 이유에서든 합리화할 수 없다고 생각합니다. 고속 성장했다. 빈곤에서 탈피했다. 그것을 당시 독재 덕분으로 돌리는 건 굉장히 잘못된 해석이고 위험한 일이죠. 그렇게 믿는 사람들은 독재와 지도력을 혼동해서 그래요. 독재가 아니고 국민의 지지를 받는 민주 정부가 들어서서 시장경제 체제를 발전시켰더라면 지금쯤 우리는 선진형 경제 구조를 갖게 됐을 겁니다.

―〈"박정희 개발독재는 시장경제 발전의 암세포" ― 이필상 교수 인터뷰〉,

《신동아》 통권495호, 2000. 12. 1.

이필상의 주장은 강력한 자유시장경제 원칙에 뿌리를 두고 있다. 부정이나 부패 여부를 떠나 국가의 경제 개입을 최소화하고 시장 원칙에 맡겨야 한다는 주장이다. 하지만 박정희 모델은 국가의 계획과 간섭에 의해 시장이 왜곡되고 한국 경제의 체질에 피로가 누적되어 IMF와 같은 결과를 야기하게 되었다는 것이다.

셋째는 민족주의적인 자본에 무게를 싣는 입장으로 기업에 대한 국가의 계획과 지원, 통제는 조절되어야 할 것이지 철폐될 것은 아니라는 점에서 박정희 모델을 선별적으로 받아들여야 한다는 주장이다. 대표적인 '대안경제' 모델의 주창자인 장하준 교수는 극빈국에서 선진국 진입을 눈앞에 둔 고속 성장을 이룬 한국 경제가 선진국과 후진국을 잇는 적극적인 역할을 수행해야 한다고 주장한다. 장하준 교수는 《이코노미스트》와의 인터뷰에서 박정희 정부의 역할에 대한 중도적인 평가를 내린다.

박정희 정부 시대 내지는 박정희 정부의 역할을 어떻게 평가합니까?

"박정희 시대는 우리가 경제 개발을 이뤄 빈곤에서 탈출한 시대입니다. 이런 경제 발전이 없었다면 우리가 이렇게 편하게, 건강하게, 그리고 오래 살 수 없을 거예요. 논쟁거리는 박정희가 아니었다면 그만한 경제 발전을 할 수 있었겠느냐는 겁니다. 박정희라는 개인과 그가 한 독재, 특히 유신독재가 꼭 필요했던 건 아니지만, 박정희식으로 정부가 개입하지 않았다면 경제 발전은 어려웠을 겁니다.

물론 '박정희식'이 성공적이었다고 해서 지금도 그대로 쓸 수는 없어요. 그러나 그 취지가 유효한 정책은 아직 많습니다. 예를 들어 유치 산업 육성은 과거만큼 광범하게 필요한 건 아니지만, 아직도 첨단 산업 분야에서는 필요합니다.

다른 예로 박정희 시대에는 사회 통합을 위해 사치품 소비를 규제하고 지나친 임금격차를 억제했습니다. 지금이야 이런 식으로 할 수는 없지만, 자본시장 규제를 통해 투기성 소득을 억제하고 노동시장 규제를 통해 고용 불안을 해소할 필요가 있습니다. 세제를 더 공평하게 만들고, 복지국가를 확대해 사회 통합을 추구해야 합니다. 이른바 극소수의 재벌을 위한 독재를 했다는 박 정부 때보다 '참여정부'에서 사회 양극화가 더 깊어진 까닭에 대해 생각해봐야 합니다."

— 〔좌파 정권 10년 공과〕 "DJ·盧 정부 정책 실망스럽다"〉,《이코노미스트》871호.

많은 이들의 생각과는 달리 박정희 시대의 경제 정책은 상당히 사회주의적인 혹은 국가주의적인 요소를 담고 있다. 이때 '사회'를 '국가'로 대체하는 특성이 '사회복지'를 경시하고 전체주의적이고 군국주의적인 성격을 강화하는 많은 문제점을 야기하였다. 그러나 박정희식 경제 모델은 제한된 자본을 시장의 자유에 맡기는 것이 아니라 '국가'의 이익이라는 측면에서 집중적이고 효과적으로 강제하였던 것이다. 때문에 '국가' 전체의 이익에 부합되지 않는다고 생각되는 부분은 무시되었다. 문제를 악화시킨 것은 특정한 집권

세력이 '국가의 이익'을 결정하고, 또 그 정책을 강력하게 추진해야 한다는 명분으로 '독재'를 정당화하였다는 점이다. 장하준을 비롯한 대안연대 진영의 주장은 박정희 모델의 '국가주의적 성격'의 문제점을 제거하면서 사회적 성격의 장점을 취하고자 하는 경향을 보인다고 하겠다.

이번 장의 주제인 후건긍정의 오류와 관련해서 '박정희 신드롬'에 대해 잠시 생각해보자. 박정희 신드롬은 박정희 시대에 경이적인 경제 성장이 이루어졌다는 사실로부터 박정희의 경제 정책뿐만 아니라 통치 전반을 미화하는 현상을 지칭한다고 볼 수 있다.

즉 다시 말해,

대전제—정권이 바른 정치를 한다면(전건), 좋은 결과 즉 경제 성장이 이루어질 것이다(후건).
소전제—박정희 정권의 한국은 급속한 경제 성장을 이루었다(후건긍정).
결론—따라서 박정희 정권은 바른 정치를 했다.

이 후건긍정식은 앞서 살펴본 병과 치료의 관계와 유사하다. 병이 치료되었다고 반드시 그 외과의사가 집도하였다는 것을 입증하는 것은 아니다. 하지만 동시에 그 의사가 집도하지 않았다고 확증할 수 있는 것도 아니다. 마찬가지로, 박정희 시대의 급속한 경제 성장이 반드시 박정희 정권의 정당성을 인정해주는 것은 아니다. 그러나 역사에 흔적을 남긴 개인들처럼, 박정희라는 한 인간이 한국의 경제 도약의 역사 한가운데에 있었다는 사실은 인정될 수 있다. 물론 그에 따른 부정적인 측면도 정당하게 평가되어야 한다.

생각하기

1. 아래 사진은 삼성의 차기 총수로 거론되는 이재용의 삼성 지분 보유 관계를 보여주기 위해, 2005년 2월 삼성카드와 삼성캐피탈의 합병 이후 달라진 출자 지배 구조를 도표화한 것이다.

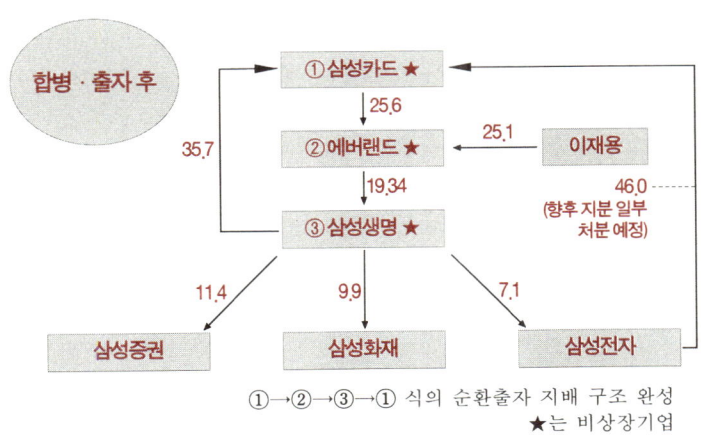

①→②→③→① 식의 순환출자 지배 구조 완성
★는 비상장기업

이재용 삼성전자 상무는 에버랜드의 지분을 1/4 이상한 소유한 대주주이다. 애버랜드는 다시 삼성생명의 지분을 19.34% 보유한 대주주이고, 삼성생명은 삼성카드의 확실한 대주주로서 에버랜드 주식의 1/4을 확보하고 있다. 또한 이재용 삼성전자 상무는 에버랜드를 통해 삼성생명이 보유한 7.1%의 삼성전자 주식으로 삼성카드에 다시 영향력을 행사할 수 있다. 삼성전자는 다시 삼성SDS 삼성유니텔 삼성SDI 삼성전기 삼성코닝 등의 최대주주이다. 한마디로 '이재용—삼성에버랜드—삼성생명—삼성전자—삼성계열사'로 이어지는 지분 구조를 통해 전 계열사를 지배하는 구조이다. 이것이 핵심적인 한 회사를 지배하여 상대적으로 적은 자본으로도 전 조직을 가장 효율적으로 장악하는 순환출자

방식이다. 이때 에버랜드, 삼성생명, 삼성카드는 모두 비상장회사라서 국내외 자본들이 특정인의 지분 지배를 통제할 수 없게 되어 있다.

현재 소위 진보적인 경제학자들이 이 같은 지배 구조를 보는 시각은 크게 두 가지로 볼 수 있다.

> 한쪽에서는 이것은 부당한 지배 구조라고 주장하고(참여연대, 장하성 고려대 교수, 김상조 방통대 교수, 김기원 방통대 교수, 한겨레, 오마이뉴스, 민주노동당 등등의 진보세력) 있습니다.
>
> 즉, 개인이 회사에 영향력을 미치는 것이 개인의 재산에 의한 주식 취득으로 획득한 지배가 아니라, 자신이 영향력을 행사할 수 있는 회사의 돈으로 그룹 전체를 지배함으로써 지배 소유의 괴리가 발생한다는 논리입니다. 그리고 이러한 순환출자가 총수의 독단적인 경영을 불러일으키고, 하나의 계열회사가 부실해지면 계열사 전체로 부실이 퍼져나가 국민경제에 해악을 끼친다는 논리입니다. 즉, 이러한 메커니즘으로 IMF가 발생했다는 이유로 순환출자를 통한 지배를 반대합니다. 또한 이것은 비민주적인 체제라는 점도 옵션으로 곁들입니다.
>
> 다른 한쪽에서는 그러한 주장이야 말로 신자유주의적이며 겉으로는 신자유주의에 반대하면서도 다른 한편으로는 신자유주의에 면죄부를 주었다고 주장하는 부류(장하준 케임브리지 대학 교수, 신장섭 싱가포르 국립대학 교수, 이찬근 인천대 교수, 대안연대 등등)가 있습니다.
>
> 우선 순환출자도 나쁘게만 볼 수 없다는 논리입니다. 선진 금융의 핵심이 효과적이고, 효율적인 가공자본의 창출인데 순환출자는 이러한 가공자본의 창출이라 볼 수 있고, 더욱이 자본의 축적이 미약했던 우리나라에서 불가피했던 측면도 있다고 보는 것이죠. 그리고 재벌들의 엄청난 부채 비율 역시 경제 발전기의 일본 대기업과, 북구의 스웨덴, 핀란드, 이탈리아와 비교해도 오히려 적은 수준이라고 반박합니다.(장하준, 〈우리 경제 개혁의 방향을 다시 생각한다〉 중에서) 그리고 재벌의 장점도 많다고 주장합니다. 즉, 개도국과 같은 나라에 진출할 때 패키지형 진출이 가능하다는 점입니다 (신장섭). 예를 들어 과거 동구권이 개방을 할 때 GM과 대우자동차가 경합을 했는데 결국 대우가 낙점된 것은 자동차, 건설, 전자 등등이 패키지 형태로 진출했기 때문에 성공했다고 보는 것입니다.

—bloomberg810, **네이버 지식iN**, 2005. 5. 31.

상호출자 서로 독립된 기업들이 자본을 교환하여 서로에게 출자하는 방식을 말한다. 이 때문에 실재하지 않는 가공자본이 발생하게 되어 자본의 공동화를 불러일으킬 수 있다. 재벌그룹의 계열사들 간에 상호 결속을 강화하기 위한 방법으로 사용되기도 한다.

순환출자 상호출자를 금하는 법률을 피하기 위해 A사→B사→C사→D사→A사식으로 순환출자하는 방식이다. 이 경우에 예를 들어 A사를 지배하고 있는 대주주는 B, C, D사를 모두 지배할 수 있게 된다. 문제점은 한 회사에 문제가 생기면 연쇄적으로 모든 기업이 타격을 받는다는 점이다.

서로 충돌하는 위의 두 입장에 대해 생각해보자. 지지하는 입장과 그 이유 그리고 반대 입장의 문제점을 지적하고, 최종적으로 지지하는 입장의 문제점을 검토하고 대안을 생각해보자.

14. 서른 잔치는 끝났다

형식 : 매개념 부주연의 오류.

동의어 : 모호한 매개념ambiguous middle.

정의 : 매개념의 의미가 애매하고 모호하여 발생하는 삼단논법 상의 오류.

매개념이 정확히 일치하지 않고 애매한 언어로 되어 있어 소거할 수 없음에도 불구하고 소거하는 데서 발생하는 오류이다.

예전에 한국에서 강력한 힘을 발휘하던 논리가 있었다.

대전제—나라를 혼란스럽게 하는 것은 적을 이롭게 한다(M).

소전제—적을 이롭게 하는 자(M)는 국보법으로 처벌받아야 한다.

결론—그러므로, 나라를 혼란스럽게 하는 자들은 국보법으로 처벌을 받아
  야 한다.

이때 대전제의 "적을 이롭게 한다(M)"는 것과 소전제의 "적을 이

롭게 하는 자(M)"는 의미상의 차이가 있다. 첫째는 수동적이고 결과적이며 해석의 여지가 매우 넓은 것인 반면, 후자인 M은 법률에 규정된 이적 행위를 의도적으로 위반한 것을 의미한다. 그러나 당시 국가보안법의 '입법 정신'에 투철하였던 이들은 위의 결론과 같은 생각을 하였다.

그들에겐 나라를 혼란스럽게 하는 조폭도 국보법의 적용 대상이 될 수 있었고, 양아치들의 거리 점령도, 노동자들의 파업도, 대학생들의 불온한 글쓰기도, 조세희의 《난장이가 쏘아 올린 작은 공》과 같은 이상한 소설이나 양희은의 〈이루어질 수 없는 사랑〉이나 〈작은 연못〉 같은 의심스러운 노래도 모두 국보법의 심판 대상이 될 수 있었다.

문제를 더욱 악화시킨 것은, 그들의 사고력과 상상력의 결과물이 '매개념 부주연의 오류'에서 비롯되었다는 것을 알려줄 수 있는 분위기가 아니었다. 국가의 질서를 유지하는(?) 국가보안법적 사고방식에 '오류'가 있다고 말하는 것은 결과적으로 '나라를 혼란스럽게 하는 행동'으로 여겨졌기 때문이다.

그래도 먹물들은 이렇게 말하며 자위하였단다.

"붓은 칼보다 강하다."

"칼은 부딪히면 부러진다."

"그러나, 붓은 부딪히면 먹물을 튀긴다."

소위 386세대들이 막 30대에 접어들던 1990년대 초, 혜성같이 나타나 "서른 살의 잔치가 벌써 끝났다!"고 소리친 한 시인이 있었다. 밥보다 술을 즐기던 학생들이 수업을 술 먹듯이 빠지고, 시험을 거부하던 대학 시절의 처절함과 낭만(?)이 끝난 후, 이제 현실을 살아가야 하는 이들에게 던져진 그녀의 시는 10년 묵은 술이 확 깨게 하는 새벽의 허무 같은 것이었다.

《서른 잔치는 끝났다》던 그 시집에 〈Personal Computer〉라는 시가 있다.

새로운 시간을 입력하세요
그는 점잖게 말한다

노련한 공화국처럼 품 안의 계집처럼
그는 부드럽게 명령한다
준비가 됐으면 아무 키나 누르세요
그는 관대하기까지 하다

연습을 계속할까요 아니면
메뉴로 돌아갈까요?
그는 물어볼 줄도 안다
잘못되었거나 없습니다

그는 항상 빠져나갈 키를 갖고 있다
능란한 외교관처럼 모든 걸 알고 있고
아무것도 모른다

이 파일엔 접근할 수 없습니다
때때로 그는 정중히 거절한다

그렇게 그는 길들인다
자기 앞에 무릎 꿇은, 오른손 왼손
빨간 매니큐어 14K 다이아 살찐 손
기름때 꾀죄죄 핏발선 소온,
솔솔 꺽어
길들인다

민감한 그는 가끔 바이러스에 걸리기도 하는데
그럴 때마다 쿠데타를 꿈꾼다

돌아가십시오! 화면의 초기상태로
그대가 비롯된 곳, 그대의 뿌리, 그대의 고향으로
낚시터로 강단으로 공장으로
모오두 돌아가십시오

이 기록을 삭제해도 될까요?

친절하게도 그는 유감스런 과거를 지워준다

깨끗이, 없었던 듯, 없애준다

우리의 시간과 정열을, 그대에게

어쨌든 그는 매우 인간적이다

필요할 때 늘 곁에서 깜박거리는

친구보다도 낫다

애인보다도 낫다

말은 없어도 알아서 챙겨주는

그 앞에서 한없이 착해지고픈

이게 사랑이라면

아아 컴―퓨―터와 씹할 수만 있다면!

—**최영미**, 〈Personal Computer〉, 《**서른 잔치는 끝났다**》, **창비**, 1994.

    컴퓨터를 통해 세상과 소통한다던 벗들이 하나둘씩 컴퓨터와의 소통에 빠져 세상엔 손이 미치지 못하는 우리들의 초상화가 그려져 있다. 우리들은 이제 내 컴퓨터의 창으로 들어가 지구 반대편 누군가의 창을 통해 그의 세상으로, 마음으로 들어가 만나지 않는다. 우리들은 내 컴퓨터의 창으로 들어가는 순간 15인치의 창 속에 포로가 되어버린다. 그리고 역시 창 너머에 포로가 되어 있는 이름 없는 얼굴 혹은 얼굴 없는 이름들을 가진 '유저'들과 사랑하고 증오도 한다. 이제 지구는 15인치의 평면이다. 일차원적인 인간들은 잠이 들었을 때조차 스크린 세이버의 공처럼 사면의 경계에 한없이 무념 무상의 충돌을 한다. 아무튼, 최영미의 시 〈Personal Computer〉에 숨어 있는 도발적인 시적 발상과 상상력에서 억지로라도 논리적 오류를 찾아보는 것이 오늘의 임무이다.

시인에게 컴퓨터는 '그녀'도 '그것'도 아닌 '그'이다. 때론 점잖고, 부드럽고, 관대하며, 때론 능란하고 거절할 줄도 아는, 그렇게 시인을 끌고 당기며 길들일 줄 아는 '그'. 더구나 '그'는 비록 현실에 민감하지만 여전히 '혁명'을 꿈꾸는 낭만적 몽상가이자, 여전히 휴머니스트이고 싶어하기도 한다. 그리고 자의반 타의반 가끔씩 모든 것을 원점으로 돌려버리는 '혁명'을 감행한다. 지금까지 가슴에 품어왔던 것들이 모두 의미를 상실하는, 새 세상을 향한 '창조적인 파괴'를 감행할 수 있는 그런 30대를 찾기도 힘들어진 세상이다. 그러나 시인의 '그'는 낡아가는 몸은 버릴 수 없다 하더라도 처음의 신선했던 기억으로 되돌아갈 줄 안다. 아무 일도 없었던 듯이. 아프고 쓰라렸던 부끄럽고 고통스러웠던 혹은 환상에 빠지게 했던 기억들조차 모두 잊고 시간을 되돌릴 수 있는 능력이 '그'에겐 있다. 그래서,

컴퓨터는 나의 이상적인 '그'이다.
나는 이상적인 '그'와 섹스를 하고 싶다.
그러므로 나는 컴퓨터와 섹스를 하고 싶다.

15. 서울국립대 폐지론

형식 : 전건부정의 오류denial of the antecedent, denying the antecedent.
정의 : 삼단논법의 '전건 긍정식'에서 전건을 부정하여 후건부정의 결론을 이끌어내는 오류.

후건부정에 의한 삼단논법은 p, q가 참일 경우, 그것의 대우명제인 -q, -p도 참인 것을 이용한 논증 방식이다. 그러나, 전건부정의 오류는 다음과 같은 형식을 지닌다.

만약 p이면 q이다. (p → q)

p가 아니다. (-p)

그러므로, q가 아니다. (-p → -q)

예를 들어,

눈이 오면 산에 눈이 쌓일 것이다.

눈이 오지 않는다.

그러므로, 산에는 눈이 쌓여 있지 않다.

이렇게 사고하는 사람과 겨울 산에 오른다면 사고가 날 가능성이 매우 높을 것이다. 산에 눈이 없다면, 지금 산에 눈이 오지 않는다는 것은 알 수 있지만, 지금 눈이 오고 있지 않다는 사실로부터 겨울 산에 눈이 없다고 할 수는 없다.

좀 더 간단한 예를 들어보면,

대전제—내가 독약을 먹는다면(전건) 죽을 것이다(후건).

소전제—나는 독약을 먹지 않는다(전건부정).

결론—그러므로 나는 죽지 않을 것이다.

대전제에서 전건을 부정하여 후건을 부정하는 결론을 이끌어내는 것으로, 논리적으로 오류일 뿐 아니라, 내용적으로도 오류인 것을 금방 알아챌 수 있다. 독약을 먹지 않았다고 죽지 않을 리가 없다. 독약만 먹지 않으면 죽지도 않는다면 얼마나 좋을까.

한국의 교육은 참 말도 많고 탈도 많은 그러면서도 해법을 찾지 못하고 있는 분야이다. 필자가 고등학교를 다니던 때부터 거의 매년 바뀌던 대학입시 제도가 아직도 거의 매년 바뀌고 있는 현실을 보면, 백년대계라는 교육 정책이 매번 일 년도 넘기지 못하는 졸속이었던가 보다. 그리고 무엇보다 학부모는 물론 학교를 떠난 모든 사람들이 학교 졸업장의 영향을 벗어나지 못하는 사회 풍토에서는 입시 문제가 쉽게 해결날 것 같지도 않다.

만 가지 온갖 처방 중에 '서울대 폐지론'이 있다. 한국 사회의 모든 장점과 단점들은 서울대와 연결이 되어 있다. 한국 사회의 지도층을 형성하고 있는 다수가 서울대 출신이고, 국회의원 서울대 동창 모임은 최대 정당을 만들고도 남는다. 경제, 사회, 문화를 비롯한 한국 사회의 전반이 서울대 치하에 있으며, 예술, 연기자, 오락 코미디도 서울대 출신이 장악해가고 있다. 아마도 육체적 활동에 대한 유교적 의식이 조금만 더 약해지면 체육 각 방면도 서울대 체육과가 지배하는 세상이 올 것이다. 상황이 이 지경이다 보니, 한국 사회의 모든 공과가 서울대에 돌려지는 것도 무리는 아니다.

따라서 '한국 교육의 모든 문제점의 원인은 서울대에 있다'는 말이 틀린 것도 아니다. 동시에 '한국 사회의 모든 장점의 원인도 서울대에 있다'고 해도 사정은 그리 다

국립서울대학교 서울대의 설립은 일제 식민지 체제의 종식과 미 군정의 등장, 그리고 남한 내의 식민지 이후 체제 수립의 과정과 매우 깊게 연결되어 있다. 따라서 그 설립과 발전 과정 자체가 남한의 건국과 발전 과정을 상징적으로 보여준다고 할 수 있다. 1945년 9월 8일 막 서울 시청에서 일장기를 내리고 성조기를 올린 미군들은 한국 교육을 담당할 학무국을 구성하였다. 학무국의 미국 책임자는 교사 출신의 대위였고, 학무국 관료들은 친일파들이 장악하였다. 식민지 후 체제의 고등교육 기관 관리를 위해 미 군정은 '국립서울대 설립안'을 내어놓는데, 그 핵심적인 내용은 '경성(제국)대학교와 각종 전문학교를 모두 서울대로 통폐합시킨다'는 것이었다. 이에 따라 경성제국대학 외 9개 전문대학이 통폐합되어 서울대가 설립된다. 당시 대부분의 교수 학생들은 이 통폐합안에 격렬히 반대하였는데, 미 군정은 당시 9개 대학의 재학생 8,040명 중 4,956명을 퇴학시키고, 교수 429명 중 380명을 해직시키면서 서울대 설립을 강행하였다. 지금의 대학로 자리를 비롯해 곳곳에 흩어져 있던 서울대는 1975년 관악 캠퍼스로 이전하여 오늘에 이르고 있다. 얼마 전 동경대가 소장하고 있던 《왕조실록》을 서울대에 기증하는 형식으로 반환한 사건이 있었는데, 이는 지난 역사를 고려하면, 일본의 동경제국대학이 서울에 있던 경성제국대학에 기증하는 듯한 연상 작용을 지울 수 없었다. 특히 유물 반환을 위해 오랜 기간 노력해 왔던 기관들을 따돌리고 특정한 통로를 통해 '기부'된 것을 보면 더욱 그렇다.

르지 않다. 그런 사회에서 나온 대담한 논리가 나온다.

　　대전제―서울대가 있기 때문에 한국 교육의 모든 문제가 생긴다.
　　소전제―서울대를 없앤다.
　　결론―그러면 모든 문제가 해결될 것이다.

　이 얼마나 단순하고 명쾌한 오류인가? 이 논리에 대한 책임도 역시 서울대가 져야 한다. 왜냐하면 감히 이런 주장을 할 수 있는 자리에 있는 사람도 서울대 출신일 것이기 때문이다.

　2004년 3월에 등장한 '서울대 폐지론'은 교육혁신위 전문위원 전체회의에서 논의한 '국립대 공동학위제', 즉 국립대 재학생들이 자신이 원하는 국립대에서 학점을 이수하고 졸업장에도 학점을 이수한 대학의 총장 이름을 병기하는 안이었다. 필자는 미국서 다섯 개 대학에서 동시에 수업을 들은 적이 있었는데, 이를 적용하면 다섯 대학의 석사학위를 딸 수 있었을 좋은 제도였던 것이다. 이 황당한 제안이 논란이 되자, 청와대에선 서울대 총장을 만나 "서울대 폐지론이 폐지되었다"는 설명을 했다고 한다.

　서울대 폐지론에 대한 반대론 중에 "서울대를 폐지하면 한국의 경쟁력이 급격히 떨어질 것"이라는 주장이 있다. 이 또한 한심스럽고 황당한 한국의 현실을 드러내 보여주는 말이다. 먼저, 서울대를 폐지하면 한국 사회의 경쟁력이 수십 년 떨어질 것이라는 발상 자체가 가능한 한국 사회의 현실을 고려해보아야 한다. 바로 서울대 중심 교육제도의 문제점이 그 반론에 고스란히 담겨 있기 때문이다. 한 나라의 교육과 경제, 사회 전반이 한 대학의 존폐와 명운을 같이한다면 그것은 대단히 심각한 상황이 아닐 수 없다.

서울대 폐지가 서울대라는 기간 시설을 폭격하고 거기 있는 모든 인간들을 농촌으로 내려 보내거나 국외로 추방하자는 뜻은 아닐 것이라 생각한다. 그렇다고 모든 국립대 졸업자가 모두 서울대 총장의 도장을 졸업장에 받을 수 있다는 것도 좋은 방법은 아닌 것 같다. 또 가능하지도 않다. 더구나 비대해진 학부 제도를 두고 있는 한국에서 굳이 서울대를 찾아 들어야 할 수업이 얼마나 있을지도 의문이고, 소속 대학이나 서울대의 교수들이 얼마나 학생들의 요구를 이해할 수 있을지도 모르는 일이다.

반대로 서울대 강화론을 주장하는 이들도 있다. 서울대는 국립대학임에도 불구하고 국립대학법 외에 서울대 특별법에 의해 예외적인 것으로 구분되어 있다. 정부는 서울대에 여타 국립대들과 구분되는 예외적이고 엄청난 재정적 지원을 하며, 평생 노점상을 한 노파들의 기부금까지 서울대에 집중되고 있다. 그러나 서울대는 정부의 간섭이 없이 서울대가 자율권을 행사할 수 있어야 세계적인 대학으로 성장할 수 있다고 한다. 이젠 국가가 방해거리가 된 것이다. 일개 정부가 세계 일류 대학을 꿈꾸는 서울대에 감놔라 배놔라 하지 말라는 소리일지도 모른다.

이런 현상은 삼성의 경우에도 발견된다. 삼성은 특정 분야에서 이미 세계 최고의 기업 이미지를 확보하였다. 그러나 한국이라는 딱지가 그들에겐 걸림돌이다. 한국 사회 전반이 혁신에 혁신을 거듭해서 기업의 이미지에 먹칠을 하지 않았으면 좋겠다. 그래서 말한다. 삼성 같은 기업 다섯 개만 있으면 한국은 선진국가가 될 것이라고. 그러나 문제가 바로 여기 있다. 한국 사회에서 삼성 같은 기업, 서울대 같은 대학이 있는 한, 그와 같은 기업이나 대학이 다시 생길 수 없다는 점이다. 오직 승자 독식의 최고, 그 하나만이 있는 사회, 그리고 국가조차 그것을 위해 봉사하는 사회, 그것이 문제인 것이다.

사실 이런 기업 정신이나 교육 이념은 폐허를 재건하는 과정의 필요에 의해 다분히 의도적으로 조성된 것으로 보아야 한다. 높은 사다리를 타고 정상에 가장 먼저 오르는 자에게만 달콤한 상품이 주어지는 게임에서 온 국민은 달콤한 꿀물을 먹겠다는 일념으로 99.9%가 실패하게 되어 있는 게임에 뛰어들었던 것이다. 다른 곳에서는 그나마 전혀 구할 가능성이 없었기 때문이다. 사다리를 빨리 오르기 위해 좋은 장갑이나 온갖 도구들은 국민들이 알아서 샀기 때문에 사회적 비용이 별로 필요하지 않았다. 국가는 그저 가장 빨리 오르는 놈에게 맞난 꿀만 실컷 먹을 수 있도록 해주면 되었다.

그러나 이제 한국 사회는 하나의 사다리에 모두가 매달리기엔 너무 크고 국민들의 요구도 다양하고 거대해졌다. 그래서 좀 더 강력한 사다리가 필요하다고 생각하는 사람들도 있을 수 있다. 한편 사람이 많아지면서 지하층에서 출발하는 이들부터 3층 옥탑에서 출발하는 이들까지 출발선에도 문제가 생겼다. 그러자 어떤 사람들은 여러 종류의 사다리를 놓거나 아예 그냥 바닥에서도 즐길 수 있도록 꿀통을 바닥에 내려놓자고 주장할 수도 있다. 서울대 강화론과 삼성 신화의 옹호자들은 하나의 더욱 강력한 사다리를 만들자는 것으로 볼 수 있겠다.

질문은 한국 사회의 구성원들이 어떤 미래상을 꿈꾸는가에 모아져야 한다. 여전히 위를 쳐다보는 동시에 아래 사람의 머리를 밟고 서 있는 이 게임을 계속할 것인가? 이곳저곳에 흩여져 다양한 사다리를 탐색할 것인가? 우리만의 사다리를 디자인하고 오르내리는 즐거움을 만끽할 것인가? 서울대의 문제는 우리의 미래에 대한 탐색과 합의 과정을 통한 미래의 설계로 해결해야 할 문제이다. 서울대 강화론도 서울대 폐지론도 혹은 고등학술원이나 국립서울대학원으로 전면적인 전환도 모두 이 문제의 핵심에 대한 재검토 이후에야 진정으로 대안적인 논의가 될 수 있을 것이다.

생각하기

1. 위에 언급된 서울대 개혁안을 박정희 경제 모델, 자유시장경제, 민족주의 경제 등 다양한 경제이념과 연관하여 생각해보자. 서울대 개혁안과 경제 모델과는 어떤 조응 관계가 있을까?

2. 여러분이 원하는 미래 한국의 정치 경제 모델은 어떤 것인가? 통일이 된다면 남북의 관계는 어떻게 자리 잡아야 할까? 독자가 생각한 그런 사회를 만들기 위해서 가장 합당한 교육제도는 무엇이어야 할까? 그리고 서울대는 어떤 방식으로 개혁되어야 할까?

16. 로마 황제는 기독교인

형식 : 소개념 부당주연의 오류illicit minor, illicit process of the minor.
정의 : 소전제에서 부주연한 개념을 결론에서 주연시킬 수 없다는 규칙을 위반한 오류.

소개념 부주연의 오류 역시 정의로는 의미를 알기 힘들어 보다 상세한 설명이 필요할 것 같다. 명제의 주부主部를 주개념 혹은 대개념大概念이라 하고, 술부述部를 빈개념賓概念 혹은 소개념小概念이라 한다. 다시 말해,

대전제―모든 까마귀는(대개념) 까맣다(소개념).

소전제―모든 까마귀는(주개념) 새다(빈개념).

결론―그러므로 새는 까맣다.

새가 소전제에서는 주연되지 않았다. 즉 "모든 새는 까마귀이다"라는 관계가 성립하지 않았다. 그러나 결론에서 새는 주연되어 있

다. 즉 "모든 새는 까맣다"는 관계가 성립하는 것으로 되어 있다. 이처럼 소전제에서 부(당)주연한 개념을 결론에서 주연시키는 것은 삼단논법의 규칙에 위배된다. 그리고 이런 오류를 소개념 부주연의 오류라고 한다.

간단한 기호식으로 보면, 삼단논법이 성립하기 위해서는,

P(대개념) → Q(매개념, 중개념)

Q(매개념) → R(소개념),

∴ P → R

그러나,

P(대개념) → Q(소개념)

P(대개념) → R(소개념)에서

R, Q의주연 관계를 밝힐 수 없다.

R과 Q는 모두 소개념으로 부주연한 관계에 있다. 그런데 결론에서 이 R과 Q 중 하나를 주연시키는 것은 삼단논증의 오류를 야기한다.

콘스탄티누스Constantinus는 4세기 경 갑자기 기독교로 개종하면서 로마제국의 기독교 탄압을 종식시킨 황

제였다. 그의 기독교 개종에 얽힌 재미난 이야기가 있다. 그의 삶을 이해하기 위해서는 3~4세기경 로마의 정치 상황을 간략히 살펴볼 필요가 있다.

로마황제 중 가장 지독한 박해를 일으킨 디오클레시아누스는 노예 가문 출신으로 황제에 오른 인물이다. 그는 쟁취한 황제 권력을 유지하기 위해 4두 정치라고도 불리는 4분령 통치 정책을 실시한다. 4분령 통치는 로마 제국이 한 사람에 의해 통치하기는 너무 넓은 영토였고 정적들에 의해 권좌가 언제 찬탈될지 모르는 상황에서 능력 있는 정적들을 자기 휘하에 두고 넓은 제국을 효과적으로 통치하기 위해 제국을 4등분한 정책이다.

디오클레시아누스는 이 정책을 위해 먼저 자신의 명령에 복종하고 자신의 정책을 잘 추진할 인물로 비천한 농민 출신 막시미아누스를 공동 통치자로 삼아 자신과 같은 황제(아우구스투스) 칭호를 주어 제국의 서쪽을 맡게 하고 자신은 동쪽을 맡았다. 그리고 다시 이들 정제正帝 밑에 한 사람씩의 부제副帝, caesarea를 두어 제국을 4등분하여 통치하게 했다. 즉 디오클레시아누스(소아시아와 북아프리카)—갈레리우스(발칸반도), 막시미아누스(이탈리아)—콘스탄시우스(프랑스와 스페인)의 4분령 통치가 이뤄진 것이다. 결과적으로 서기 293년의 로마는 4명의 황제가 제국을 분할 통치하는 형태가 됐다.

이 4분령 통치를 통해 제국이 안정되자 디오클레시아누스는 자신을 신격화하는 작업을 시작하였다. 그러나 모든 군인들에게 황제 숭배 등 종교적 의무를 강요하자 유일신을 믿는 그리스도교인 군인들과 충돌할 수밖에 없었다. 신자 군인들은 황제 숭배를 거부하거나 아예 병영을 이탈하기도 했다.

　결국 로마제국은 반역죄인이라는 국사범으로 그리스도인들을 처형하기 시작한다. 4명의 황제 중에서도 갈레리우스가 다스리고 있는 지역에서 박해가 가장 심했다. 갈레리우스는 신자 군인들의 병역에 대한 이러한 태도를 위협적으로 느껴 군부 내에서 그리스도교 신자들을 색출하도록 종용하고 마침내 303년 디오클레시아누스를 설복해 제국 전체에서 신자들에 대한 색출을 시작한다. 이러한 일련의 사건을 통해 최고의 권력을 장악한 갈레리우스는 305년 디오클레시아누스와 막시미아누스를 퇴위시키고 자신과 콘스탄시우스에게 아우구스투스 칭호를 부여한다. 그리고 이들 밑에 자신의 꼭두각시인 세베리우스와 막시미아누스 다이아를 부제로 삼았다.

　이때 볼모의 형태로 로마에 머물던 콘스탄티누스는 자신이 아버지의 부제가 될 것으로 믿고 기회를 엿보고 있었다. 그러나 자신의 기대가 어긋나자 몰래 황궁을 빠져나와 아버지와 합류했다가 306년 아버지 사망 후 군대에 의해 황제(아우구스투스)로 추대됐다.

―《가톨릭신문》, 2001. 4. 22.

즉 콘스탄티누스가 황제가 되기 직전의 로마 지배는 다음과 같다.

　동로마 : 갈레리우스(황제)/막시미아누스 다이아(부제)
　서로마 : 콘스탄시우스(황제)/세베리우스(부제)

그러나 311년 갈레리우스가 사망하자 권력 구도는 변화한다.

동로마 : 리치니우스/막시미아누스 다이아

서로마 : 콘스탄티누스/막센시우스

막센시우스는 세베리우스를 무너뜨린 막시미아누스의 아들이었으며 이탈리아를 중심으로 막강한 힘을 과시하였다. 그리고 콘스탄티누스는 프랑스–스페인 지방에 만족할 수 없는 야심가였다. 그는 먼저 동로마의 리치니우스와 동맹을 맺었다. 그리고 막센시우스를 밀어내고 서로마를 통일시키기 위하여 312년 이탈리아로 출병하였다.

비록 동로마의 정치적 지원을 받고 있기는 했지만, 군사적으로 열세인 상황에서 공격을 감행하는 콘스탄티누스는 고민이 많을 수밖에 없었다. 양국의 군대는 로마의 티베르 강을 사이에 두고 대치하고 있었다. 이때 콘스탄티누스는 어떤 알 수 없는 경로를 통해 신의 계시를 보았다고 주장한다. 그는 하늘에서 빛나는 십자가와 "이것을 가지고 승리하라"는 문구를 보았다. 이에 콘스탄티누스는 크리스토스christos(그리스도)를 뜻하는 헬라어 X(키)와 로마의 첫 글자인 P(로)를 이용한 군기를 만들어 전투에 나선다.

이 전투에서 콘스탄티누스는 승리를 거두고 서로마 전역을 차지하게 된다. 애초부터 상대적으로 기독교에 관용적이었던 콘스탄티누스는 이 일을 계기로 기독교 박해를 금지하고 로마의 국교로 성장할 수 있는 터전을 마련했다. 그는 312년에 성직자에게 면세권 부여, 315년 십자가형 금지, 321년 교회 상속권 인정 등의 조치를 취했다. 그러나 콘스탄티누스 자신은 죽기 직전까지 세례를 받지 않았을 뿐 아니라 로마제국의 제사장pontifex maximus으로서 이교도 의식을 계속했다. 때문에 콘스탄티누스의 기독교 공인은 보다 정치적인 이유 때문이었다는 설도 있다. 그러나 313년 밀라노칙령을 통해 기독교를 공식 인정한 것, 325년 니케아 종교회의를 열어 교의적 논쟁의 해결을 시도한 것이나 330년 새 수도 콘스탄티노폴리스를 건설한 것 등은 이후 기독교 역사의 방향을 바꾼 일대 사건들이었음에는 틀림없다.

아무튼, 이번 장의 주 목적은 콘스탄티누스의 역사 공부가 아니고 어떻게 하면 소개념 부주연의 오류를 더 잘 이해하고 기억하도록 할 것인가에 있다.

콘스탄티누스는 로마 황제였다.
콘스탄티누스는 기독교인이었다.
그러므로 로마 황제는 기독교인이었다.

이 삼단논증은 물론 오류이다. '소개념 부주연의 오류'.
콘스탄티누스 이전의 황제는 기독교인이 없었고, 콘스탄티누스의 뒤를 이은 율리아누스(361~363CE)도 로마의 고대 종교제의로 복귀하려고 노력하였다. 기독교가 로마의 국교로 정해지고 교회의 권력이 강화하자 자연스럽게 황제의 권력이 견제와 도전을 받게 된다. 또한 로마의 전통적인 포용 정책이 배타적인 기독교 색채를 띠면서 유연성을 상실하고 쇄락의 단초를 제공한다.

이후 수세기 동안 교황권이 강화되면서, 로마제국의 영토가 정치적으로는 분열, 멸망의 길로 들어가지만, 종교적으로 교황권이 옛 로마의 국경에 버금가는 넓은 지역에 영향력을 행사하기 시작한다. 따라서 로마제국의 후반기는 전통적인 로마와 로마황제의 정치군사력에 의한 통치가 종식되고, 교황의 종교·정치적 신권이 지배한 체제를 유지하였다고 볼 수 있다.

생각하기

1. 정치 권력의 종교 정책과 권력자의 종교적 신념의 관계에 대해 생각해보자. 성서의 솔로몬은 구약의 여호와 신전뿐만 아니라 다른 신전들도 함께 그의 궁 안에 건축

불교정화운동 1948년부터 1962년까지 지속된 불교계의 자정 개혁운동. 조선 시대의 억불숭유정책에 의해 오백 년의 장기간 대중과 유리되어 산중 불교로 명맥을 유지하던 한국 불교는 일본 식민지 시대를 거치며 다시 한 번 심각한 정체성의 위기를 겪는다. 조선 말과 일제 침탈기에도 한국 불교는 경허스님(1849~1912)으로부터 만공, 해월, 수월, 한암으로 이어지는 선사들과 3.1 운동 33인의 한 명이었던 용성(1864~1940)으로부터 동산, 도헌, 고암, 성철, 혜암 등의 스님을 배출하였다. 또한 만해 한용운과 같은 참여적 시인과 일제치하 최초의 판사였다 뒤늦게 출가한 효봉 스님과 선승들이 활동한 시기이기도 하다. 그러나 전체적으로 조선 말 불교계는 자신들을 억압하던 조선왕조가 무너지는 것에 별 연민을 느끼지 못하였으며, 식민지 시대에도 큰 충돌 없이 일본 불교를 수입하는 모습을 보였다. 일본 불교의 영향으로 예불 의식과 더불어 육식 금지, 결혼 금지 등의 계율도 바뀌어 대처승제를 도입하였다. 이런 전후 사정은 해방 직후 한국 불교의 개혁 세력들이 대처승을 비롯한 일제 잔재의 청산과 청정수행가풍 확립을 위한 개혁 운동의 명분을 제공하였다. 그러나 해방 공간 초기 불교계의 정화운동은 일부 친일 부역 간부들을 경질시키는 선에서 유야무야되고, 적산사원의 관리권 및 소유권을 둘러싼 대립으로 변질되어갔다. 한국 불교 정통성과 정체성에서 명분을 차지하고 있었던 정화운동 측과 실질적인 지배를 하고 있는 대처승 간의 대립은 자체적인 해결책을 찾지 못하고 속세의 정치·사회적 공방으로 빠져들었다. 한국전이 끝나고 당시 기독교인이었던 이승만 대통령은 "대처승은 사찰을 떠나라"는 대통령 유시로 불교정화운동의 불길을 당겼다. 이후 불교정화의 명분을 확보한 개혁 세력과 실질적으로 사찰을 장악하고 있던 현실 세력은 수많은 법정 공방과 폭력적인 충돌 사태를 겪게 되었다.

이 과정에서 폭력 세력이 불교계에 침투하는 장기적 후유증을 낳기도 하였다. 5.16 군사쿠데타 이후 박정희 정권의 압력이 가해지자 1962년 2월 12일 비구, 대처 양측은 통합종단을 구성하고 명칭을 '대한불교조계종'으로 결정하였다. 이때 종단의 이름과 종지에는 합의하였지만, 갈등의 초점이었던 승려의 자격 문제, 즉 비구승―대처승의 논란은 남겨두었다. 이런 상태에서 '불교재산관리법'이 공포되자, 비구―대처 측이 승려의 자격과 종단 총회 구성을 명분으로 재산 분규를 재연하게 되었다. 결국 대처승 측이 총무원 간부직을 사퇴하고 법정 공방을 벌이지만, 1969년 10월 23일 대법원은 비구 측의 승소 판결을 내렸다. 그러자 대처 측은 독자적으로 '한국불교태고종'을 창종하고 불교정화운동은 양측이 갈라서는 것으로 마무리되었다.

한 것으로 나타난다. 즉 가장 큰 솔로몬의 궁전 안에 여호와를 비롯한 다양한 신들의 신전이 건축되어 있었던 것이다. 솔로몬이 이와 같이 한 이유는 무엇이며, 이후 매우 독실한 신앙인으로 추앙받는 이유는 무엇일까? 미국 대통령 조시 부시는 소위 '거듭난 기독교인'의 신앙관에 근거해서 미국 사회의 정치적 문제나 사회윤리적인 문제, 국제외교적인 문제까지 접근하는 것으로 비판을 받았다. 개인의 종교 신앙과 공적 지위에서 판단해야 할 종교 정책의 바람직한 관계는 어떤 것일까?

2. 한국전쟁이 끝나고 한국 불교계는 일대 정화운동의 회오리 속에 휘말린다. 불교정화운동은 "일제 잔재인 대처승의 청산", "청정한 수행가풍 확립"이라는 대의를 가지고 해방 공간에서 진행되었으나, 전란으로 일시 중단되었다가 1954년 이승만 대통령의 유시(정화유시)라는 빈약한 법적 근거를 가지고 진행되었다. 정치·사회적인 부분에서 일제 청산에 그리 적극적이지 않았을 뿐 아니라 기독교인이었던 이승만이 불교 정화에 개입한 이유는 무엇일까? 그리고 한국 불교의 정화 과정에 정치권력이 개입함으로써 남겨진 후유증이나 긍정적인 점이 있다면 어떤 것들이 있을 수 있을까?

3장
형식 오류와 비형식 오류
Formal Fallacy & Informal Fallacy

                논리학은 사고의 법칙을 다루는 학문이라고 하기도 하고 추론을 다루는 학문이라고 정의하기도 한다. 어빙 코피는 논리학은 "좋은 추론과 나쁜 추론을 구분해주는 방법과 원리를 연구하는 학문"이라고 정의하였다.[3] 전통적으로 논리학은 크게 형식논리학formal logic과 비형식논리학informal logic으로 구분해왔다.

  마찬가지로 논리학의 분류와 상응하여 오류도 크게 형식 오류와 비형식 오류로 구분한다. 논리학에서는 형식논리가 보다 엄격한 의미에서 고전 논리학의 영역을 차지해오면서 발전과 분화를 이루었다. 그러나 오류에 있어서는 일정한 형식적인 문제를 내포하는 형

---

3 어빙 코피, 앞의 책, 11~14쪽.

식 오류보다 비형식 오류가 더욱 기승을 부린다. 비형식 오류는 그 특성상 무제한적으로 많은 가능성을 가지며, 일정한 범주에 따라 분류하기도 쉽지가 않다. 때문에 오류를 논할 때는 일차적으로 특정한 형식 비형식 논리의 추론 과정에서 발생하는 문제들을 중심으로 그에 상응하는 오류를 점검해보는 것이 용이하다.

형식논리의 오류

형식 오류는 논증 자체의 내용 때문이 아니라 그 형식 때문에 발생하는 오류이며, 비형식 오류는 논증의 형식 때문에 생기는 오류가 아니라 제시된 근거가 주장을 논리적으로 뒷받침하는 데 관련성이 없거나 사용하는 언어가 애매하기 때문에 발행하는 오류다. 비형식 오류의 종류는 거의 오류의 수만큼 많다고 할 수도 있기 때문에 학자에 따라 매우 다르게 분류된다.

《비판적 사고를 위한 논리》에서는 형식 오류를 다음과 같이 정의하고 있다.

"형식적인 오류란 논증의 형식에 잘못이 있는 것이다. 즉 형식적인 오류는 연역 논증에만 적용되는 오류이다. 어떤 연역 논증이 잘못된 형식, 즉 타당하지 못한 논증 형식을 가지고 있다면, 그것은 형식적 오류를 범한 것이다. 연역 논증의 타당성은 그것이 가진 형식에 의해 결정된다. 부당한 논증은 모두 형식적인 오류를 범하고 있다."[4]

연역논증은 전제의 참이 결론의 참을 필연적으로 보장하는 타당한 논증valid argument과 그 반대인 부당한 논증invalid argument으로 구분할 수 있다. 그러나 논증의 과정이 타당하다고 해서 반드시 그 결론이 참인 것은 아니다. 문제는 전제의 정확성이다. 따라서 전제가 참이면서 타당한 논증인 경우에야 결론이 참인 것을 보장할 수 있다. 이것을 건전한 논증sound argument이라고 한다. 반대로 전제의 참을 보장할 수 없지만 논증의 과정 자체는 타당한 논증은 건전하지 않은 논증unsound argument이라 한다.

아리스토텔레스에 의해 창안된 논리학은 연역적 방법에 의한 형식논리학 체계를 말한다. 아리스토텔레스는 연역적 추론에서 "정의들을 명석하게 인지할 수 있게 해주는 지식의 근원"이며 근원적인 전제인 "제1전제archai"를 상정하였다. 이와 비슷하게 라이프니츠는 다른 사고의 법칙으로부터 증명할 여지도 없고 연역할 수도 없는 형식논리학의 근본원리로서 공리公理라는 개념을 확립하였다.

전통적으로 논리학에서는 올바른 사고를 위하여 따라야 할 기본적인 세 가지 법칙이 제시되어왔다.

첫 번째 법칙은 '만일 어떤 명제가 참이라면 그것은 참이다' 라고 주장하는 동일률同一律, principle of identity이다. '대한민국의 수도는 서울이다' 는 명제는 참이다. 그렇다면 대한민국의 수도는 언제나 서울일까? 한국의 서울을 대전으로 이전한다면 현재 참인 명제가 그때엔 거짓이 된다. 이런 이유로 동일률에 대한 의문이 생긴다. 동일률이

---

4 박은진, 김희정, 《비판적 사고를 위한 논리》, 아카넷, 2004, 157쪽.

적용되는 듯하지만 단어나 조건들이 불명확하여 혼동이 생기면 오류가 발생한다. 그러나 주어진 명제의 시점과 서울이라는 단어의 의미를 보다 정확하게 정의한다면, '대한민국의 수도는 서울이다'는 언명statement이 의미하는 명제proposition는 항상 참일 수 있다.

두 번째는 '어떤 명제도 동시에 참이면서 거짓일 수 없다'고 주장하는 모순율矛盾律이다. 모순율에서는 친구인 동시에 적인 인간관계는 성립하지 않는다. '학이 검다'는 말은 거짓이거나 참이어야지 거짓인 동시에 참일 수는 없다. 변증법적 발전을 주장하는 헤겔이나 마르크스 학파는 모순이 실질적으로 존재하기 때문에 모순율이 잘못되었다고 비판하기도 한다. 그러면 논리적 모순은 존재할 수 없는 것일까? 오류는 그 질문의 빈틈에 자리 잡고 사람들을 현혹하는 일을 하고 있다.

마지막으로 '모든 명제는 참이거나 거짓이어야 한다'는 배중률排中律이다. 배중률은 모순율보다 더 많은 반박을 받고 있다. 무엇보다 세상사에서 참이거나 거짓으로 딱 맞아 떨어지는 것이 오히려 드문 것이 현실이다. 그러나 배중률의 원칙에서 보면 '명제는 참이거나 거짓을 알 수 있는 문장이다'로 쉽게 도망칠 수 있다.

그 외에도 중요한 몇 가지 법칙을 가지고 추론 과정의 논리적 형식을 세밀히 다루다 보면 거미줄처럼 복잡한 논리적 기호와 통로들이 발견된다. 그리고 역시 수많은 샛길로 빠질 수 있는 오류들이 지뢰밭처럼 흩어져 있다. 머리가 빙빙 돌고 지끈거리는 일이 아닐 수 없다. 육체적인 운동을 즐기는 운동선수처럼 뇌신경을 건드리는 운동에 재미가 붙은 학자들은 그 미로를 산책하면서 운동을 한다. 높은 산에 오르는 전문 산악인이나 논리의 깊은 동굴을 탐사하는 논리학자들의 몫은 그들에게 남겨두자. 우리는 뒷동산 약수터까지만 올라가도 충분히 행복하지 않은가? 산기슭의 조그마한 동굴에도 신비감을 느끼지 않는가? 언젠가 더 높은 산, 더 깊은 미로에 흥미를 느낄 때까지는 가벼운 마음으로 걷자. 늘 가던 길이 아니라 모르는 길로 들어서면 주변 경치의 새로운 면을 발견하게 된다. 오류의 공부는 논리의 산책길에서 샛길을 걷는 것과 같다. 더 높은 산에 오르려면 안전을 위해서 제대로 된 등산로를 걸어야 할 것이다. 바른 길을 찾아가기 위해서는 아무래도 논리 공부가 더 우선이라는 말이다. 그러나 바른 길이 더 흥미롭고 새로운 체험을 보장하는 것은 아니다. 오류의 숲을 걷는 것은 '아무도 가지 않은 길'을 걸으며 아직 만들어지지 않은 길을 어슬렁거리는 남모르는 기쁨이 있다. 더불어 바른 길을 이해하는 데도 큰 도움을 준다. 젊은 시절 방황의 경험이 바탕이 되어 더욱 멋들어진 길을 걸을 수 있는 것처럼, 오류 공부는 논리적 방황의 공부라고 할 수도 있겠다.

비형식 오류

비형식 오류는 말 그대로 논증의 형식 문제를 떠나 논증의 내용에 문제가 있는 오류를 뜻한다. "이 학교에는 나보다 똑똑한 사람이 없어"라고 주장하는 '전교일등'에게 "그래, 너 잘났어. 어휴 재수 없어"라고 말하는 것과 같은 것이 비형식 오류이다. 아무리 재수가 없어도 그렇게 말하는 것은 논리적으로 아무런 타당성을 지니지 못한다. 그의 주장이 참이라면, 정말 재수 없는 일이겠다. 그러나 그의 말이 사실이더라도 논리적으로는 '전교일등보다 성적이 좋은 사람은 없을지 몰라도 더 똑똑한 사람은 얼마든지 있을 수 있다.'

비형식 오류를 간단히 정리하면, '언어의 사용에서 초래하는 오류이다.' 대체적으로 언어적 오류, 심리적 오류, 자료적 오류로 구분한다. 심리적 오류는 적합성의 오류fallacy of relevance라 하기도 하고, 자료적 오류는 가정적 오류로 부르기도 한다. 비형식 오류는 일부 연역추론의 특수한 경우를 제외하곤 귀납추론에서 발생한다. 비형식 오류의 종류 역시 매우 다양하게 분류할 수 있으며, 어빙 코피의 경우는 '적합성의 오류fallacies of relevance'와 '애매성의 오류fallacies of ambiguity'로 구분하여 설명하고 있다.

그러나 앞서 언급하였듯이 비형식 오류는 종류가 무수히 많고 분류가 상당히 유동적이어서 어느 특정한 분류에만 포함할 수 없는 것들이 많다. 또한 점점 복잡해지는 사회를 살아가는 사람들의 언어 사용과 함께 계속 새로운 유형이 만들어질 것이다. 따라서 비슷한 유형이 다른 이름으로 불리기도 하고, 아직 대표적인 오류의 대열에 들지는 못하였지만 당당히 자신만의 이름을 가진 무수한 오류들이 호시탐탐 대세를 잡을 기회를 노리고 있다.

형식 오류를 배우는 것은 형식논리를 이해하고 논리적 사고를 구축하는 데 일차적인 도움이 될 것이다. 특히 학문적인 글에서 논리적 오류를 찾아내는 안목은 자신의 학문적 발전을 위해서도 필수적인 요소이다. 학문적으로 포장된 글들도 놀라울 정도로 많은 오류를 담고 있다. 이제 논리와 오류 공부를 시작하는 이들에겐 기쁜 소식이 아닐 수 없다. 전문가들의 논리적 허점은 모두 우리들의 꿈을 펼칠 광활한 대지와 같다. 곳곳에 숨어 있는 오류를 찾아 파들어 가다 보면 아무도 찾지 못한 비밀스런 정원을 발견할 수 있을 것이다.

비형식 오류의 공부는 논리적인 이유뿐만 아니라 좀 다른 차원에서 실용적인 도움을 준다. 무엇보다 논쟁에서 자신의 오류를 피하고 상대방의 오류를 정확히 파악하는 힘을 길러준다. 논쟁의 형식은 크게 지면을 통한 지상 논쟁이나 직접적으로 대면하는 수사적 논쟁을 생각해볼 수 있다.

16세기 조선 유학의 대석학 이황과 고봉 기대승이 10여 년에 걸쳐 사단칠정론에 대해 서신 논쟁을 벌인 것은 대표적인 지상 논쟁이라 하겠다. 이황을 한때 스승으로 모시기도 했던 기대승은 양보할 수 없는 학문적 논쟁을 통해 오히려 노학자의 입장에 수정을 가하는 집념을 보였다. 그러나 이황의 부음을 듣고는 눈물을 흘리며 애도하였다. 학문적으로 거의 적대적인 관계를 유지하면서도 인간적인 존경과 신뢰를 유지하였던 조선 유학자들의 면모는 실로 자랑스러운 우리의 전통이며 소중한 정신적 유산이다.

요즘도 전문 잡지나 인터넷을 통해 '서신' 논쟁이 활발히 전개되고 있다. 문제는 거창한 주제로 시작한 논쟁이 무수한 오류에 빠지면서 논점을 잃고 진흙탕 싸움으로 끝나는 경우가 흔히 있다는 것이다. 오류의 수준에도 들지 못하는 악의적인 글들이 난무하는 경우도 적지 않다. 그러나 논리와 오류에 대한 이해를 갖추고 있으면 불필요한 싸움에 정력을 낭비할 이유가 없어질 것이다.

그리고 때로는 논리적인 설득보다는 오류의 적절한 사용이 상대방이나 청중을 설득하는 데 더욱 효과적이기도 하다. 2000년 미국 대통령 선거에서 정보화와 환경 문제에 남다른 관심을 가지고 있었던 똑똑이 고어가 무식하고 어눌한 부시에게 진 이유 가운데 학교 선생님처럼 청중을 논리적으로 설득하려는 고어의 수사법이 한몫 하였다. 때론 장황한 설명보다 간결한 유머가 큰 효과를 발휘한다. 논리적으로 오류라고 해서 반드시 거짓을 말하는 것은 아니다. 자신이 말하고자 하는 바 진실을 논리적 설득이 아니라 오류를 내포한 수사적인 설득을 통해 강력하게 전달하는 것이야말로 대중적인 지도자들이 지니고 있는 능력이다. 물론 이때 자신이 하고자 하는 말이 무엇을 의미하는지 그리고 자신의 말에 어떤 오류가 포함되어 있는지 알고 있어야 할 것이다.

이 장에서는 형식논리상의 오류 중에서 인과론의 오류와 함께 대표적인 형식논리 오류의 예들을 몇 가지 살펴보기로 한다. 삼단논법의 오류, 순환논증의 오류 등은 다른 장에서 소개할 것이다.

1) 인과

거짓원인

결과론의 오류

공통원인 무시

인과도치

동시발생의 오류

2) 역설

전칭오류

딜레마

배중률의 오류

3) 순환

순환논증의 오류

선결문제요구의 오류

4) 삼단논법

전건부정의 오류

후건긍정의 오류

부당주연의 오류

소개념 부당주연의 오류

선언논법오류

부주연 중개념의 오류

매개념 부주연의 오류

사항오류

17. 모든 크레타인은 거짓말쟁이

비형식 : 패러독스paradox, 역설.
정의 : 오류가 없어 보이는 명제들이 논리적 충돌을 일으키는 추론.

역설은 참으로 보이는 개별 명제들에 의한 추론이 논리적 충돌을 일으켜 명제들의 참과 거짓의 판단을 불가능하게 하는 경우를 이른다.

《신약성서》의 〈디도서〉 1장 12절에는 "그레데인 중에 어떤 선지자가 말하되, 그레데인들은 항상 거짓말쟁이며"라는 구절이 있다. 이 성서 귀절은 기원전 6세기 경 그리스 철학자로 알려져 있는 에피메니데스의 "모든 크레타인은 거짓말쟁이다"는 역설을 소개하고 있다. "모든 크레타인은 거짓말쟁이다"는 참이거나 거짓이 명확히 밝혀질 수 있는 명제처럼 보인다. 문제는 이 말을 한 에피메니데스 자신이 크레타인이라는 사실에서 발생한다. 만일 그의 말처럼 모든 크레타인이 거짓말쟁이라면, 에피메니데스는 참을 말하게 되어 거짓말쟁이가 아니게 된다. 그리고 바로 이 순간 그의 말이 거짓임이 드러난다. 그의 말이 거짓이 되는 순간 다시 모든 크레타인은 거짓말쟁이라는 말이 참이 된다. 이렇게 분명해 보이던 명제가 상호 충돌을 일으키며 참/거짓을 판별할 수 없는 모순에 빠지고 만다.

문학적 의미에서 역설은 표면적으로는 모순된 것 같지만 의미상으로 깊은 진리를 내포하고 있는 수사적 기교를 이른다. '표층적 역설'은 문장의 표면적 의미상에 발생하는 모순으로 "찬란한 슬픔"과 같은 표현에 해당한다. '심층적 역설'은 표면적 의미와 충돌하는 심층적 의미가 진리를 내포하고 있는 경우로, "도를 도라 하면 이미 도가 아니오"와 같은 예를 들 수 있다. '상황적 역설'은 문장의 지시적 의미와 함축적 의미가 반대되는 반어적 표현이다.

유사한 문학적 용어로 반어 irony가 있다. 아이러니는 표면적인 의미와 문맥적인 의미가 상반성을 띠는 경우이다. 외부적으로 표현된 내용과 내적인 숨은 뜻이 서로 반대되어 문자 이상의 심화된 의미를 드러내는 것이다. 아름다운 예로는 "나 보기가 역겨워 가실 때에는 죽어도 아니 눈물 흘리오리다"가 있다.

옛날에 한 탐험대원이 아마존의 밀림 지역의 탐사에 나섰다가 한 부족에 납치되었다. 부족의 추장이 탐험대원에게 말했다.

"내가 너를 어떻게 죽일지 알아맞히면 교수형, 틀리면 참수형을 시키겠다. 너를 어떻게 죽일 것 같으냐?"

생사의 갈림길에서 탐험대원은 한참을 고민하던 끝에 대답했다.

"나는 참수형으로 죽을 것입니다."

그러자 추장이 말했다.

"그래, 그럼 저놈을 교수형에 처하도록 하라."

그런데 뭔가 이상한 느낌이 들었다.

탐험대원이 말했다.

"추장님, 내가 틀리면 참수형에 시킨다고 하지 않았습니까? 저를 참수형에 처해주십시오."

추장이 그를 참수형에 처하려 하자 또 문제가 생겼다. 이번에는 어떻게 죽일지 알아맞힌 것이 되니까 교수형에 처해야 하는 문제가 생긴 것이다. 추장은 탐험대원을 죽이지도 살려두지도 못하는 처지에 놓이고 말았다.

비슷한 예로 '사형수의 역설'이 있다.

한 왕이 사형수가 자신의 사형 일을 알 수 없게 일 년 이내로 사형 시키라는 명을 내렸다. 그러자 사형수는 간수에게 이렇게 말했다.

"1년은 365일이다. 364일째까지 사형을 시키지 않으면 365일째 사형을 시킨다는 것을 알 수 있으니까 365일째는 사형을 시킬 수 없다. 365일째 사형을 시킬 수 없으므로, 363일까지 사형을 시키지 않으면 364일째 사형을 시킬 것이라는 것을 알 수 있다. 따라서 364 일째도 사형을 시킬 수 없다. 이렇게 계속하다 보면 나는 사형을 면하게 된다."

하지만 망나니는 5일 뒤 사형수를 형장으로 끌고 가 사형 집행을 준비하였다. 그러자 사형수가 말했다. "당신은 나를 오늘 사형시킬 수 없소."

그러자 망나니가 무슨 말을 하였을까?

"너는 오늘 사형을 시킬 수 없다고 생각하고 있었기 때문에 나는 너를 사형을 시킬 수 있다."

그리고 잔꾀를 부리던 사형수는 처형이 되었다.

또 다른 예로 그리스 소피스트 사제 간에 발생한 재미있는 소송 사건이 있다. 한 젊은 수사학자가 소피스트 스승과 계약을 맺었다.

"제가 스승님께 배운 논변으로 법정에서 스승님을 이긴다면 수업 료를 내도록 하겠습니다."

스승에게 공부를 마친 제자는 스승에게 학비를 지불하지 않고 차 일피일 시간만 끌고 있었다. 그러자 스승이 제자가 학비를 당장 지 불해야 한다고 소송을 제기하였다.

스승의 훌륭한 제자는 재판장에게 말했다.

"저는 수업료를 낼 수 없습니다. 제가 이번 재판에서 승소한다면 돈을 낼 필요가 없을 것이고, 제가 재판에서 진다면 계약에 따라 수 업료를 낼 필요가 없기 때문입니다."

그러자 스승이 말했다.

"저의 제자는 반드시 수업료를 내어야 합니다. 제가 재판에서 이 긴다면 그가 수업료를 내야 할 것입니다. 만일 제가 재판에서 진다 면 그는 계약에 따라 제게 수업료를 내어야 합니다."

정말 훌륭한 스승에 훌륭한 제자인 건 확실한 것 같다. 그런데 누 구 말이 맞는 것일까?

컴퓨터 엑셀 프로그램을 사용해본 사람은 X 혹은 Y를 구하는 다음과 같은 수식이 에러를 내는 것을 보았을 것이다.

X	Y
X = Y + 1	Y = X + 1

X는 Y를 알아야 하고, Y는 X를 알아야 하는 순환이 반복되다가 에러 메시지를 보낸다. 이 수식이 엑셀판 역설이라 할 수는 없다. 단지 서로 의존하는 형태의 수식이 무한히 반복되다가 에러 메시지를 내는 것처럼, 위의 이야기들은 그럴듯한 추론을 이어가다가 서로 충돌하는 역설의 예를 잘 보여준다. 컴퓨터라면 더 이상 수행할 수 없는 역설의 해결책을 찾을 수는 있을까?

버트런드 러셀(Bertrand Arthur William Russell, 1872~1970) 영국 출신의 수학자, 철학자, 논리학자, 역사가, 사회비평가. 10대 초반에 라틴어, 헬라어 등 고전어를 섭렵하였고, 수학에 몰두하여 20대 초반에는 화이트헤드(Alfred Whitehead, 1861~1947)와 《수학원리(Principia Mathematica)》(3권, 1910~1913)를 저술하였다. 이후 철학 연구로 방향을 틀어 《철학의 제문제》(1912), 《서양 철학사》(1945) 등 명저를 남겼으며, 1950년에는 노벨문학상을 수상하기도 하였다. 간단히 정리될 수 없는 그의 생애와 업적을 감동적으로 전하고 있는 이기우 기자의 글을 소개한다.

〔책갈피 속의 오늘〕 1970년 버트런드 러셀 사망

광란의 19세기 말과 극단(極端)의 20세기를 살았던 그는 행동하는 양심이었다. 시대의 요청에 응답하는 데 한시도 게으르지 않았던 지성이었다. "거짓과 더불어 제정신으로 사느니, 진실과 더불어 미치는 쪽을 택하겠다." '인류의 고통에 대한 참기 힘든 연민(憐憫)'은 그의 긴 생애를 이끌었다. 반전반핵 운동의 중심에 섰던 그는 1965년 미국의 베트남 정책을 이렇게 비꼬았다. "서구의 전쟁광

생각하기

1. 다음 이야기에 나오는 전설적인 다리를 살아서 건너는 방법은 무엇일까?

위급한 상황에 신탁을 받기 위해 신전으로 나아가는 길

에 다리가 하나 놓여 있었다. 다리를 건너는 사람은 건너기 전에 목적을 밝혀야 했다. 그리고 다리의 입구에는 경고문이 적힌 비석이 서 있었다. "진실을 말하는 사람은 진실의 신에게 제물로 바쳐지리라. 거짓을 말하는 사람은 거짓말을 한 죄로 교수형에 처해질 것이다."

이 상황에서 무사히 다리를 건너기 위해서는 무슨 답변을 하여야 할까?

2. 유명한 수학자이자 철학자인 러셀은 어느 날 철학자 무어(George Moore)가 일생에 단 한 번 거짓말을 했다고 말했다. 그리고 그 거짓말은 어떤 사람이 그에게 "당신은 항상 진실만을 말하십니까?"라고 물었을 때, "아니오"라고 대답한 것이다.
러셀의 말은 참일까 거짓일까? 혹은 무어의 대답은 얼마나 신뢰할 수 있는가?

들이 즐겨 쓰는 단어인 '자유'는 특이한 의미입니다. 그것은 전쟁광들의 자유인 동시에, 그들에게 반대하는 사람들의 감옥을 뜻합니다."
밤하늘에 반짝이는 별과 같은 수(數)의 절대성을 찾았던 러셀.
그는 11세 때 이미 종교에 대해 회의했다. 수학의 확실성을 접하고 기뻐했으나 기하학의 공리(公理)가 증명할 수는 없고 다만 믿어야만 한다는 데 좌절했다. "우리는 어느 정도의 확실성이나 불확실성을 가지고서 안다고 말할 수 있는가……"
러셀은 다방면에 업적을 남겼다.
그는 스승인 화이트헤드와 함께 《수학원리》를 썼고 제자인 비트겐슈타인의 《논리철학논고》 집필을 이끌었다. 대중적인 에세이스트로서도 명성을 떨쳤다.
"나는 머리가 가장 잘 움직일 때 수학을 했고, 조금 나빠지면서 철학을. 그리고 더 나빠져서는 역사와 사회 분야에 손을 댔다. 그리고 아주 나빠지기 전에 교육 문제에도 눈을 돌렸다."
러셀은 무정부주의자였다. 불가지론자였다. 회의론적 무신론자였다. 좌파였으나 소비에트 체제를 혐오했다. "기독교 불교 이슬람 공산주의 등 세계의 모든 '종교'는 진실이 아닐뿐더러 인류에 해로운 것들이다."
그리고 그는 성(性) 개방론자였다. "가장 음탕한 사회에서 금욕주의가 싹튼다."
서구의 현대사에서 그는 진정한 의미의 개인(個人)이었다.
"우리들은 각자의 내면에 세상을 보다 아름답게 만들 수 있는 예술가를 한 명씩 가두어놓고 있다. 부디 그 예술가가 환희와 행복의 날개를 펼칠 수 있도록 그를 기꺼이 석방하기를!"

—《동아일보》, 2004. 2. 1.

18. 어떤 국회의원은 멍청이

비형식 : 전칭양화사 오류fallacy of 'every' and 'all'.
유사어 : 양화사 오류, 범주 오류.
정의 : 전칭양화사 '모든every, all' 과 특칭양화사 '어떤' 의 범주와 순서의 부당한 적용에 의해 야기되는 오류.

최초의 전칭양화사 오류는 역시 논리학의 아버지 아리스토텔레스가 범한 것으로 알려져 있다. 아리스토텔레스는 인간 혹은 우주의 공통의 목적telos은 지고선至高善이라고 주장했다. 그의 논증은 이렇다.

"우리의 모든 행위는 어떤 최종목적을 가지고 있다."
"때문에 우리의 모든 행위는 어떤 공통의 최종목적이 있다."

'모든' 행위가 '어떤' 목적을 지닌다고 해서 그 '어떤' 목적이 공통성을 지닐 하등의 이유가 없다. 그러나 아리스토텔레스는 꿋꿋이 논리를 전개한다.

"모든 사물은 그 자체의 어떤 목적을 가지고 있다."

"인간의 모든 행동에는 얼마간의 선한 목적이 있다."

"따라서 인간의 행위는 지고선을 최종 목적으로 한다."

너무 똑똑한 사람의 추상적인 생각이라 내용이 분명히 머리에 들어오지 않는다. 뭔가 잘못되어 있는 것 같긴 한데 뭐가 문제인지 꼭 집어낼 수 없는 느낌이다. 그렇다면,

"모든 사람은 어머니가 있다."

"그러므로 모든 사람의 어머니가 있다."

즉, "어떤 사람은 모든 사람의 어머니이다."

이젠 문제가 있는 것은 명확히 알 수 있다. 이때 발생하는 오류를 '모든'의 오류, 전칭양화사 오류 등으로 부른다.

아리스토텔레스의 논증은 목적론적 해석과 함께 '최초의 원인prima causa'에 대한 논의로 연결된다.

"모든 것은 어떤 원인을 가진다."

"모든 것은 어떤 공통의 원인을 가진다."

"모든 것은 어떤 공통의 제일원인을 가진다."

각각의 단계에 문제가 숨어 있다. '모든 것들의 어떤 원인'은 '모든 것들의 공통의 원인'을 의미하지는 않는다. 그리고 원인의 원인의 원인이 계속 소급되어가다 보면 더 이상이 '원인이 없는 원인'이 있을 것이다. 아리스토텔레스는 그 '원인이 없는 원인'을 '제일원인prima causa'이라고 했다. 서양의 철학과 신학적 전통에서는 "어떤 원인도 가지지 않고 스스로 존재하는 원인"은 '신神'을 의미하는 것으로 이해되었다. 여기서 크게 두 가지 문제가 발생한다.

첫째, '모든 것은 어떤 원인을 가진다'면 원인의 원인이 무한히 계속되는 것은 왜 불가능한가? 실은 아리스토텔레스의 제일원인이 존재하려면 '원인과 결과의 무한한 연속'은 불가능하다는 전제가 추가되어야 한다. 여기서 서구적 신 개념과 연기적 세계관의 차이점을 발견할 수 있다.

둘째, 원인과 결과가 무한히 연속하지 않고 '어떤 원인이 없는 원인'을 가진다고 했을 경우에도 다른 문제가 야기된다. '어떤' 원인이 없는 원인은 원인이 없는 원인이 '하나 혹은 그 이상' 있다는 것을 의미한다. 즉 제일원인이 하나 이상이 될 수 있다는 점이다. 모든 결과가 어떤 원인을 갖는다는 점이 어떤 '공통의 원인'을 지닌다는 것과는 논리적 차이가 있음을 명확히 알아

행복주의(eudemonism) 인간 행위에 대한 판단 기준을 행복에 두는 목적론적인 형태의 윤리적 입장. 아리스토텔레스는 행복을 만물이 지향하는 지고선(supreme good)으로 보았다. 행복은 덕을 추구하는 영혼의 탁월한 활동이다. 에피쿠로스 학파와 공리주의자들은 행복을 쾌락과 동일시하였다. 즉 행복의 대상이 자기 자신, 타인, 사회 전체 중 어느 것인가에 따라 행복은 이기적, 이타적, 공리적 성격을 띠게 된다.

쾌락주의(hedonism) 쾌락을 인생의 목적이자 모든 행동의 기준으로 보는 윤리적 입장. 쾌락주의는 두 가지 상반된 입장으로 발전한다. 아리스티포스는 순간적 쾌락이 선이라고 보고 가능한 한 더 많은 쾌락을 추구해야 한다고 주장한다. 그러나 에피쿠로스 학파는 감각적이고 순간적인 쾌락을 부정하였다. 지고선으로서의 쾌락은 정신적이고 지속적인 아타락시아이다. 에피쿠로스는 아타락시아의 체험을 위해서 금욕적인 생활을 강조한다. 마치 금욕적 수행자들의 신비 체험과 같은 것을 지고선인 아타락시아라고 본 것이다. 따라서 에피쿠로스의 쾌락주의는 오히려 금욕적 종교 수행과 유사하며, 아리스티포스의 육체적 쾌락주의와 엄격히 구분되어야 한다.

야 한다.

이 점은 최근 종교계에서 논의되고 있는 종교의 다원성과 관련해서 매우 중요한 시사점을 제공한다. 우주 만물의 원인이 되는 어떤 신적인 존재가 있다고 하자. 그 존재는 다른 원인에 의지하지 않고 스스로 존재하며, 우주라는 결과물의 제일원인이란 점에서 창조자이다. 그러나 이때에도 이 '어떤 제일원인'은 하나의 신이 아니라 다수의 신 혹은 하나 이상의 원인일 수 있다. 극단적으로 모든every 만물은 그 자신만의 제일원인을 가지고 있을 수도 있다. 여기에서 멋진 나만의 포스트모던한 우주가 펼쳐진다.

이 시점에서 논리적으로는 모순이면서 우리의 삶에서는 진실이 뚝 뚝 묻어나는 '오류'를 다시 한 번 지적하고 싶다.

"모든 사람은 어머니가 있다."
"그러므로 어떤 어머니는 모든 사람의 어머니이다."

위 명제에 오류가 있다는 점은 앞에서 지적하였다. 그러나 우리 삶에선 그 오류가 진실이 되어버리는 순간이 있다.

1987년 4월 서울 수유리 4.19묘역에 약 2~3만 명의 대학생들이 모여들었다. 1987은 한국의 현대를 사는 이들이라면 반드시 기억해야 할 숫자들 중 하나이다. 서울을 비롯하여 전국은 마치 승천을 준비하는 이무기의 꿈틀거림처럼 몸부림을 치고 있었다. 더 이상 거짓과 폭력이 지배하는 것을 용납하지 않겠다는 국민들의 의지가 열기를 발하던 순간이었다. 이때 4.19를 맞아 학생들과 시민들은 이

미 일상이 되어버린 대규모 시위를 준비하였다. 4.19항쟁을 기념하는 행사의 중간에 전태일의 어머니 고 이소선 여사가 등장하였다. 청계천에서 노동자로 살았던 전태일은 끼니를 거르며 일하는 어린 여공들에게 차비를 아껴 풀빵을 사다주던 마음씨 고운 청년이었다. 그가 더 이상 참을 수 없다고 몸에 불을 붙이고 죽은 지 15년이 지난 뒤였다. 그동안 그 청년의 삶과 죽음은 따뜻한 마음을 가진 이들의 전설이 되었다. 아주 옛날에 남을 위해 자신의 목숨을 내놓은 아주 마음씨 고운 사람이 있었다는.

그 어머니가 단상에 모습을 보이자 정말 기적 같은 일이 벌어졌다. 2~3만 명의 학생들이 누구의 뜻이라고 할 것도 없이 동시에, "어머니!" 하고 외쳤던 것이다. 순간적으로 전태일의 어머니는 '모두의 어머니'가 되었다. 그 순간만큼은 그는 모두의 어머니였다.

삶의 체험과 종교적 체험이 이성적 논리와 부딪히는 지점이 바로 여기에 있다. 삶에는 논리가 붕괴되는 지점이 있다. 그것이 항상 좋은 것도 아니고 항상 비극적인 것만도 아니다. 단지 삶을 기계적인 논리로부터 탈출시키는 혼돈의 지점. 젊음, 사랑, 희망 혹은 욕망과 야망이 교차하면서 만들어내는 비논리적 세계. 삶의 감동과 희열은 대부분 거기에서 나온다는 점을 잊지 말자.

이제 좀 재미난 이야기를 하나 소개해보도록 하겠다. 특칭명제를 다분히 의도적으로 전칭명제로 오해하면서 비롯된 미국 국회의원들과 마크 트웨인 사이의 재미난 논쟁이다.

마크 트웨인Mark Twain, 1835~1910은 미국의 유명한 소설가로서 1865

년 《뛰어오르는 개구리》로 문단에 데뷔를 하여 우리에게도 잘 알려진 작품 《톰소여의 모험》, 《허클베리핀의 모험》 등 다수의 작품을 썼다. 사회 비평가로도 명성을 날린 트웨인은 주로 사회의 어둡고 구석진 면을 날카롭게 풍자하였으며, 미국 정부 관리들의 부정부패와 자본가들의 위선을 신랄하게 비판하는 소설을 쓰곤 하였다. 트웨인이 1879년 장편소설 《도금시대 The Gilded Age》를 발표하면서 그의 명성은 다시 한 번 미국 전역을 강타하였다. 이 소설이 발표된 후의 일이다. 마크 트웨인은 한 파티 석상에서 기자들의 질문에 대답하면서 이렇게 말했다.

"미국 국회의 어떤 국회의원들은 멍청이다."

며칠이 지난 후 신문 기자는 마크 트웨인의 말을 신문에 기사화하였다. 신문에서 이 기사를 본 미국의 국회의원들은 하나같이 마크 트웨인을 공격하였다. 마크 트웨인의 '어떤' 국회의원에 대한 비판을 '모든' 국회의원에 대한 비판으로 받아들인 '모든' 국회의원들은 이구동성으로 난리를 피웠다.

"사실을 분명하게 밝혀라. 그렇지 않으면 잘못을 인정하는 성명을 신문에 발표하라. 만일 잘못을 인정하지 않는다면 법률적인 방법을 강구하겠다. 가만두지 않겠다."

국회의원들이 일제히 마크 트웨인을 공격하고 나서자, 그는 며칠후 《뉴욕타임스》에 다음과 같은 사과문을 발표하였다.

성명서
본인은 며칠 전 파티에서 "미국 국회의 어떤 국회의원은 멍청이다!"라고 말한 바 있습니다. 그 후 많은 국회의원들로부터 발언을 취소하라는 항의를 받았습니다.

이에 생각해본 결과 내가 한 말은 그렇게 타당하지 않을 뿐 아니라 사실에도 맞지 않다는 것을 알게 되었습니다. 그러므로 나는 오늘 이 성명을 발표하여 내가 한 말을 다음과 같이 수정합니다.

"미국 국회의 어떤 국회의원은 멍청이가 아니다."

— 마크 트웨인

그만 일로 제발이 저려 난리를 부리는 국회의원들에게 정말 멋지게 한 방 날린 명언으로 지금도 기억되고 있다. 트웨인은 "어떤 국회의원은 멍청이다"는 말을 부정하고, "어떤 국회의원은 멍청이가 아니다"라고 응수했다. 형식은 앞의 말을 부정한 것처럼 보이지만, 내용은 앞의 명제를 훨씬 더 강조한 것을 알 수 있다. 앞의 명제는 "대다수의 국회의원은 멍청이가 아니지만 어떤 국회의원은 멍청이다"는 의미인 반면 뒤의 명제는 "대다수의 국회의원은 멍청이이지만 어떤 국회의원은 멍청이가 아니다"는 뜻이 된다.

양화사(量化詞) 수량사라고도 하며, 수량을 나타내는 한정사를 이른다. 한국어 문법에서는 수량을 나타내는 형용사로 품사를 가른다. 한국어로는 '전부'와 '어떤'이 논리적 진술에서 사용되는 대표적인 양화사이다. 영어로는 'all, both, some, any, no, none, many, much, more, most, every, each, enough, either, neither, a few, few, a little, little, less, several, a lot of, lots of, plenty of, a great deal of, a couple of, a large amount of, a large number of' 등이 있다.

논리적으로는 특칭하여 '어떤' 정치인에 대해 비판한 것을 마치 국회의원 '모두'에 대한 비판인 것처럼 받아들인 '멍청한 국회의원들'의 제 발에 저린 오류가 시작이었다. 그러자 단지 일부의 국회의원이 멍청하다고 말했던 트웨인은 자신의 생각을 바꾸지 않을 수 없게 된다. 알고 보니 말귀도 못 알아먹고 난리를 피우는 국회의원 대부분이 멍청이라는 것을 깨달았다. 이번에 트웨인은 의도적인 오류를 동원하여 사과문을 발표한다.

자신의 원래 말에 '아니다Not'를 삽입하여 반대의 뜻을 나타냈다. 멍청한 국회의원 수준의 부정이다. 그 결과 의미는 사과와는 정반대가 되었다. 트웨인의 사과문은 "일부의 어떤 국회의원만 멍청한 줄 알았더니," 실제 겪어보니 "일부의 어떤 국회의원들만 멍청하지 않더라"는 것이다. 참 미국이 마음에 안 드는 구석이 있다가도 이런 인물들을 발견하면, 제국의 숨겨진 비밀 병기를 보는듯한 느낌이 들곤 한다.

생각하기

1. 무한히 원인의 원인이 이어진다는 사고방식과 모든 결과의 원인은 어느 한 지점에서 제일원인을 갖는다는 사고방식의 차이에 대해 생각해보자. 두 입장을 가진 사람들이 인생을 살아가는 사고방식에는 어떤 차이점이 있을까?

2. 제일원인이 하나인 경우와 하나 이상인 경우에 나타날 수 있는 인식의 차이점에 대해 생각해보자.

19. 죄수의 딜레마

Dilemma는 그리스어의 둘을 뜻하는 'di'와 명제나 제안을 의미하는 'lemma'의 합성어이다. 논리학에서 삼단논법의 특수 형식에 속하며, 양도논법의 하나이다.

1. 〈A이면 C. B이면 C〉이다.

2. 〈A 또는 B〉이다.

3. 〈그러므로 C〉이다.

딜레마를 보여주는 재미난 이야기들이 있다. 대표적인 한 예로 15세기 말 헨리 7세 때 재정을 담당하였던 존 모튼John Morton의 일화가 있다. 그는 헨리 7세를 도와 튜터왕조의 재정 안정에 크게 기여

하였다. 모튼이 사용한 재정 확보 방법은 실질적인 강제 모금의 방식이었는데, 그는 이 모금을 자선금 benevolence(영국사에서는 '덕세德稅'로 번역)이라고 불렀다. 요즘으로 말하면 정부 행사를 위한 기업의 후원금 정도로 볼 수 있겠다.

자선금의 갹출을 위한 모튼의 논리가 무척 재미있었는데, 사람들이 '모튼의 포크 Morton's Fork'라고 칭한 그의 주장은 다음과 같다.

"재정의 지출이 많은 사람들은 부자임에 틀림없다. 그러므로 그들은 왕에게 돈을 기부할 여유가 있을 것이다.

돈을 별로 쓰지 않는 사람들은 돈을 많이 저축하였을 것이 틀림없다. 그러므로 그들도 왕에게 기부할 여유가 있을 것이다."

모튼의 논리에 따르면 어느 경우에도 왕에게 돈을 갹출하여야 한다.

어찌 보면 살아간다는 것은 선택의 연속이고, 선택한다는 것은 딜레마의 연속이라 할 수 있다. 햄릿은 삶과 죽음의 선택에서조차 딜레마에 직면한다. "사느냐 죽느냐 그것이 문제로

헨리 7세(Henry VII, 1457.1.28~1509.4.21) 헨리 7세는 15세기 말 잉글랜드의 왕(재위 1485~1509)으로 보즈워스 전투에서 승리함으로써 장미전쟁을 종식시키고 튜터왕조를 연다. 즉위 전 한때 프랑스로 피신하기도 했던 그는 왕위에 즉위하면서 혼란한 국내 정세를 일신하고 귀족세력을 약화시키는 동시에 왕조의 재정을 강화하는 정책을 폈다. 권력의 장악을 위한 왕과 귀족 세력의 치열한 쟁투에서 헨리 7세는 잉글랜드에서 강력한 절대왕정의 시대를 구가하였다.

장미전쟁(Wars of Roses) 1455년부터 30년간 영국의 왕위계승권을 놓고 벌어진 랭커스터 왕조와 요크가 사이의 귀족 전쟁. 전쟁의 출발은 랭커스터 왕조의 개조 헨리 4세가 리처드 2세로부터 왕권을 찬탈한 것이므로 적통의 왕위계승권은 자신이 지니고 있다며 요크가의 리처드가 헨리 6세에 반기를 들면서 시작되었다. 이에 각 귀족 가문들이 합류하면서 1485년까지 내란이 지속된다. 장미전쟁이란 이름은 랭커스터가의 붉은 장미 문장(紋章)과 요크가의 백장미 문장을 따서 붙인 명칭이다. 전쟁은 프랑스에 망명 중이던 헨리 튜터가 1485년 웨일즈에 상륙하여 보즈워스 전투에서 리처드 3세를 물리침으로써 막을 내린다.

다!" 죽음으로 생의 마감과 미지의 공포를 선택할 것인가, 삶으로 생생한 현실의 재앙을 감당할 것인가?

사회학이나 경제학에서 흔히 인용되는 '죄수의 딜레마prisoner's dilemma'라는 개념이 있다. 두 명의 공범에 대한 취조 상황을 예로 들어 '죄수의 딜레마'라는 이름이 붙여졌다. 두 명의 공범은 각자에게 유리한 이기적이고 합리적 선택을 하지만, 결과는 두 명 모두에게 불리하게 나타난다. 이 개념은 1950년 메릴 플러드Merril Flood와 맬빈 드래셔Melvin Drasher가 발견하고 알버트 터커Albert Tucker가 정립하였다.

좀 더 구체적으로 살펴보도록 하자.

두 명의 공범이 서로 다른 방에서 취조를 받고 있다. 결정적인 증거를 확보하지 못한 형사는 범인들에게 죄를 자백하면 진술자는 무죄, 상대방은 법정 최고형인 15년을 받게 될 것이라고 말한다. 둘 다 서로의 비리를 폭로하면, 각각 5년의 형을 받게 된다. 이때 범인 A와 범인 B가 선택할 수 있는 경우의 수는 네 가지이다.

	B 침묵	B 자백
A 침묵	모두 석방	A 15년, B 석방
A 자백	A 석방, B 15년	모두 5년

이 게임의 핵심은 공범 중 한 명이 침묵하고 다른 한 명이 자백을 하는 경우의 위험 부담에 있다. 만일 A가 침묵하고 B가 자백을 하였다면, A는 그야말로 15년 감옥 생활이라는 독박을 쓰게 된다. B의 경우도 같은 상황에 놓이게 되므로, A와 B는 각기 독박을 쓰지

3장 형식 오류와 비형식 오류

않으려는 합리적 선택을 하게 된다.

물론 몇 가지 경우에 '죄수의 딜레마'는 그 효력을 상실한다. 첫째, 서로가 전적으로 신뢰하는 사이의 경우. 둘째, 두 공범이 서로 대화를 나눌 수 있는 경우, 셋째, 선택이 반복적으로 이루어질 경우이다.

이런 '이기적이고 합리적은 선택'과 이에 따른 불리한 결과는 정치·경제를 비롯한 우리의 생활의 전반에 큰 영향을 미치고 있다. 서울시립대 윤창현 교수의 설명을 인용해보겠다.

'죄수의 딜레마 이론'을 북한과 미국에 적용하면 어떨까. 북한은 핵 개발 지속과 폐기 중 하나를 선택하고 미국은 무력 제재와 대북 유화책 중 하나를 선택한다고 가정하자. 그리고 이 게임이 한 번만 이루어진다고 다소 비현실적인 가정을 해보자. 북한은 핵 폐기, 미국은 대북 유화책을 선택하는 것이 가장 바람직한 상태이고 북한은 핵 개발 지속, 미국은 무력 제재를 선택하는 것은 최악의 결과이다.

만일 미국은 유화책을 선택하는데 북한은 핵 개발 지속을 선택하면 미국이 국제사회의 웃음거리가 되면서 수많은 비판을 받게 되고, 거꾸로 북한은 핵 폐기를 선택하는데 미국은 무력 제재를 선택한다면 북한 체제에 위협이 오면서 북한이 최악의 상태가 될 것이다. 결국 죄수의 역설 게임이 주는 논리를 그대로 적용한다면, 양측은 자신이 온건책을 선택할 때 상대방은 강경책을 선택할 경우 자신에게 엄청난 피해가 오는 데에 따

딜레마의 뿔(Horns of Dilemma) 어느 쪽을 선택해도 질 수밖에 없는 양자택일의 선택을 상대방에게 제시하는 논쟁의 방식을 이른다. 투우의 뿔처럼 어느 뿔을 선택하던지 뿔에 찔릴 수밖에 없는 상황. 1548년에 쓰인 에라스무스의 저작을 번역하면서 니콜라스 우달(Nicholas Udall)은 논쟁자가 어떤 직답을 제시하던 간에 그는 날카로운 뿔에 찔리고 말 것이라고 말한 것에서 유래.

른 부담감을 이기지 못하고 강경책을 선택한다.

결국 미국은 무력 제재라는 강경책을, 북한은 핵 개발 지속이라는 강경책을 선택함으로써 전체적으로 최악의 결과가 도출될 수 있다. 물론 이는 가상적인 상황이다.

(…중략…)

노사 협상의 경우 협상보다는 파업이 빈번하게 일어나는 등 많은 경우에 둘 다 모두 왜 강경책을 선택함으로써 최악의 상태로 가는지 이 이론은 잘 보여주고 있다.

합리적 선택이 서로에게 불리한 결과를 가져오는 것을 방지하고 공생의 관계를 모색할 수 있는 이론적 작업이 '게임이론'에 대한 인문학적 해석이라 할 수 있다.

북미 간의 갈등을 다시 살펴보자. 부시 행정부는 출범 이후 북한을 '악의 축'으로 규정하고 대화를 거부해왔다. 클린턴 대통령의 평양 방문 계획이 좌절된 것은 한반도 정세에 있어 매우 안타까운 일이었다. 문제는 대화가 단절된 상태에서는 '죄수의 딜레마'가 효과적으로 작동하면서, 양자는 서로에게 불리한 선택을 하게 된다는 점이다. 결과적으로 북한은 핵 개발을 하고 미국은 대북한 강경책을 고수한다. 하지만 대화를 통해 서로의 요구와 목적이 드러나면 상호 좋은 결과를 가져올 선택을 하게 될 수 있을 것이다. 이런 점에서 미국,

게임이론(Theory of Games) 한 집단이나 개체의 어떤 행동의 결과가 참여자 자신의 행동뿐만 아니라 상대편의 행동에 의해서도 동일한 영향을 받는 상황에서, 최대의 이익을 합리적으로 선택할 수 있는 수학적 분석 이론. 영화 〈뷰티풀 마인드〉의 주인공으로 소개된 존 내쉬(John Nash)가 게임이론을 경제학에 적용한 경제적 분석 이론이 유명하다. 하지만 게임이론은 그보다 앞서 1944년 폰 노이만과 모르겐슈테른의 공저 《게임이론과 경제행동(Theory of Games and Economic Behavior)》에서 이론적 기초가 마련되었다.

중국, 러시아, 일본, 북한, 남한이 벌이고 있는 '6자 회담'은 그 자체로 매우 중요한 의미를 띠고 있는 것이다.

노사 간의 갈등과 파업의 경우도 마찬가지이다. 문제의 해결은 반복된 갈등을 통한 학습과 서로 간의 지속적인 대화로 가능하다. 경험을 통해 배우고 대화를 지속하지 않는다면, 노사는 각자 이기적이고 합리적인 선택을 통해 양자에게 모두 불리한 선택을 하게 될 것이다.

생각하기

1. 바가지요금과 흥정의 관계를 '죄수의 딜레마' 개념을 이용하여 생각해보자. 상인은 물건을 팔아야 하고, 소비자는 물건을 사고 싶다. 하지만 바가지요금을 깎아주지 않으면 손님은 물건을 사지 않을 것이다. 값을 높게 책정하지 않아도 손님은 바가지를 쓰지 않으려고 물건 값을 깎으려 한다. 이 경우에도 물건 값을 내려주지 않으면 손님은 물건을 사지 않을 것이다. 손님은 적절한 가격에 물건을 사고, 상인은 이윤을 남기고 물건을 팔기 위한 적절한 선택은 무엇인가? 이와 관련 하에 정찰제의 장단점은 무엇인지 생각해보자.

2. 리처드 도킨스가 쓴 《이기적 유전자》라는 책이 있다. 저자는 상식을 넘어서는 영감과 전문 지식을 바탕으로 유전자들의 이기적 자기복제 경쟁이 진화를 가능하게 한 원동력(driving force)이라고 주장한다. '죄수의 딜레마'와 관련시켜 볼 때, 각 유전자의 이기적 선택이 서로에게 불리한 결과로 나타나는 것이 아니라 진화의 과정을 거치는 것은 어떻게 가능한 것일까?

3. '죄수의 딜레마'에서 용의자들이 여러 번의 대화를 하게 되면, 서로에게 유리한 선택을 하게 될 가능성이 크다. 그러나 한 명이 배신을 하게 되는 순간 모든 균형은 깨어진다. 용의자들의 이기적이고 합리적인 선택과 유전자의 이기적이지만 합리적이지 않은 선택의 차이는 무엇일까? 죄수의 '배신'과 유전자의 진화의 동력 사이의 관계에 대해 생각해보자.

20. 멍청한 사람은 대개 보수적

형식 : 부당환위illicit conversion, 거짓 환위false conversion.
정의 : 정언명제의 주어 개념과 술어 개념의 자리를 바꾸는 환위에서 발생하는 오류.

환위란 정언명제의 주어 개념과 술어 개념이 자리를 바꾸는 것을 말하며, 부당환위의 오류가 발생하는 것은 원명제와 환위명제에서 주연 관계가 뒤바뀌기 때문이다. 다시 말해, 부당환위의 오류는 원명제와 환위명제가 동일하지 않음에도 불구하고 일치하는 것으로 착각하는 오류이다. 아래에서 보는 바와 같이 기본적인 형태는 매우 단순하여 별도의 설명이 필요 없을 정도이다.

원명제─모든 장미는 꽃이다.
환위명제─모든 꽃은 장미이다.

명제의 환위 시 위와 같은 A 유형은 환위가 되지 않으며, I 유형의 명제로 제한적인 환위만이 가능하다.

> 원명제—모든 장미는 꽃이다. (A 유형)
> 환위명제—어떤 꽃은 장미이다. (I 유형)

그러나 현대 논리학에서는 제한적인 환위도 허용하지 않고 단순히 '환위불가'라고 지적한다. 알 듯 말 듯한 이야기이긴 하지만, 부울의 존재해석에 따르면 전칭양화사 '모든'의 경우에는 술어에 적용되는 전칭의 존재 여부가 확실하지 않다는 것이다.

복잡한 논의는 뒤로 미루고 여기서는 A와 O 유형의 명제는 논리적으로 동치가 아님을 다시 확인해두도록 하자.

> A : "모든 S는 P이다."
> O : "어떤 S는 P가 아니다."

는 명제는 그 환위명제 즉,

> A : "모든 P는 S이다."
> O : "어떤 P는 S가 아니다."

와 동치가 아니므로 이를 동일시하는 것은 부당환위의 오류에 해당한다.

　　　　　일상 언어의 명제는 주부subject와 술부predicate로 구분된다. 그러나 정언명제는 주어와 술어 외에 수량을 나타내는 양화사와 계사가 추가된다. 양화사는 전칭을 나타내는 '모든'이나 특칭을 나타내는 '어떤'과 같은 것으로 주어의 범위를 정하여 준다. 계사는 '이다' 혹은 '아니다'를 의미한다. 간단히 비교하면,

| 모든 | 장미는 | // | 꽃 | 이다 |
| (양화사) | (주어) | // | (술어) | (계사) |

　이와 같은 형식을 전언명제의 '표준형식'이라 한다. 복잡한 언어의 논증을 전개하기 위해서는 먼저 일상 명제를 표준명제로 전환해 주어야 할 필요가 있다.

　정언명제는 네 가지의 표준형식이 있다.[5] 라틴어의 긍정을 뜻하는 affirmo에서 모음 A와 I, 그리고 부정을 뜻하는 nego에서 E와 O를 따서 각기 A, I, E, O 유형으로 구분한다. 여기서 A와 E는 전칭양화사를 갖는 명제이고, I와 O 유형은 특칭양화사를 포함한다.

정언명제	양	질	명제의 유형
모든 S는 P이다	전칭	긍정	A
모든 S는 P가 아니다	전칭	부정	E
어떤 S는 P이다	특칭	긍정	I
어떤 S는 P가 아니다	특칭	부정	O

이해를 돕기 위해 각각의 유형을 조금 달리 기술해보기로 하자.

> A : "집합 S의 어떤 원소도 P에 속하지 않는 것이 없다."
>
> E : "집합 S의 어떤 원소도 집합 P의 원소가 아니다."
>
> I : "적어도 하나의 S가 존재하고 그것은 또한 P에 포함된다."
>
> O : "적어도 하나의 S가 존재하고 그것은 P에 포함되지 않는다."

특칭명제 I와 O에 대해서 한 가지 보충설명이 필요할 것 같다. 일반적으로 명제 I와 명제 O가 서로 논리적으로 함축하는 것으로 오해할 수 있다. 일상언어에서 '어떤 키스는 달콤하다' 라는 말은 '어떤 키스는 달콤하지 않다' 라는 의미를 내포하고 있는 것으로 여겨진다. 즉 I 유형과 O 유형이 서로 내포하는 것으로 여길 수 있다는 것이다.

그러나 정언명제의 표준형식에서는 두 유형이 의미하는 바는 분명히 다르다. '어떤 키스는 달콤하다' 는 '적어도 한 번의 키스가 있고, 그 키스는 달콤하다' 는 뜻일 뿐, 다른 어떤 키스는 달콤하지 않다는 의미는 없다.

전칭명제의 경우에는 전통적인 견해와 현대적인 해석에 차이가 생기면서 조금 더 복잡해진다. 전통적으로는 전칭양화사(보편양화사)가 사용될 경우 존재를 전제하고 문제를 해결했다. 즉,

---

5 정언명제의 형식, 해석, 조작에 관한 상세한 설명을 보기 위해서는, 박은진, 김희정, 《비판적 사고를 위한 논리》, 아카넷, 2004, 287~335쪽을 참조.

"모든 유니콘은 외뿔짐승이다."

와 같은 전칭명제의 논리적 문제를 다룰 때는 유니콘의 존재 자체에 대해서는 묻지 않고 그 논리적 관계만을 다루었던 것이다. 그러나 부울의 존재함축existential import에 대한 해석 이후에 현대 논리학에서는 전칭양화사 '모든'이 존재를 함축하고 있는 것이 아니라 존재를 가정하고 있을 뿐이라고 보게 되었다. 다시 말해,

"모든 유니콘은 외뿔짐승이다"는
"만일 유니콘이 있다면, 그 유니콘은 외뿔짐승이다."

로 풀이된다. "모든 유니콘은 외뿔짐승이다"라는 문장이 유니콘의 존재를 함축하고 있지 않다면 참과 거짓을 판단할 수 없게 된다. 그러나 이 명제가 존재를 가정하고 있다면 유니콘이 존재할 경우와 존재하지 않을 경우에 각각의 참과 거짓을 판단할 수 있다.
　실제 존재 여부가 가변적인 경우의 예를 살펴보자.

"모든 무단침입자는 처벌을 받는다."

위 명제는 무단침입자의 존재를 함축하기보다 무단침입을 금지하여 존재의 가능성을 막으려는 주장이다. 따라서,

"무단침입자가 없어야 한다."

"만일 누군가 무단침입을 한다면, 그 무단침입자는 처벌을 받는다."

는 주장을 담고 있는 것이다. 전통적인 해석에서는 무단침입자의 존재를 함축하고 있어, 무단침입자가 있다는 전제하에 그 무단침입자는 처벌을 받는다는 입장을 취하고 있다. 그러나 현대 논리학은 그 해석에 문제가 있다고 본다.

"모든 무단침입자는 처벌을 받는다"가 참이라면 주어 개념인 무단침입자가 적어도 한 명 존재해야 한다. 유니콘이 존재하지 않는다면 "유니콘은 외뿔짐승이다"의 참과 거짓을 판단할 수 없는 것과 마찬가지이다. 이와 유사하게 실제로는 무단침입자가 전혀 없는 공집합일 경우가 있다.

간단해 보이는 것들도 학자들의 복잡한 머리를 거쳐 나오면 도무지 이해하기 힘들게 헷갈리게 되는 법이다. 단순한 것이 복잡해지는 재미있는 이야기를 하나 소개한다.

미국의 듀크 대학의 학생 조직 보수연합Duke Conservative Union과 그 대학의 철학과 학과장 로버트 브랜든Robert Brandon 사이에 교수 임용에 대한 논쟁이 벌어졌다. 발단은 보수연합 학생들이 듀크 대학의 교수 임용이 진보적인 학자들만을 중심으로 이루어진다고 비판하면서 시작되었다. 보수 학생들에 따르면 몇 개 학부 교수진을 조사해 본 결과 공화당 2명에 민주당 142명으로 압도적인 민주당원 중심이었다는 것이다.

대학 신문 《크로니클The Chronicle》과의 인터뷰에서 브랜든의 말은 보수 학생들뿐만 아니라 타 대학의 교수까지 격분시켰다.

존 스튜어트 밀(John Stuart Mill, 1806~1873) 영국 런던에서 출생한 경제학자이며 철학자로서 공리주의적 자유와 인간 정신의 자유에 관한 연구와 저술을 남겼다. 밀은 당시 유럽의 귀족 가문에서 행해졌던 가정교육을 매우 엄격하게 받았다. 밀 자신에 의하면 10세 이전에 라틴어와 헬라어를 익혔으며, 12세에 논리학을 깨우친 것으로 알려져 있다. 1823년 아버지가 근무하였던 동인도회사에서 일하면서 문필 활동을 시작하였다. 초창기 그의 사상은 공리주의에 크게 영향을 받았으나 20세 무렵 우울증이 계기가 되어 인간 정신의 자유에 관심을 갖게 된다. 공리주의는 이성을 지나치게 신봉함으로써 인간의 감정을 경시하는 점이 만족스럽지 못하였기 때문이다. 그가 저술한 경제학 저서 《경제학 시론집》(1830), 《정치경제학 원리(Principles of Political Economy)》(1848)는 아담 스미스와 같은 고전적 자유주의 경제학을 계승하면서도 문제점들을 수정, 보완하려고 하였다. 즉 분배의 인위적 조정이나 사회의 개혁을 통해, 자유방임형 경제에서 소위 '보이지 않는 손'이 보지 못한 문제들을 해결하려고 시도하였다. 그는 또한 사회과학의 방법론으로 《논리학 체계(A System of Logic)》(1843)를 연구하였으며, 초기 공리주의적 입장에서 보다 인간 정신의 자유에 관심을 기울인 《자유론(On Liberty)》(1859), 정치에서 대의제와 권력 분권의 중요성을 강조한 《대의정치론》(1861)을 저술하였다. 그리고 1865년부터 3년간은 하원에 진출하여 사회개혁운동에 참여하기도 하였다. 그는 말년에도 새로운 사상적 모색을 게을리 하지 않았다. 1869년에는 영국 여성운동사에 한 획을 그은 《여성의 종속(The Subjection of Women)》(1869)을 발표하여, 양성 간에 생물학적 차이가 존재하지만 근본적으로 동등한 능력을 지닌 평등한 관계라고 주장하였다. 또한 마르크스와 동시대에 영국 자본주의의 모습을 목도하고 있었던 스튜어트 밀은 나이가 들어갈수록 사회주의에 경도되어가는데 1879년에 출간한 《사회주의론》(1879)은 그 관찰과 사색의 결과물이다.

"우리는 가능한 가장 뛰어난 사람을 고용하려 합니다. 존 스튜어트 밀John Stuart Mill이 말했듯이, 멍청한 사람들은 대개 보수적이죠. 그래서 우리가 절대로 고용하지 않을 보수적인 사람들은 넘쳐나는 편입니다. 밀의 분석은 아마도 우리 사회에서 공화당의 영향력에 비해 학계에서 공화당원의 숫자가 상대적으로 적은 이유를 어느 정도 설명해줍니다. NBA 농구 선수들이 일반인들보다 평균 키가 큰 것에는 그럴만한 이유가 있는 것이죠. 마찬가지로 학계의 구성원들도 평균보다는 더 지적인 사람들이고 거기에도 그만한 이유가 있는 것입니다."

한마디로 보수주의자들은 멍청하고 그렇다 보니까 보수적인 대학교수의 숫자가 적을 수밖에 없다는 말이다. 보수주의자들이 들으면 당연히 분노할 말이다. 당연히 한 보수적인 독자가 학보에 반박문을 실었다. 브랜든이 밀의 인용을 사용하면서 부당환위의 오류를 범했다는 것이다. '모든'을 '대부분, 일반적으로' 등으로 변환하는 것이 추론의 타당성에 영향을 주지 않는다는 점을 염두에 두고 브랜든의 추론을 검토해본다.

모든 멍청이들은 보수주의자들이다.

어떤 철학부 교수도 멍청이는 아니다.

그러므로 어떤 철학부 교수도 보수주의자는 아니다.

이렇게 삼단논법으로 전개해놓고 보면 브랜든의 주장에 논리적인 문제가 없는 것처럼 보인다. 그러나 보수와 진보의 자존심을 건 이 논쟁이 그리 간단할 리가 없다. 멍청하지 않는 보수주의자들이 나서서 브랜든의 오류를 지적하기 시작했다. 간단히 얘기하면 이 삼단논증은 '대개념 부당주연의 오류'를 범하고 있다. 궁금한 분들은 서술적으로 설명하는 것은 오히려 말이 헛갈릴 수 있으므로 벤다이어그램을 그려보기 바란다.

그래서 친절한 보수주의자들은 브랜든이 실제 말하고자 한 것은 다음과 같을 것이라고 수정을 해서 설명해준다.

모든 보수주의자들은 멍청이다.

어떤 철학부 교수도 멍청이는 아니다.

그러므로 어떤 철학부 교수도 보수주의자는 아니다.

브랜든이 실제 의도한 것이 위의 삼단논법이라면 논리적으로는 타당하다. 물론 이때 밀의 말을 인용하고 있는 브랜든은 무의식적인 부당환위의 오류를 범하고 있다. 밀은 "멍청이들은 대개 보수적이다"고 말했다. 그러나 브랜든의 주장은 '보수적인 사람들은 멍청이다'에 초점이 놓여 있다. 따라서 브랜든의 주장은 '부당환위의 오류'를 통해서 삼단논증의 대전제를 수정할 경우에만 타당성을 지닌다. 물론 이때에도 이 논증의 내용이 옳은지를 판단하는 건전성은 여전히 문제로 남겨져 있다.

다른 문제는 '부당권위에 호소하는 오류'이다. 먼저 150년 전에 한 밀의 말이 오늘날까지 권위를 지닐 수 있을까? 그럴 수도 있고 아닐 수도 있을 것 같다. 그런데 브랜든이 '보수주의자들'을 언급할 때 밀이 사용한 의미와 전혀 다른 맥락에서 사용함으로써 '애매어 오류'를 범하고 있는 점도 지적되어야 한다. 1860년대 당시 밀의 표적은 영국 보수당이었다. 그리고 당시 보수당의 입장은 기업 규제와 보호무역을 지지하는 오늘날의 자유주의 진영과 더 유사하다.

그 짧은 인터뷰에서 브랜든 교수는 유비논증의 오류도 추가하고 있다. NBA 농구 선수들의 키와 대학교수의 지적 능력에 어떤 유비적 연관성이 있는가? 역시 그럴듯해 보이지만 자세히 들여다보면 문제가 있다. 일반인보다 교수들이 지적으로 뛰어나다는 증거는 없다. 더욱이 세계적인 기업가들이나 기업의 연구원들보다 교수들이 더 뛰어나다고 말할 수 있는 근거는 빈약하다.

이상이 격분한 한 보수주의 논객이 진보주의자 브랜든의 주장을 논리적으로 반박함으로써 보수주의자가 멍청이가 아님을 입증하고자 한 논증이다.

여러분은 어떻게 생각하시는지?

3장 형식 오류와 비형식 오류

생각하기

1. 상당히 보수적인 풍토의 미국을 비롯해서 유럽은 물론 세계 각국의 대학교수나 지식인층은 대체로 진보적인 성향을 띠는 것이 일반적이다. 지식의 탐구라는 것 자체가 비판적인 성격을 띠고 있다는 점이 그 한 가지 이유가 될 것이다. 또한 지식인은 사회의 일반 대중보다 앞서 지식을 생산하고 사회의 다양한 모색의 선구자적인 역할을 담당하기도 한다.

그러나 한국의 현재와 같이 지식인들이 사회 일반보다 보수적인 성격을 띠는 경우도 있다. 한국에서 지식인들이 사회 일반보다 보수적 경향을 띠게 된 역사적 배경과 이유는 무엇이라고 생각하는가? 그리고 여러분이 생각하는 지식인의 사회적 책무는 무엇인가?

2. 스튜어트 밀에 관한 글을 특히 초기의 공리주의적 입장과 후기의 인간 중심의 자유론에 초점을 맞추어 살펴보자. 증거가 불충분하지만 유력한 범죄 용의자의 처벌과 관련해서 초기와 후기의 스튜어트 밀은 각각 어떤 반응을 보일 것으로 예상되는가? 말년에 개별 인간의 자유에 더욱 초점을 두었던 자유의 문제와 사회주의적 정치 경제 체제에 관심을 두었던 사회주의적 사상은 서로 상충하는가 아니면 상보적 관계인가?

21. 자장면으로 통일

형식 : 선언지 긍정의 오류affirming a disjunct, affirming on disjunct, affirmation of disjunct.
유사어 : 선언삼단논법alternative syllogism, 선언지 긍정asserting an alternative, 부당선언삼단논
　　　법improper disjunctive syllogism.
정의 : 선언논법에서 전제를 이루는 소전제들이 모두 부정이거나 모두 긍정일 가능성이 있을
　　　경우 발생하는 오류.

　　　　　　　　　　　　　　선언논법의 오류에 대한 정의가 도무
지 무슨 말인지 알기 어렵다. 그래서 잠시 그 뜻을 살펴보도록 하자.
　먼저 선언논법選言論法이란, 의견이나 주장을 외부에 널리 알린다는
뜻의 선언宣言이 아니라, '선택選擇적인 문제를 풀어가는 논법'을 말한
다. 빵이냐 밥이냐 선택하라고 할 때, 이것은 선언적 질문이 되는
것이다. 그리고 선언지選言肢란 '밥'과 '빵'처럼 선택할 대상들을 이
루는 것이다.
　따라서 정의를 쉽게 풀어쓰면, 특정한 숫자의 선택 사항 중에서
하나를 선택하도록 하는 전제가 있지만 사실은 그 외의 선택 가능
성이 있을 경우에 발생하는 오류이다.
　선언논법은 긍정부정식과 부정긍정식을 이룬다. 다시 말해 먼저

186
|

긍정하고 부정의 결론을 내는 것과 먼저 부정하고 긍정의 답을 이끌어내는 방식이 있다.

※ 긍정부정식(선언지 긍정의 오류)

A는 p이거나 q이다.

A는 p이다.

그러므로 A는 q가 아니다.

※ 부정긍정식(선언지 부정의 오류)

A는 p이거나 q이다.

A는 p가 아니다.

그러므로 A는 q이다.

선언논법의 오류는 먼저 양자택일의 문제가 아닌 것을 둘 중의 하나의 선택의 문제로 왜곡한 대전제에서 발생한다. 이렇게 양자택일의 문제 자체가 가지는 오류는 분리선언의 오류에서 다루고 있다.

음식은 할 줄 모르지만 꼭 아침은 먹어야 하는 남녀가 결혼을 하였다. 신혼의 신부는 출근하는 남편을 위해 아침 식탁을 차리기로 하였다. 고민 끝에 김치찌개를 끓일 수 있었다. 남편은 아주 맛있게 먹고 칭찬을 남기고 출근하였다. 그리고 회사 가는 길에 몇 통의 물을 마셨다. 찌개가 너무 짰던 것이다. 그러나 신부는 용기백배하여 김치찌개를 주종목으로 삼고 매 식사마다 소태 같은 김치찌개를 내었다. 하루는 신랑이 말했다. "김치찌개 말고, 뭐 다른 것도 좀 먹으면 안 될까?" 그러자 신부가 말했다. "왜, 맛 없어? 김치찌개가 싫어?" 신랑, "아니 그건 아니구." 신부, "벌써 음식 투정이야? 아침 먹고 싶으면, 김치찌개를 먹던지 아님 말던지."

아침 식사에는 김치찌개를 먹거나 다른 모든 종류의 찌개와 국을 먹을 수 있다. 그러나 이 신혼집의 아침은 김치찌개이다. 그러므로 다른 모든 것들은 아니다. 김치찌개를 먹지 않으면, 아침을 굶어야 할 뿐이다. '선언긍정의 오류'는 선택적인 문제에 대해 논쟁을 하는 듯 보이지만 실제로는 특정한 전제를 미리 정하고 선언해버리는 오류를 범한다. 지독한 구두쇠 선배가 후배에게 "야, 메뉴에 뭐가 있는지 잘 살펴보고 제일 싼 걸로 골라. 자장면 알지?"라고 말하는 것과 같다.

반대로 선언부정의 오류는 너무도 싫어하는 것이 있을 때 쉽게 드러난다. 육군사관학교 동기생인 전두환과 노태우는 군 생활 내내 전두환이 이끌고 노태우가 지원하고 따라가는 끈끈한 우정을 자랑했다. 1980년대 쿠데타를 통해 정권을 잡았을 때도 그들은 함께했다. 그리고 전두환의 대통령 임기가 끝나자 노태우가 대통령 선거에 여당의 후보로 나섰다. 당시 군사정권을 무지도 싫어하는 군대 선임이 있었다. 부재자투표를 하는 중에 기표소 입구에 앉아서 하는 말, "야, 알지, 1번 빼고 네 맘대로 자유롭게 찍어!" 어차피 1번에 관심이 없었던 나의 표는 별 문제가 없었지만, 1번을 찍고 싶었던 사람들은 꽤나 힘겨웠을 것이다.

남북 간의 대립이 극심하였던 시절 재외 한국인들도 한국의 분단에서 자유로울 수 없었다. 특히 일본에서는 일제시대 강제 징집과 징용으로 끌려갔던 한인들 백만 명 이상이 한인 사회를 이루어, 일본의 차별과 싸우고 남북한의 갈등을 체험하며 살아야 했다. 일본 한인 사회는 친남한계의 민단(재일본대한민국거류민단)과 친북계의 조총련(재일본조선인총연합회)으로 분열되어 있었다. 초기 재일교포 사회는 일제 청산에 적극적이고 자주적 색체가 강하였던 북한을 선호하는 조총련이 주도하였다.

남한 정보당국은 조총련과 접촉한 사람들을 북한과 내통한 것으로 여겨 간첩 혐의를 씌우곤 하였기 때문에 같은 한인이라도 만나는 데 조심하지 않을 수 없었다. 그렇다고 "당신 조총련 소속입니까?"라고 일일이 물어보기도 힘든 일 아닌가? 그래서 "혹시 민단 소속이세요?" 하고 물어서 "아니요"라고 대답하면, 그냥 만나지 말아야 했던 것이다. 물론 어디에도 속하지 않은 한인들도 많이 있었다. 그렇지만 혹시나 하는 두려움에 선언논법에서 부정긍정식의 오류를 감수해야 했던 것이다.

인생은 수많은 선택의 연속이다. 그리고 어쩌면 사회생활에 적응해가는 과정은 그 선택의 자유가 조금씩 구속되어가는 것인지도 모른다. 자유를 너무도 갈망하는 사람들, 속박당하는 것은 느낌으로도 싫어하는 사람들은 사회의 울타리 안에 거하기를 거부한다. 때문에 그들은 울타리의 보호도 동시에 거부하게 된다. 자유로운 영혼을 가진 사람들이 사회의 주변부에서 남들 보기에는 궁핍하지만 자신만의 세계에서 자유를 누리며 살아가는 모습은 그런 이유 때문이다. 그들은 어쩌면 가장 적극적으로 자신의 인생을 선택한 사람들이다. 나는 이런 삶을 살겠다. 그런데 그것이 이 사회의 틀 안에 가두어지지 않기 때문에 틀을 무시하고 살아간다. 물론 적극적인 선택이라고 모두 사회의 틀 밖에 둥지를 틀어야 할 이유는 없다.

옛날 한국의 남자 아이들은 모두 대통령이 되거나 장군이 되겠다는 꿈을 꾸던 시절이 있었다. 여자 아이들은 하나같이 간호사나 선생님이 꿈이었다. 그들 모두가 꿈을 이룬 것은 아니라는 사실은 확실하다. 한때 장군을 꿈꾸었던 소년은 방위로 제대한 후, 공부를 열심히 하여 어느 연구소의 연구원이 되어 있을 수 있고, 한때 간호사를 꿈꾸었던 소녀는 대학에서 밤새 술을 마시다 받은 영감으로 시인이 되었을 수도 있기 때문이다.

이재철 목사의 수필집 《청년아, 울더라도 뿌려야 한다》에는 가수 파바로티와 관련된 글이 있다.

세계적인 테너 가수인 파바로티는 어릴 때부터 음악적인 재능을 가지고 있었다. 빵장수를 하던 아버지는 아들의 재능을 키워주기 위해 애를 썼다. 그러나 청년기를 거치면서 파바로티의 관심은 오히려 교육에 쏠려 대학에서도 교육을 전공하게 된다. 졸업 때가 가까워지자 파바로티가 진로 문제를 놓고 고민에 빠졌다. 그는 내심 성악과 교육을 동시에 붙잡고 싶었던 것이다.

그때 아버지가 파바로티의 방에 들어가, 방 안에 있던 의자 두 개를 멀

3장 형식 오류와 비형식 오류

리 떼어놓은 뒤 이렇게 말했다.

　"이처럼 멀리 떨어져 있는 의자 위에 동시에 앉으려면 너는 바닥에 떨어지고 만다. 의자에 앉으려면 반드시 한 의자를 선택해야 하고, 그 선택은 네 자신이 해야 한다."

　보통의 경우라면 아버지는 분리선택의 오류를 범하고 있다고 말할 수 있을지 모른다. 그러나 아들의 음악적 재능을 아끼고 후원하는 아버지의 입장에서 이 권고는 사실 너무나 분명한 것이었다. 그리고 아들 파바로티는 자신이 진정 원하는 것을 찾아 진로를 결정할 수 있었다.

　현실적으로 무언가를 선택한다고 하는 것은 그 외 다른 것을 포기한다는 것을 의미한다. 점심에 김치찌개를 먹는다는 것은 불고기백반과 냉면과 산채비빔밥과 탕수육과 스시와 피자를 먹지 않겠다는 것과 마찬가지이다. 당신이 강호동과 같은 위대한(?) 사람이 아니라면 말이다. 그러나 인생의 선택에서 싫은 것, 아닌 것들을 제거하는 방식으로 진로를 선택하는 것은 인생 전부를 허비하게 될 가능성이 많다. 선택의 가능성은 너무도 많고 그 하나하나가 마치 떠나보낸 연인처럼 잊기 아쉬운 것들이기 때문이다. 인생의 선택은 적극적으로 자신이 원하는 것을 생각하고 결정하고 그 선택에 대한 신념의 발걸음을 옮길 때 빛이 난다. 그리고 파바로티 아버지의 말처럼 그 선택은 자기 자신만이 할 수 있는 것이다.

　이제 좀 복잡한 두뇌 구조에서 나온 설명을 들여다보도록 하자. 형식논리학의 원리들이 어떻게 도덕률과 관련되어 있는지를 서양

철학 사상을 통해 설명하고 있는 박선목 교수의 글 중 한 대목이다.

선언적 판단을 기초로 하는 삼단논법을 선언적 삼단논법**disjunctive** **syllogism**이라 한다. 그런데 선언적 판단의 기초가 되는 것은 배중률 혹은 선언율인 것이다. 선언적 삼단논법은 선언판단을 대전제로 하여 선언 내용들 중의 어느 것을 긍정 혹은 부정하는 정언판단을 소전제로 결론을 이끌어내는 것이다. 그런데 선언되는 내용들은 서로 배척하는 관계를 가지므로 한쪽을 긍정하면 다른 쪽이 필연적으로 부정되고 그 반대도 성립하므로 선언적 삼단논법은 긍정적 부정식과 부정적 긍정식의 두 종류가 있다.

가령 긍정적 부정식인 'A는 B이든가 C이든가이다. A는 B이다. 그러므로 C가 아니다'에서 사람은 이기적 행위를 하든지 남을 도와주는 이타적 행위를 하든지이다. 어떤 사람은 이기적 행위만을 한다. 그러므로 어떤 사람은 이기적 행위를 하는 사람이 아니다. 이기적 행위는 악의 성벽으로만 행위하는 사람이다.

그리고 부정적 긍정식에서 사람은 도덕 법칙에 대한 존경에서 의무로운 행위를 하든가 의무에 합당한 행위를 하든가이다. 어떤 사람은 의무로운 행위를 하지 않는다. 그러므로 어떤 사람은 의무에 적합한 행위만을 한다. 칸트가 말한 의무로운 행위는 의무에 의한 행위 즉 의무를 전제로 한 행위로서 도덕률을 실천하는 것, 자신의 생명을 보존하는 것, 약속을 지키는 행위들이다. 이것에 비해 의무에 적합한 행위는 의무로운 행위는 아니더라도 의무에 위배되는 행위는 아닌 것이다. 즉 책임의 근거만을 주는 법칙으로서 완전한 의무에 비해 책임을 지우는 법칙으로서 불안전한 의무에 의한 행위이다.

3장 형식 오류와 비형식 오류

예를 들면 본질적 의무 즉 완전한 의무는 책임의 근거를 주는 법칙으로서 순수한 삶의 권리를 요구할 수 있는 의무이고 비본질적 즉 불완전한 의무는 책임지우는 법칙으로서 재산욕, 권세욕, 건강에 대한 욕망과 같은 도덕적으로 자신이 책임을 져야 할 의무 같은 것을 말하는 것이다. 이러한 설명에서 완전한 의무는 선택의 여지가 없는 것이지만 불완전한 의무는 선언적 판단의 대상이 되는 것이다. 결국 개인적 소망에서 생기는 도덕적 책임은 선언적 판단에 따른 것으로써 개인이 책임져야 할 문제이다.

—박선목, 〈형식논리학의 원리와 도덕률과의 관계〉.

무슨 말인지 머리에 쏙쏙 들어오는 이들은 서양철학에 대한 꿈을 키워보는 것도 좋겠다. 그렇지 못한 친구들은 나와 함께 "에구 머리야!" 한번 소리치고, 다음으로! 나중에 머리 회전이 좀 빨라졌을 때 기회가 되면, 박선목 교수의 글을 구해 전문을 읽어보는 것도 좋을 것이다.

명제(proposition)의 종류

1) 가언명제(hypothetical/conditional proposition) : 어떤 가정이나 조건으로 표현되는 명제.
2) 정언명제(absolute/predicative/categorical proposition) : 하나의 주어와 하나의 술어를 가진 명제로서 술어가 주어를 전체 혹은 부분적으로 긍정하거나 부정한다. 예) 어떤 독자는 여고생이다. 정언명제는 긍정명제와 부정명제로 구분된다.
3) 긍정명제(affirmative proposition) : 명제의 주어와 술어의 일치를 제시하는 명제로 전칭긍정명제와 특칭긍정명제가 있다. 전칭긍정명제는 '모든 p는 q이다'와 같이 모든 것을 지칭하는 긍정명제를 이르고, 특칭긍정명제는 '어떤 p는 q이다'와 같이 특정한 대상이나 상태에서 긍정되는 명제를 이른다.
4) 부정명제(negative proposition=소극명제, 무기명제) : 부정명제는 주어와 술어의 불일치를 제시하는 명제로 역시 전칭과 특칭으로 구분된다.

주연관계 명제가 주장하는 내용이 주어나 술어 전체에 미칠 경우 그 주어 혹은 술어는 "주연된다"고 말한다.

A 전칭 : '모든 철새는 새이다.' 모든 철새는 새이므로 주어(철새)는 주연된다. 새이면서 철새가 아닌 경우가 있으므로 이것을 '부주연'이라 한다.

B 특칭 : '어떤 새는 날지 못한다.' 전부가 아닌 특정한 어떤 새가 날지 못하므로 주어(새)는 부주연. '난다'고 하는 사실이 어떤 새들에게서는 완전히 배제되었으므로, 술어(날다)는 주연된다. 간단히, 전칭명제는 주어를 주연시키고, 특칭명제는 술어를 주연시킨다.

생각하기

1. 한국전쟁 기간 동안에 수만 명의 인민군이 포로로 잡혀 거제도 포로수용소에 수용되었다. 워낙 많은 수의 포로들이 집단 거주하는 곳이라 수용소 철조망 내부는 북한군 병영과 다름없는 상황이었다. 가끔 폭동이 일어나기도 하였다. 당시 수용소 소장이던 미 육군 준장이 포로들에게 포로가 되는 사건이 발생하기도 하였다. 수용소 측은 공산주의에 반대하는 인민군들을 대상으로 반대 세력을 조직하여, 철조망에 둘러쳐진 수용소 내부는 막사 간의 철조망을 사이에 두고 다시 남과 북의 전쟁터로 갈라지게 되었다. 남북 간에 포로 교환을 할 종전일이 가까워 오자 이승만 대통령은 약 2만 7천여 명에 달하는 반공포로의 석방을 단행한다. 당시 휴전 협상의 내용은 모든 포로를 중립국에 넘긴 다음 남북한을 선택하도록 한다는 것이었다. 포로들에게 주어진 질문은 북으로 갈 것인가 아닌가였다. 가지 않겠다면 남한행이 결정되었다. 수용소의 안에서도 밖에서도 남과 북이라는 양자택일만 강요되는 현실이었다. 그러나 일부의 인민군들은 남도 북도 아닌 제3국행을 원하고 나섰다. 그렇게 제3의 선택 가능성을 타진하였던 포로들은 한국의 분단이 지속되고, 양자택일을 넘어서지 못하는 조국의 슬픈 모습을 바라보면서 인도, 브라질 등지에서 외로운 여생을 보내고 있다.

3장 형식 오류와 비형식 오류

22. 색즉시공 공즉시색

형식 : 배중률의 오류 principle of excluded middle fallacy.

유사오류 : 양도논리, 분리선언의 오류.

정의 : 'P가 Q도 아니고 Q가 아닌 것도 아닐 수는 없다' 는 원리의 오류.

형식논리학의 원리로서 '제3자 배척의 원리' 라고도 한다. 하나의 명제가 참이거나 거짓일 경우, 배중률排中律은 하나가 참이면 다른 하나는 거짓이고 이것도 저것도 아닌 중간적인 제3자는 인정하지 않는 논리법칙이다. 고전 논리학에서는 동일률同一律, 모순율矛盾律과 함께 논리학의 근본원리로 여겨졌다. 그러나 현대 기호논리학에서는 배중률을 공리公理가 아니라 공리에서 도출된 하나의 정리定理로 간주하기도 한다.

간단히 설명하자면, 식 1+2＝3 은 참이거나 거짓이다. 이 식은 참이거나 거짓이 아닌 어떤 다른 것이 될 수 없다. 그리고 계산을 해보면 참이라는 것을 알 수 있다. 명제는 참이거나 거짓인 진술을 말한다. 따라서 명제가 참이거나 거짓인 한, 참도 아니고 거짓도 아닌

어떤 것은 존재할 수 없다는 배중률이 성립한다. '고래는 포유동물
이다'는 명제는 참이거나 거짓이다. 즉 고래는 포유동물이거나 포유
동물이 아니거나일 뿐이다. '고래는 포유동물도 아니고 포유동물이
아닌 것도 아니다'는 성립할 수 없다. 그러나 조금 덜 간단한 예를
들어보면 문제가 그리 단순하지만은 않음을 알 수 있다. 사랑의 미
묘한 방정식을 풀어본 이들이라면 이런 경험이 있을 것이다.

> 그녀 : 왜 그렇게 자꾸 불러내고 그래, 나두 바쁜데……
>
> 그남 : 다른 친구들 만날 시간은 있구? 너 자세를 분명히 해! 내 애인이면 애인, 아니면 아니고!
>
> 그녀 : 으이구, 귀여운 것. 어린애도 아니고 그게 무슨 소리야!
>
> 그남 : 내가 보기엔 '넌 내 애인도 아니고 애인이 아닌 것도 아니야!'
>
> 그녀 : ????

'애인이거나 아니거나 확실한 관계'가 더 많을까? 아니면 '애인도 아니고 애인이 아닌 것도 아닌 복잡 미묘한 관계'가 더 많을까? 적어도 연애에선 '애인이거나 아니거나이어야 한다'는 배중률이 그대로 적용되는 것은 아니라는 사실을 겪어본 사람은 알 것이다.

공리(公理, axiom) 무증명명제라고도 하며, 어떤 이론에서 증명 없이 전제된 명제를 말한다. 수학에서는 '이론의 기초로서 가정한 명제'를 그 이론의 공리라고 한다. 유클리드는 《기하학원본》에서 "증명을 요하지 않는 자명한 명제"를 공리라고 하였으며, 특히 기하학적 공리를 공준이라고 하였다. 그러나 공리의 자명성에 대한 의심이 제기되면서 "이론의 기초로서 가정한 명제"라는 의미로 수정되었다.

정리(定理, proposition, theorem) 공리 또는 정의(定義)로부터 증명에 의해 유도된 명제를 정리(定理)라고 한다. 참이 증명된 명제들 즉 공리, 정의, 이미 증명된 정리로부터의 타당한 추론을 통해 다음의 정리가 참임을 밝힌다. 따라서 연속적인 수학적/논리적 추론을 통해 일련의 정리가 만들어질 수 있다. '피타고라스의 정리'는 가장 널리 알려진 정리의 한 예이다. 그러나 일련의 정리는 이론/추론의 기초를 이루는 공리계(公理界) 안에서만 성립한다. 즉 '유클리드 기하학'에서 성립된 정리는 '비유클리드 기하학'이나 '리만 기하학'에서는 성립하지 않을 수 있다.

일반적으로 수사학적인 오류를 논할 때 배중률의 오류는 거짓 딜레마 혹은 분리선언의 오류를 의미한다. 그러나 고전 논리학의 배중률 자체를 의심하는 삼항논리학이나 다치논리학多値論理學, 퍼지논리학fuzzy logic, 직관주의적 논리학의 관점에서는 배중률 자체가 오류일 수 있다. 삼항논리ternary logic는 참과 거짓에 미지의 항목을 추가하여 제3자 배척의 논리를 부정하며, 퍼지논리학은 참, 거짓, 그리고 그 중간치를 도입하고, 직관주의적 논리intuitionistic logic는 진리의 개념 자체가 증명가능성provability으로 대치되어 버린다.

아리스토텔레스는 "모호성에 의존하지 않는다면, 하나의 사물이 있는 동시에 없을 수는 없다"라고 한다. 논리식으로는 ~(P∧~P), 즉 P이면서 동시에 ~P는 아니다. 러셀은 아리스토텔레스의 입장에서 자명하고 선험적인 논리적 원리로 동일률, 모순률, 배중률을 구분하여 설명하였다. 모순률은 '어떤 것도 동시에 존재하면서 존재하지 않을 수는 없다'는 원리이며, 배중률은 '모든 것은 존재하거나 존재하지 않거나이어야 한다.' 즉 (P∨~P)라는 것이다. 레셀의 《수학원리》에는 이 배중률을 수학적으로 증명하는 부분이 포함되어 있다. 수학이나 논리학에 관심 있는 분들은 한번씩 찾아보기 바란다.

화이트헤드와 러셀까지 이어지는 고전 논리학에서는 공리가 자명성을 지니는 것으로 본다. 그러나 직관주의적 논리학에서는 '모든 명제가 참이거나 거짓이다'라는 명제는 증명되지 않으므로 받아들일 수 없다고 거부한다. 다시 말해 배중률이 참인지 거짓인지 알 수 없다는 주장이다. 이들의 주장은 물론 고전 논리학의 증명보다 훨씬 복잡하여 머리를 혼돈으로 밀어넣는다. 어쩌면 그 혼란스러움 때문에 그럴듯하게 보일 수도 있고 문제점을 놓칠 수도 있을 것이다.

그러나 배중률에 대한 대단히 복잡한 논리학적 혹은 수학적 논증/반증이 일상언어에서는 아주 쉽게 설명될 수도 있다. 배중률에 따르면, '당신은 남자다'라는 말은 참거나 거짓이어야 한다. '당신은 남자'이거나 '남자가 아니거나' 둘 중의 하나일 수밖에 없는 것이다. 그러나 하리수와 같은 트랜스젠더나 혹은 양성의 특징을 모두 지니고 있는 사람들을 생각하면 '당신은 남자다'는 주장은 참도 거짓도 아닌 제3의 결론에 도달할 수 있는 것이다. 고전 논리학의 명제의 정의에 따라 참과 거짓을 판정할 수 없는 위 진술에 대해 명제가 아니라고 하거나 개념의 재정의를 시도한다면, 더욱 심각하고 근본적인 문제들이 몰려들 것이다.

연애처럼 배중률이 힘을 쓰지 못하는 동네가 또 있다. 한국인이라면 대부분 한 번은 이 말을 들어보았을 것이다.

"색즉시공 공즉시색!"

불교의 아주 짧은 경전 《마하반야바라밀다심경》의 한 구절이다.

色不異空, (색불이공)

空不異色, (공불이색)

色卽是空. (색즉시공)

空卽是色. (공즉시색)

눈으로 보여지는 대상이, 비어 있음과 다르지 않고,

비어 있음이, 눈으로 보여지는 대상과 다르지 않으며,

눈으로 보여지는 대상이 즉 비어 있는 것이며,

비어 있음이 즉 눈으로 보여지는 대상이니라.

본문의 "비어 있음空"과 "보여지는 대상色"이 서로 다르지 않다는 알 듯 말 듯한 가르침은 '있음'과 '있지 않음'에 대한 우리의 인식을 흔들어버린다. 어떤 이들은 존재의 유무有無에 대한 배중률이 성립하지 않고 '있으면서도 없고, 없으면서도 있는' 무언가 신비한 세계를 강조하고, 어떤 이들은 배중률에 어긋나는 말장난에 지나지 않는다고 폄하하기도 한다.

중관론中觀論은 동서양을 통틀어 이 문제를 가장 깊이 있게 다룬 인도의 불교철학 사상으로 평가할 수 있다. 이종철 교수는 중관론의 해석에서 존재의 유무에 대한 배중률과 인식의 문제를 가지고 공사상을 설명하여 일반인들의 이해를 돕고 있다.

유무有無와 공空의 구별

공사상과 중도의 관계를 좀 더 깊이 다루어보기 위해서, 우리가 흔히 쓰는 말인 '있다有'와 '없다無', 두 가지 상반된 말로 '비어 있다空'라는 말이 어떤 관계를 갖고 있는지 알아볼까 한다. (…중략…) 동아시아 사회에서 유무有無와 공空의 관계를 명확하게 해결한 사람은 구라마집과 그 제자 승조가 처음이 아닌가 싶다.

'있다有'는 말과 '없다無'라는 말에는 제각기 두 가지 상이한 차원의 의미가 있다. '없다無'에는 '본체가 없음nisvabhava, 無自性'과 '존재마저 없음虛無/全無'이라는 두 가지 의미가 있으며, '있다有'에는 '존재가 인연에 따른 현상적 존재로서 있음緣生有'과 '본체가 있음sasvabhava, 有自性'이라는 두 가지 의미가 있다. 이렇게 구분해보면, 같은 유무有無라 하더라도 본질주의자와 공사상가가 전혀 다른 방식으로, 곧 본체와 존재에 관해 정반대인 '유무'를 뜻하고 있음이 판연하게 드러난다. 본질주의자의 무無는 존재마저 없다는 허무로 빠지고, 유有는 존재에 본체가 있다는 유자성有自性으로 흐른다.

이에 반해 공사상의 무無는 존재에 본체가 없다는 무자성無自性을 가리키며, 유有라면 존재가 인연에 따른 현상으로서 있다는 연생유緣生有를 가리킨다.

이른바 쌍차쌍조雙遮雙照로 공사상의 핵심을 갈파하는 이도 있다. 유무를 부정하면서 동시에 유무를 살린다? 무언가 알쏭달쏭 신비한 의미가 깃든 것 같아 잘 알지도 못하면서 그런가 보다고 고개를 끄덕이곤 한다. 원효가 말한 불연지연不然之然도 같은 예로 들 수 있겠다. 그렇지 않은 것이 그렇다. 틀린 것이 옳다? 나가르주나의 공사상은 이렇게 모호한 신비주의적 연막술이 아니다. 이제까지 우리가 살펴보았듯이, 이렇게 해석해보면 어떨까? 본질주의자가 쓰는 '유무'를 틀렸다고 부정하면서 공사상가가 쓰는 '유무'를 긍정한다고.

존재에 본체가 있느냐 없느냐 하는 문제가 논쟁거리로 등장할 때, 본질

3장 형식 오류와 비형식 오류

주의자들의 입장에서 '있다'고 말하거나 아니면 공사상가의 입장에서 '없다'고 말하는 양자택일만이 있을 뿐이지 '있는 것도 아니고 없는 것도 아니다'는 어정쩡한 제3의 입장은 있을 수 없다. 적어도 본체의 '유무'에 관해서는 소위 '배중률'의 법칙이 고수된다. 〈중론송〉에서도 여기저기서 '비유비무非有非無'에 해당하는 표현이 등장하지만, 이를 문맥을 무시하고 자구에만 매달려 해석해서는 도대체 무슨 말인지 알 수 없게 된다. 한역만 보는 이는 한문 번역문의 모호성에 기인한다고 변명할 수도 있겠으나 그것은 오히려 해석자의 지평이 모호하기 때문이 아닐까 생각한다. 예를 들어, 우리는 구마라집이 번역한 《중론 청목소》에서 다음과 같은 '유무'에 관한 명확한 언명을 볼 수 있다.

"유有와 무無는 상호 모순개념이다. 어떻게 한 존재에 서로 모순된 두 가지 규정이 적용될 수 있겠는가?"

—이종철, 〈중관사상의 이해〉, 종교학회 불교분과 발표회, 1999. 4. 10.

이종철의 주장을 요약하면, 본질론적으로 볼 때 "있다"와 "없다"는 상호 모순된 개념이 아마도 중관론의 인식론적인 차원에서는 서로 배척하는 배중률에 적용을 받지 않는다는 것으로 볼 수 있다. 이 문제는 다시 철학사를 관통하는 존재론과 인식론의 본질적인 문제를 제기함으로써 해답보다 더 많은 질문을 불러일으킨다.

1. 아래 논리식을 비교하고 둘의 차이점이나 문제점을 생각해보자.

가) 만약 P∨Q이 참이면, P는 참, 또는 Q는 참, 또는 P와 Q 모두 참이다.

나) 만일 P∨-P이 참이면, P가 참이거나, -P가 참이거나, P와 -P 모두 참이다.

2. 중관론에 따르면 "존재의 본체가 없다(무자성, 無自性)"고 하는데, 그렇다면 어떻게 '현상적 존재(연생유, 緣生有)'가 있을 수 있을까?

23. 데카르트의 순환

형식 : 순환추론circular reasoning.
동의어 : 순환논증circulus in demonstrando, circulus in probando, circular argument, 순환증거
circular evidence, 순환해명circular explanation, 순환정당화circular justification, 순환성의
오류fallacy of circularity, 순환정의circular definition.
정의 : 논증해야 할 명제를 논증의 근거로 제시하는 오류.

논증하고자 하는 주장을 암묵적으로
전제하고 그 전제를 근거로 결론을 이끌어내는 논증의 오류이다.
따라서 순환논증의 오류는 결론의 진리성이 이미 전제되고 있으면
서 그 결론을 논증하고자 하는 순환고리에 빠져 있다. 순환논증은
새로운 사실을 논증하는 것은 아무것도 없고 단지 전제를 반복하여
결론으로 삼고 있을 뿐이다.

음주운전은 처벌받아 마땅한 불법 행동이다.
음주운전을 법으로 금한 이유가 바로 그 때문이다.

위의 주장은 같은 명제의 반복에 지나지 않는다는 것을 알 수 있

다. 음주운전이 처벌받아 마땅한 이유들을 들어 논증하는 것이 아니라, 법으로 금하고 있는 이유가 바로 불법 행동이기 때문이라는 순환논증에 빠져 있는 것이다.

다음은 신의 증명에 자주 등장하는 오류이다.

> "신은 존재하며 전지전능하시다. 왜냐하면 성서가 그렇게 증거하고 있기 때문이다. 성서는 하느님의 계시로 쓰인 책이므로 일점일획도 틀림이 없다."

신의 존재를 증명해야 하는데, 그 신이 썼다는 책에 의존해서 논증을 하는 것은 불가능하다. 신이 쓴 책이 있다는 것은 이미 신의 존재를 긍정하고 있기 때문이다.

순환논증은 선결문제요구의 오류begging the question와 유사한 종류의 오류이다. 그러나 순환논증은 결론을 전제하고 출발하는 데 반해, 선결문제요구의 오류는 논쟁 상대에게 결론이나 결정적인 전제를 먼저 승인해달라고 요구하는 차이점이 있다.

어떻게 보면 그리 어렵지 않아 보이는 순환논증의 오류도 복잡한 뇌세포 조직을 가지고 있는 철학자들의 입을 통해 나오면 매우 알아듣기 어려운 말이 된다. 때문에 그들의 글을 읽다 보면 오류를 발견하기는커녕 길을 잃고 헤매기가 십상이다.

'근대 철학의 아버지' 혹은 '근대 수학의 아버지'라고 불리는 철학자 데카르트Rene Decartes의 이름을 모르는 사람은 드물 것이다. 다방면에 천재성을 보였던 데카르트는 자신의 창의적 사고가 이전 세대와 완전히 별개의 것이라는 자부심을 내비치곤 하였다. 그러나 실은 그의 창의적 천재성도 16세기 유럽의 후기 아리스토텔레스학파와 스토아학파의 영향을 받고 있다.

데카르트는 당대 학문적 성과를 창의적으로 발전시켜 근대 자연과학의 철학적 틀을 제공하였다. 그는 1641년 출판한 《제일철학에 관한 성찰》에서 "의심할 수 없는 확실한 진리에 도달할 수 있는 근본적인 원칙"의 확립을 시도하였다. 데카르트는 일단 모든 형태의 지식을 부정하는 "방법적 회의methodological skepticism"라는 방법을 도입하여, 의심할 수 있는 모든 지식을 의심하고 부정한다.

데카르트(Rene Decartes, 1596~1650) 프랑스의 철학자, 수학자이자 물리학자. 근대 철학의 아버지 혹은 근대 수학의 아버지라는 칭호를 가지고 있다. 1625년에는 파리에서 광학을 연구하여 '빛의 굴절법칙'을 발견하였다. 지동설에 기초한 《우주론》을 집필하였지만, 갈릴레오의 재판 소식을 듣고 출판을 포기한다. 1629년 이후에는 가톨릭의 간섭에서 벗어난 네덜란드에 살면서 철학 연구에 몰두한다. 1637년 《방법서설》, 1641년 《제일철학에 관한 성찰》, 1644년에 《철학의 원리》를 출간하였다. 가톨릭을 피해 갔던 네덜란드가 다시 칼뱅주의자들의 압력하에 놓이게 되자, 스웨덴으로 이주하였는데, 그곳에서 1649년 폐렴으로 사망하였다. 그와 동시대인들로는, 루터(1483~1546), 칼뱅(1509~1564), 몽테뉴(1533~1592), 갈릴레오(1564~1642), 토마스 홉스(1588~1679), 존 로크(1632~1704), 뉴턴(1642~1727) 등이 있다.

"나에게 표상이 되는 것, 내가 인식한다고 믿는 모든 대상 또한 의심될 수 있다. 비록 이 대상들에 대한 나의 관념이 존속하고 동시에 이 관념들을 지니고 있는 나 자신이 존속한다 할지라도, 회의 그 자체, 곧 회의만은 나에게 나의 현존을 증시한다. 왜냐하면 내가 회의하는 한, 회의하는 자인 나는 존재해야만 하기 때문이다. 사유는 이러한 나 자신에 대한 가장 내적인 확실성을, 더욱이 신이 기만자일지라도 붕괴시킬 수는 없다. 즉, 신이 나를 속일지라도 기만당하는 나는 존재하기 때문이다."

그의 방법적 회의는 궁극적으로 자신에 대한 의심으로 귀결되고, 자신에 대해 의심하면 할수록 '의심하는 자기'는 더욱 명확해진다는 사실을 깨닫게 된다. 그는 "나는 의심한다dubito, 고로 나는 생각한다ergo cogito"에 이르게 되고, 이어서 "나는 생각한다cogito, 고로 나는 존재한다ergo sum"라는 결론에 다다른다.

따라서 명석하고 판명한 모든 관념은 반드시 참일 수밖에 없다. 명석하고 판명한 본유관념本有觀念에 기초하여 데카르트는 각자의 마음이 정신적 실체이고 육체는 물질적 실체라고 확신했다. 마음이나 영혼은 비연장적이어서 연장을 가진 육체처럼 부분들로 쪼개질 수 없는 까닭에 사멸하지 않는다.

데카르트는 나아가 신이 존재한다는 점도 증명하고자 했다. 그는 자신이 완전자로서의 신에 대한 본유관념을 지니고 있다는 점에서 출발하여 신이 필연적으로 존재함을 직관적으로 알 수 있다고 보았다. 왜냐하면 신이 필연적으로 존재하지 않는다면, 신은 완전하지 않을 것이기 때문이다.

신의 존재에 대한 이와 같은 존재론적 증명은 감각 경험의 도움 없이 본유관념에서 출발하는 추론에만 의거하여 사물에 관한 지식을 확립하는 데카르트의 합리론에서 핵심을 이루고 있다. 데카르트는 신은 완전하기 때문에 인간을 속이지 않으며, 따라서 세계는 실제로 존재하는 것이라고 주장했다. 이와 같이 데카르트는 자신의 마음·신·세계 등이 존재하기 위한 형이상학 기초를 놓았다고 선언했다.

데카르트의 추론을 반박하는 견해로 널리 알려진 것은 그의 추론이 순환적임을 지적한 아르노의 '데카르트의 순환'이다. 즉 신이 존재한다는 것을 알기 위해서는 신에 대한 명석하고 판명한 관념을 믿어야 하고, 명석하고 판명한 관념이 반드시 참임을 알기 위해서는 신이 존재하고 인간을 속이지 않음을 전제해야 한다는 것이다.

합리론자 데카르트는 마력魔力을 거부했지만, 정작 자신의 존재론적 증명이 사물을 관념과 사유로 결정할 수 있다는 미신에 의거한 언어 마술임을 깨닫지 못했다.

— "데카르트", 〈다음 백과사전〉.

먼저, "명석하고 판명한 모든 관념"이라는 말에 주눅이 드는 사람들이 있을 것이다. 도대체 무슨 말을 하고자 하는지 사전을 뒤적여 본다. 그 뜻은 영어 번역에 매우 분명하게 드러나 있다. "명석하고 판명한 모든 관념"은 영어로 "all clear and distinct perceptions"이다. 즉 "명확하고 뚜렷한 모든 관념들"이라는 말이다. 우리나라 철학자들은 쉬운 말을 어렵게 쓰는 특별한 재주가 있는 모양이다.

아무튼 데카르트에 따르면, 불완전한 존재인 인간이 자신의 내면에 최상의 완전한 존재에 대한 관념을 가지는 것은 불가능하다. 그렇다면, 그 완전한 최상의 존재에 대한 관념은 어디서 비롯되는 것일까? 그것은 오직 최상의 완전한 존재 자체에 의해서만 가능하다. 따라서 인간의 내면에 있는 최상의 완전한 존재인 신은 필연적으로 존재해야 한다. 그리고 신이 완전하다면, 신은 인간에게 비진리를 부여하지 않을 것이며, 인간을 기만하지도 않을 것이다. 따라서 인간은 합리적 이성과 회의를 통해 진리에 도달할 수 있게 되는 것이다.

그러나 아르노Arnauld는 데카르트의 신 존재 증명이 순환에 빠져 있다고 비판하였다. 이것을 '데카르트의 순환Cartesian circle'이라 부른다. 인간의 관념 속에 "최상의 완전한 존재"에 대한 "명확하고 뚜렷한 관념"은 오직 "최상의 완전한 존재"인 신으로부터 주어질 수밖에 없기 때문에 "신의 존재"는 "명확하고 뚜렷하다"는 주장이다. 헷갈리긴 해도 앞서 보았던 신 존재 증명과 매우 유사하다는 것을 알 수 있다.

어쩌면 천재와 범부의 차이는 그 정도뿐 일지도 모른다.

생각하기

1. 데카르트는 "나는 생각한다. 고로 나는 존재한다(cogito, ergo sum)." 혹은 "나는 의심한다. 고로 나는 생각한다. 그러므로 나는 존재한다"는 철학적 명제로 유명하다. 그러나 데카르트 이전에도 이와 유사한 주장들이 있었다. 특히 히포의 어거스틴은 《신의 도성 (De Civitate Dei)》에서 "나는 생각한다. 그러므로 나는 존재한다." 즉 "ego cogito, ergo sum"이라는 표현을 쓰고 있다. 그렇다면, 유독 데카르트의 명제가 근대 철학사적으로 가장 중요한 선언으로 받아들여지는 이유는 무엇일까?

2. 다음의 글은 〈화석과 암석들 : 순환논법(Fossils and Rocks: Circular Reasoning)〉이라는 글의 일부이다. 이 글의 논지에 따라 화석과 암석에 의한 연대측정법이 지니고 있는 문제점을 점검해보고, 반론을 생각해보자.

진화론의 이론을 지지하는 데 이러한 순환논법의 여러 형태들이 발견된다. 이것들 중 하나가 지층과 화석의 연대측정에서 볼 수 있다. 즉 '화석들은 그들이 들어 있는 지층의 종류에 의해서 연대가 결정되고, 다시 지층은 그 속에서 들어 있는 화석들에 의하여 연대가 결정된다'는 것이다. 또 다른 진화론적 순환논법은 '화석과 암석은 진화론에 기초하여 해석되어진다. 그리고 그 진화론은 다시 화석과 암석에 의한 해석으로 입증되어진다'는 것이다. 이 Encyclopedia의 여러 곳에서 (예를 들어 생명의 기원, 유전학, 돌연변이 등에서) 우리는 이 순환논법이 다른 진화론적 증거들에 대하여 사용되어지는 것을 발견할 수 있을 것이다. 자연선택(natural selection)의 이론은 거의 전부 이 순환논법에 의존한다.

—한국창조과학회 홈페이지, http://kacr.or.kr.

24. 오랑캐와 화친함은 매국이니라

형식/비형식 : 분리선언의 오류disjunctive fallacy, disjunctive syllogism fallacy.

동의어 : 양도논리, 전부 아니면 전무all-or-nothing mistake, 양단론bifurcation, either/or fallacy, either/or reasoning, 흑백논리black-and-white fallacy, black-or-white fallacy, 거짓 딜레마 bogus dilemma, false dilemma, 거짓 이원론false dichotomy, 배중률excluded middle, 거 짓 대안론 오류fallacy of limited alternative, false alternatives, limited alternatives fallacy, wicked alternative.

정의 : 주어진 조건만이 유일한 선택이라는 전제하에 다른 선택의 가능성을 부정하는 오류로 보통 양자택일의 형태를 띤다.

극단적인 성격의 두 연인들이 사소한 문제에도 서로 양보하지 못하고 싸운다. 여자는 오늘 영화를 보자 고 하고, 남자는 한강공원에 자전거 타러 가자고 고집한다. 그러자 여자가 말한다. "그래? 영화 보러 같이 가던지, 아니면 헤어지던 지? 알아서 해!" 남자도 질 생각이 없다. "자전거 타러 갈 거 아니 면, 지금 헤어져! 잘 가!" 그리고 둘은 헤어진다. 집에 도착한 여자 는 남자와 헤어지면 죽을 거 같다고 눈물로 밤을 세운다. 거리를 쏘다니며 술을 마시던 남자도 여자 없인 살 수 없다며 차라리 죽어 버리겠다고 소동을 피운다. 두 연인은 자기 주장대로 하거나 헤어 지거나 둘 중에 선택을 강요한다. 오직 양자택일의 선택만 있지 그 중간에 타협할 수 있는 여지가 없다excluded middle. 그리고 역시 연인 사이로 지내던지 죽던지 극단적인 선택만이 가능한 것으로 생각한다. 이처럼 제3의 선택이나 중간에서의 타협이 불가능하고 이원론적으로 분리해서 양자를 극단적으로 분리하는 것이 분리선언의 오류이다.

학생들의 성적이 나쁜 것은 학생들이 머리가 나쁘기 때문이거나 선생님이 실력이 없기 때문이다는 생각도 분리선언의 좋은 예이다. 유치하기 그지없는 이런 사고방식은 한국의 고등학교 교육과 대학 입시에 압도적인 영향을 미치고 있는 오류이다. 성적이 나쁜 학생들은 지능이 떨어지는 학생, 더 나아가 모든 능력이나 품성도 떨어지는 학생으로 판단되기 쉽다. 자기 반 학생들의 성적이 나쁘면 그 교사는 자질이 없는 것으로 매도된다. 다른 요소들이 고려될 여지가 없다. 그러니 다른 부분에서 개선될 여지도 없다. 단지 입시 성적을 기준으로 머리 나쁜 학생들은 포기하고 실력이 없는 선생님들은 기피하는 것이 방법이라면 방법일 뿐이다.

19세기 영국의 유명한 시인 바이런도 매우 열정적이고 극단적인 성격의 소유자였으며, 자신의 시만큼이나 많은 일화를 남겼다. 바이런1788~1824은 1788년 영국의 런던에서 출생하였다. 1808년 케임브리지 대학을 졸업한 후 유럽 대륙 여행을 떠나 2년간 스페인, 알바니아, 그리스를 돌아보고 귀국한다. 그는 귀국 후 1812년《차일드 해럴드의 편력The Pilgrimage of Child Harold》1, 2부를 출판하였다. 이 시집은 바이런 자신이 "어느 날 아침에 깨어보니 유명해져 있었다"고 고백한 것으로 대성공을 거두었다. 유명세를 탄 바이런은 자신의 여성 편력을 사랑의 숭고함과 배신에 대한 분노로 그의 시에 녹여 냈다. 그는 1815년 밀뱅크와 결혼하지만, 결혼 1년 후 이 바람둥이를 참지 못한 밀뱅크는 딸아이를 데리고 그를 떠나버렸다. 이 사건을 계기로 여론의 뭇매를 맞은 바이런은 영국을 떠나기로 결심하였다. 1816년 4월 다시는 영국에 발을 들여놓지 않겠다는 결심으로 대륙을 향해 떠나면서 바이런은 이런 말을 남겼다.

"나에 대한 세평이 옳다면 내가 영국에 알맞지 않은 인간이고, 틀리다면 영국이 나에게 알맞지 않은 나라였다."

바이런은 비판적인 세평에 대한 제3의 가능성을 생각하지 않고, 세평이 옳다면 자신이 영국에 알맞지 않은 인간이라고 단정한다. 더구나 그는 세평이 맞지 않은 경우까지 상정하여, 그때는 영국이 자신에 맞지 않은 나라라고 말한다. 영국과 바이런 사이에 서로 입장을 조정하고 생활양식을 변화시킬 수 있는 여지, 서로 타협할 수 있는 여지는 없다. 결국 그는 이탈리아로 망명하여 그곳에서 그의 짧은 생을 마감한다.

서세동점의 19세기 후반부에 위정척사를 국가 수호의 핵심 정책으로 세운 흥선대원군은 전국에 '척화비'를 세워 자신의 정책을 국민에게 알렸다.

洋夷侵犯 非戰則和   (양이침범 비전즉화)

3장 형식 오류와 비형식 오류

主和賣國 戒吾萬年子孫 (주화매국 계오만년자손)
丙寅作 辛未立　　　　(병인작 신미립)

서양 오랑캐가 침범하였을 때 싸우지 않음은 곧 화친하는 것이요,
화친을 주장함은 나라를 파는 것이므로, 자손만대에 경계한다.
병인년에 만들어 신미년에 세운다.

척화비는 양이와 싸우지 않으면 화친하는 것이요, 화친하는 것은
매국하는 것이라고 강조한다. 전형적인 분리선언의 오류를 범하고
있는 주장이다. 결국 후기 조선은 다른 제3의 길을 모색하지 못하
고 있다가 외세에 의해 개항을 강요당하는 결과에 이르고 만다. 조
선 말의 대외 정책이나 9.11테러 이후 미국 대통령 부시의 정책은
친구와 적을 이분법적으로 확연히 구분하는 소년기적 수준을 보여
준다. 아동기에 친구들과 놀다가 한 친구가 자신의 의견에 따르지
않으면 사용하는 강력한 무기가 있다.

"흥, 마음대로 해. 그러면 우린 너 하고 놀지 않을 거야! 얘들아
우리끼리 놀자."

졸지에 친구로부터 따돌림을 당한 친구는 멀찍이서 끼어들 기회
를 찾으며 눈치만 보고 있다. 이런 행위를 '사회적 순응social
conformation'이라 한다. 자신의 주장에 순응하지 않는 사람을 사회로
부터 왕따시키거나 왕따시킨다는 위협을 가해 설복시키는 방식의
오류이다. 이때에도 위협에 호소하는 오류와 함께 친구와 왕따를
양분하는 분리선언의 오류를 범하는 것이다.

〈세상은 아름다운가, 추악한가?〉라는 아래 글도 세상을 아름답거나 추악하거나 양자택일적인 관점에서 살피고 있다.

"세상은 아름다운가, 추한가?" 그 답은 미리 정해져 있지 않습니다. 현실은 언제나 우리에게 실망과 좌절을 주기 쉽습니다. 꿈을 안고 들판에 나간 나비는 생각지도 못한 폭풍우 앞에서 몸을 떨고 집으로 가는 길을 서두릅니다. 그리고 돌아와서 상처를 보듬으면서 다시는 세상을 향해 날아가지 않을 거야 하고 다짐할지도 모르겠습니다. 하지만, 세상은 때로 우울해 보여도 그 우울함의 그림자를 거두어 나가면 여전히 예기치 않았던 아름다움이 존재하기 마련입니다. 그걸 알지 못한 채 자기가 만든 감옥의 안전함에 기대어 살면 우리의 시간은 아무리 풍요해도 가난해질 것입니다. 상처 없는 인생이 없고, 절망을 체험해보지 못한 시간들이 없을 리 없겠지만, 결국 나의 인생을 아름답게 만드는 힘은 우리가 가진 꿈을 결코 손에서 놓지 않고 끝까지 부여잡고 가는 것일 겁니다.

—김민웅, 〈김민웅의 세상읽기〉, 《프레시안》, 2005. 12. 9.

세상은 아름답거나 추악하다는 이분법적 분리를 넘어서 추하지도 아름답지도 않은 때도 있고, 추하기도 아름답기도 한 것이 아닐까? 어쩌면 불가에서 주장하듯이 미추를 넘어서는 그 자체가 진리일수도 있고.

생각하기

2001년 9월 11일 뉴욕의 세계무역센터 쌍둥이 빌딩이 테러 공격으로 무너져 내리고 9월 20일 부시 미국 대통령은 대국민 국회연설을 하였다. 충격에 빠진 미 국민에게 자긍심과 적개심을 동시에 불러일으킨 부시 대통령의 연설문에는 다음과 같은 말이 포함되어 있다.

"우리의 대응은 즉각적인 보복과 제한된 폭격을 훨씬 넘어서는 것이 될 것입니다. 미 국민은 지금까지 보아온 것들과는 달리, 일회성의 전투가 아니라 장기간의 전쟁을 예상해야 합니다. 그것은 아마도 텔레비전에서 볼 수 있는 극적인 폭격이나 성공조차 비밀에 부쳐지는 비밀작전들을 포함하게 될 것입니다. 우리는 테러범들의 자금줄을 조이고 그들이 서로 대적하게 만들 것이며, 그들이 더 이상 숨을 곳이 없을 때까지 모든 곳으로 쫓아다닐 것입니다. 또한 우리는 테러범들에게 원조나 피신처를 제공하는 국가들도 찾아낼 것입니다. 모든 지역의 모든 국가들은 하나의 결정을 내려야만 합니다. 당신들은 우리와 함께하던지, 아니면 테러범과 함께하는 것입니다. (박수) 오늘부터 미국은 테러범들에게 은신처를 제공하거나 지원하는 어떤 나라도 미국의 적으로 간주할 것입니다."

1. 부시 대통령의 이 연설과 이후 전개된 테러와의 전쟁 진행 과정을 비교적이고 비판적인 관점에서 생각해보자.

2. 흥선대원군의 척화비가 지니는 의미를 쇄국론자들의 입장에서 살펴보고, '분리선언의 오류'에 빠지지 않으면서 고려할 수 있는 제3의 대안에 대해 생각해보자.

3. 미국과의 FTA 협상이 진행되면서, 정부를 중심으로 추진파는 FTA가 성사되지 않으면 국가 경제적 재난에 직면할 것이지만, FTA가 체결되면 국민소득 3만 불 시대의 선진국 진입이 가능할 것이라고 주장한다. 반면, 반대파들은 미국과의 FTA 체결이 한국 경제의 대미 종속을 훨씬 심화하고, 농업 기반과 문화 산업을 붕괴시킬 것이라고 말한다. 양측의 입장에 대해 연구해보고, 나름대로의 대안을 생각해보자.

FTA(자유무역협정, Free Trade Agreement) 국가 간 상품의 자유로운 이동을 촉진하기 위해 무역 장벽을 제거하는 협정. 자국의 고유한 관세나 수출입 제도를 완전히 철폐하고 역내의 단일 관세 및 수출입 제도를 도입하는 유럽연합식과 북미자유무역협정과 같이 자국의 제도를 유지하면서 무역 장벽을 완화하는 방식 있다. WTO는 모든 회원국에게 최혜국 대우를 보장해주는 다자주의를 원칙으로 하는 반면, FTA는 체결당사국들 및 지역에 국한된 양자주의 및 지역주의적인 무역특혜 제도이다.

4장
인과론 : 원인과 결과
Cause & Effect

      일반적으로 인과관계는 시간적으로 먼저 발생한 것이 원인이고 결과가 나중에 온다. 그러나 삼발이 탁자와 같이 서로 의지하고 서 있는 경우에서처럼 서로가 서로에게 동시적으로 인과관계를 이루기도 한다. 이는 좀 복잡하게 설명하면 시간과 공간을 구분하던 세계관이 시공간적 세계관으로 바뀌어온 것과 관련이 있다. 공간과 분리된 시간의 흐름만을 생각하던 직선적 세계관에서는 모든 원인과 결과들은 시간의 축 선상에 위치하였다. 그러나 시공간이 함께 움직이는 세계관에서는 시간과 공간이 동시적인 인과관계를 이루는 것이다.

  또한 논리적 충돌을 야기하면서도 상상력을 자극하는 공상과학 영화에서는 미래의 사건이 현재의 원인이 되는 경우도 있다. 〈터미

네이터Terminator〉 시리즈의 미래 세계, 〈백투더퓨처Back to the Future〉 시리즈의 타임머신Time machine은 미래적 원인과 현재의 결과, 그리고 그 결과의 원인에 의한 미래의 결과라는 논리적 순환관계에 빠져 있다. 그리고 〈매트릭스Matrix〉의 신탁Oracle은 원인과 결과의 주관적 측면을 보여준다. 모피어스 경우에서 보이듯 신탁에 대한 믿음이 결과를 창조해간다. 형식논리상의 틀과 모순이 주관적인 믿음에 의해 부서지면서 새로운 원인을 형성한다. 물론 논리적 인과를 논할 때, 아직은 이런 미래적 원인을 포함시키지는 않는다.

인과론因果論

일련의 사태들이 원인과 결과의 관련성을 지닌다는 인과론은 원인과 결과의 수에 따라 단일인과론과 복합인과론으로 구분한다. 단일인과론은 하나의 원인과 하나의 결과를 가진다. 반면 둘 이상의 원인과 둘 이상의 결과가 일어나는 경우를 복합인과론이라 한다. 그 외에도 인과관계에 확률이 적용되는 확률적 인과론, 원인과 결과가 불연속적으로 발생하는 불연속인과론 등이 있다.

인과론은 과학의 발전에도 큰 영향을 미쳤다. 과학적 인과론은 어떤 현상에 대한 원인을 가설로 제시하고 실험과 관찰 및 분석을 통해 그 가설적 원인이 참인지 아닌지를 가려낸다.

비엔나 종합병원에서 젬멜바이스Semmelweis, 1818~1865가 행한 산욕열 연구는 인과관계의 추론에 의한 의학 연구의 좋은 예이다. 1864

년 젬멜바이스가 비엔나 종합병원의 산부인과 병동 책임자로 선임될 당시 산욕열은 피할 수 없는 것으로 여겨졌다. 산욕열에 의한 비엔나 제1산부인과 병동의 산모 사망률은 13.1%에 달해서 산모들이 길거리에서 아이를 낳을지언정 병원에 가길 꺼리는 지경이었다. 반면 제2산부인과 병동에서 산욕열에 의한 사망률은 2.3%에 지나지 않았다. 두 산부인과 병동은 같은 병원에 속해 있었고 동일한 의료기술을 사용하였다. 차이점은 제1산부인과 병동은 의대생들의 교육을 담당하고 제2산부인과는 조산원 교육을 담당하고 있었다는 점뿐이었다.

젬멜바이스는 1847년 동료 의사 콜렛슈카가 시체해부실험을 하던 중 칼에 베인 상처가 감염되어 사망하는 사건을 계기로 연구의 돌파구를 찾았다. 젬멜바이스는 콜렛슈카의 해부 결과가 산욕열로 사망한 산부들의 것과 매우 유사하다는 점을 발견하였다. 그는 즉시 사체감염과 산욕열에 관련이 있다고 생각하고 두 산부인과 병동의 사망률에 대한 통계적 분석을 시작하였다. 젬멜바이스는 의대생들과 자신을 포함한 의사들이 해부실에서 사체해부를 통해 감염된 물질을 산부인과 병동으로 옮겨온다는 결론에 도달했다. 당시는 아직도 질병에 대한 세균감염 이론이 정립되어 있지 않았던 때였다. 젬멜바이스는 어떤 미지의 '사체 물질'이 산욕열을 일으킨다고 결론지었다. 이에 따라 그는 해부실험 후 산부인과 병동의 환자를 진료할 때는 반드시 소독을 하도록 규정을 마련하였다. 그러자 당시 12.24%였던 사망률은 즉시 2.38%로 떨어졌다.

젬멜바이스는 같은 병원의 두 산부인과 병동에서 사망률이 큰 차이를 보인 것에는 뭔가 모르는 원인이 있을 것으로 가정한다. 조사 결과 병원의 시스템에 따라 동일한 의술을 사용하는 두 산부인과 병동의 차이점은 각기 의대생과 조산원의 교육을 담당한다는 사실뿐이었다. 이런 관찰의 결과 젬멜바이스는 이 차이점이 사망률의 차이와 연관이 있을 것으로 추정한다. 과학적 추론은 많은 연구와 다양한 방법을 통해 이루어지겠지만, 젬멜바이스의 경우는 과학적 인과론을 적절히 이용한 사례로 볼 수 있다.

인과론은 종교적 이론 혹은 신학이나 철학의 전개에도 중요한 역할을 한다. 세상의 궁극적인 원인은 무엇일까? 어떤 이들은 그것이 신이라고 하고, 어떤 이들은 기氣라고 하기도 한다. 또한 고통의 원인은 무엇일까라는 질문도 종교에서 매우 중요한 인과론적 질문이다. 다른 모든 것들과 마찬가지로 고통에도 원인이 있을 것이다. 기독교 전통에서는 인간이 고통스러운 삶을 살아간다는 사실, 특히 무고한 사람들이 고통을 당하는 현실과 신의 사랑은 신학적 갈등을 야기해왔다. 이런 문제를 다루는 신정론theodicy은 신이 전능하지 못하거나 완전한 사랑이 아니라는 의심을 불러일으킬 수 있었기 때문이다.

인과론은 인도에서 특별히 철학적으로 깊은 성찰의 단계에 이른다. 인도 사상에서 인과론은 상반된 두 가지 이론으로 발전하였다. 첫째는 모든 결과들은 이미 원인에 내포되어 있다는 인중유과론因中有果論이다. 오늘의 세계는 과거의 원인에 의해 결정되었고 미래의 세계도 오늘의 원인에 의해 결정되어 있다는 사고방식은 매우 기계론적이고 결정론적인 것으로 보인다. 그러나 오늘이 미래를 결정한다고 하는 점에서 희망적이기도 하다. 오늘의 원인을 만드는 일은 미래를 창조하는 일이다. 그러나 그 오늘의 노력조차 과거의 원인이 결정한 것이라면 모두들 쉽게 운명론에 빠지고 말 것이다.

이와 반대로 원인이 결과와 직결되어 있지 않다고 주장하는 인중무과론因中無果論의 학설이 있다. 이는 불교적인 입장으로 원인이 결과와 직결되어 있는 것이 아니라 연緣에 의해 매개되어 있다고 본다. 결과는 인연因緣에 영향을 받아 만들어진다. 따라서 연을 끊으면 원인이 만드는 결과로부터 자유로울 수 있다. 여기에 해탈의 길이 있는 것이다. 인도 사상에서 해탈과 윤회의 이론들이 모두 인과론의 이해와 밀접한 관련이 있다는 것을 알 수 있다.

인과론적 사고는 사물을 시공간적인 배열에 연관시키는 인간 사유의 능력임에는 틀림없다. 그러나 실제 인과관계가 아닌 사건들을 인과관계로 오해하는 경우가 일상의 영역뿐만 아니라 전문적인 영역에서도 흔히 발견된다. 그리고 일정한 인과관계가 성립한다고 하더라도 그것의 해석에서 발생하는 오류들도 무수히 많다.

인과론적 오류는 일차원적인 사고의 수준에 안주하는 사람들이 자주 애용하는 무기이다. 그들은 때론 원인과 결과를 뒤집기도 하고, 때론 별개의 두 사건을 원인과 결과로 엮어 인과적 관계로 만들어버리기도 한다. 또한 복합적 인과관계를 단선적 인과관계로 보아 사태를 편의적으로 단순화하기도 한다.

우리나라의 교육에는 개인의 인성과 지적능력의 개발이라는 측면보다 사회적 출세 혹은 성공이라는 부분이 매우 중요한 요소를 차지하고 있다. 교육의 형식과 내용은 그 출세의 과정과 결과를 정당화하는 수단에 불과한 경우가 흔히 있다. 다음의 주장들이 얼마나 인과론적으로 타당한지 검토해보자.

"똑똑한 아이는 외고에 들어간다."
"똑똑한 사람들이 사회의 지도자가 된다."
"외고 출신이 사회의 지도자가 된다."
"사회의 지도자는 그 책임에 합당한 특권을 가진다."

별로 마음 내키는 말들은 아니다. 그러나 통 크게 생각하면 어느 정도 인정해줄 수 있는 말들이기도 한 것 같다. 무슨 수를 썼건 입시에 합격할 실력을 갖추었으니까 외고에 들어갔을 것이다. 영리한 사람들이 사회의 지도자가 된다는 것에 대해서도 크게 불만이 있을 리는 없다.

그러나 입시 열풍에서 보이는 사회적 문제는 외고라는 첫 관문에 들어가기만 하면 선후의 모든 원인과 결과가 충족된다고 생각하는 일차원적 사고를 반영하고 있다. 일단 외고생이 되면 다른 학생들보다 똑똑하다는 추인을 받고, 이후의 결과들도 보장되어야 한다는 생각, 그리고 실제 그렇게 전개되는 사회현상이 입시 열풍의 함정이다.

다음은 《주간동아》에 실린 김찬호의 〈단선적 인과론의 함정〉이라는 글의 일부이다.

과학의 힘은 어떤 현상의 원인을 객관적으로 밝혀주는 데 있다. 인과

관계가 명료하게 규명됨으로써 우리는 무지몽매의 암흑에서 해방될 수 있다. 14세기 서양에서 흑사병이 창궐하여 인구의 4분의 1이 죽어나갈 때도 쥐벼룩 같은 발병 인자는커녕 '병균'이라는 개념조차 알지 못했다. 사람들은 신에 대한 불복종으로 인해 받는 벌이라고 생각했고, 수도사들은 제 몸에 채찍질을 하면서 하염없는 속죄 의식을 벌였다.

근대 과학은 그러한 불합리의 굴레에 매여 있는 인류에게 계몽의 빛으로 다가왔다. 실체에 관한 진실을 소상하게 해명함으로써 허황된 믿음과 주술적인 속박에서 풀어준 것이다. 더 나아가 사물과 환경을 통제하고 조작할 수 있는 여지를 한없이 넓혀주었다. 그 핵심에는 보편적인 인과론 법칙이 깔려 있었고, 과학적인 사유는 현대인의 상식으로 정착되어왔다.

그러나 과학적 패러다임이 위력을 발휘하면서 생겨나는 또 다른 덫이 있는데, 그것은 바로 단순한 인과론이다. (…중략…) 인간과 삶을 바라보는 눈이 지극히 단순한 결정론에 빠지는 경우가 얼마나 많은가. '평생 성적 초등 4학년에 결정된다'는 식의 담론이 얼마나 많은 부모와 아이들을 두려움으로 몰아넣는가. 인생은 몇 가지 일반론으로 환원될 만큼 그렇게 간단하지 않다. 배움과 성장에는 엄청나게 다양한 경로가 존재한다.

—김찬호, 〈단선적 인과론의 함정〉, 《주간동아》, 2006. 1. 9.

인생이 초등학교에서 혹은 대학 입시에서 결정될지 모른다는 강박관념. 너무도 끔찍하지 않은가? 그 결정의 순간에서 낙오하지 않기 위해 어린 동심조차 치열한 사생결단의 경쟁에 뛰어드는 사회는 건강할 수 없다. 그런 사회일수록 대중을 경쟁으로부터 배제시키고 인생 행로를 결정당한 '레디 메이드 인생'을 양산하게 된다. 사생결단의 경쟁사회에는 '패자부활전'이나 '제2의 기회'를 용납하지 않는다. 간혹 용인되는 두 번째의 기회 역시 2류의 인생 역전으로 치부될 뿐이다. 일류는 이미 초등학교나 대학에서 결정이 되었기 때문이다.

문제는 거기서 끝나지 않는다. 일류의 원인이라고 여겼던 '졸업장'을 가지고 있는 한, 그 결과는 어떤 식으로든 보장되어야 한다. 아니면 되게 만들어야 한다. 특정한 졸업장을 지녔다는 것은 그 원인 즉 '개인의 똑똑함의 증표'이며, 그 결과 즉 '사회적 출세'의 보증수표가 된다. 이 인과관계는 매우 강력하게 작동하기 때문에 예외적인 경우가 그리 흔한 것은 아니다. 당연히 사회 지도자가 되지도 못하고 출세하지도 못한 사람들은 '인과관계'가 작동하지 않는 부조리한 사회를 비판할 것이다.

또한 외고의 존재를 인식하지도 못하였거나 설혹 알았더라도 갈 수 없었을 시골의 학생은 자신도 모르는 사이에 덜 똑똑한 이류의 인생이 되어 있다. 이 굴레는 돌이킬 수 있는 것이 아니다. 뒤늦게 그 졸업장을 구한다 한들 역시 뒤떨어진 원인은 피할 수 없다. 대학생들 스스로 자기 대학 편입생에 대해 보여주는 편견과 배타적 사고는 그들의 지적 능력을 의심하게 한다. 아직도 오직 하나의 통로, 하나의 정답만이 존재하는 좁고 답답한 세계를 살고 있는 사람들이 적지 않다.

상황이 이런데 누군들 입시에 사생결단 뛰어들지 않겠는가? 모두가 그 좁은 통로를 향해 달려들고, 그들이 모두 통로 밖의 넓은 길은 제쳐두고 오직 통로를 지난 사람이라야 똑똑하고 이 사회의 지도자가 될 수 있다고 한목소리인데, 누군들 그 통로의 비좁은 아비귀환을 마다하겠는가? 유체역학에 따르면 좁은 통로를 통과하는 유체는 압력이 낮아지고 유속이 증가한다. 다시 말해 매우 제한된 소수는 좁은 통로의 효과를 볼 수 있다는 말이다. 압력은 낮아지고 속도는 높아지는. 그러나 좁은 관을 통과하는 전체 유체의 양과 견뎌내야 하는 압력은 별개의 문제이다. 때론 좁은 통로가 필요할 때도 있고 때론 넓은 통로로 모두들 편히 지날 수 있어야 하지 않을까?

모두가 좁은 인과의 통로를 지난다는 것은 삶을 피곤하게 만드는 짓이다. 복잡하고 다원화된 현대인의 생활에 하나의 통로를 들이대는 행위는 무뢰하고 모욕적인 도발이다. 아래 글은 단선적 인과론이 지배하는 사회에 대한 한 네티즌의 다소 도발적인 비판이다.

단선적 인과론의 역겨움

하나의 명제를 생각해봅시다. 이를테면 '남자는 군대를 갔다 와야 철이 든다' 같은 걸로요. 이러한 주장은 그 자체보다는 오히려 그 형식에 더 큰 문제가 있습니다. 같은 형식의 명제를 하나 더 제시해보지요. '젊었을 때는 고생을 해봐야 한다' 같은 걸로. 겉으로 보기에는 전혀 다른 두 주장이지만 형식적 측면에서는 똑같습니다. 바로 단선적 인과론이라는 측면에서요. 또 다른 예를 들어볼까요? '다른 사람을 돕는 일은 행복을 가져다준다.' 이 명제 역시 마찬가지입니다. 즉 제가 예시를 든 세 명제 모두 마치 군대를 갔다 온다는 사실이 필연적으로 철이 든다는 결과는 내는 것처럼, 젊었을 때 고생을 하는 것이 필연적으로 어떤 긍정적인 결과를 가져다주는 것처럼, 다른 사람을 돕는 행위 자체가 마치 자기 내부에 행복이라는 요소를 포함하고 있는 것처럼 제시된다는 것입니다.

왜 이러한 명제가 문제가 되는 걸까요? 왜냐하면 이러한 주장들 모두 행위를 하는 주체에 대한 고려를 전혀 하지 않고 있다는 것입니다. 즉 군대를 갔다 와서 기껏해야 정신병만 얻어오는 경우(저는 사실 제가 군대 가서 저렇게 되는 것을 가장 걱정하고 있습니다만), 고생이라는 것을 해도 힘든 기억만 남고 긍정적 결과는 하나도 없는 경우, 다른 사람을 돕는 것이 어떤 행복감도 가져다주지 못하는 경우는 전혀 고려의 대상이 되지 않고 있는 것이지요. 그러니까 어떤 행위의 결과는 행위 주체의 속성에 따라 가변적으로 변하는 것이라는 사실을 전혀 고려하지 않고 마치 그 행위 자체가 어떤 효과를 내포하고 있는 것처럼 사기를 치는 것입니다.

더 심각한 일은 이러한 주장에 경험적으로 반대할 때 나타납니다. 이를테면 '나는 다른 사람을 돕는 일에 행복을 못 느낀다'라고 반박하거나, '나는 고생을 해봤지만 아무것도 느끼지 못했다'라고 한다거나, '나는 군대 갔다 왔지만 수전증밖에 못 얻었다'라고 한다거나. 이러한 주장에 대해 단선적 인과론은 기가 막힌 반박을 하지요. '그것은 너의 문제다.' '너는 그걸 느끼고 왔어야 했다.' '그것을 느끼지 못한 너의 잘못이다.' 여기에서 단선적 인과론은 자신이 이데올로기에 봉사하고 있다는 것밖에는 드러내지 못합니다.

—핫파이의 이글루(hotpie.egloos.com), 2005. 8. 30.

인간의 다양한 의지와 욕구에 반해 하나의 기준으로 사회화를 강제하는 것은 인간성에 대한 모욕이며 심각한 폭력이다. 더 많은 젊은이들이 자유롭게 단선적인 인과론에 역겨움을 표시할 때, 우리 사회는 더욱 풍요롭고 다채로운 문화를 꽃피울 수 있을 것이다. 그리고 사다리의 꼭대기에 있는 자만이 주인공이 아니라 거리의 축제에 참여한 모든 이들이 주인공인 사회가 될 수 있을 것이다. 그런 점에서 인과론적 사고는 끊임없이 우리 삶의 주변을 맴돌 것이다.

결과는 원인에 포함되어 있는가? 아니면
원인과 결과는 허상일 뿐인가?

참고

미국 대학원 입학을 위한 수학능력평가라고 할 수 있는 GRE(Graduate Record Examination)는 독해, 논리 분석, 수리의 세 영역으로 나뉘어 있다. 전공별로 별도의 시험이 세분화되어 있지만 대부분의 대학원에서는 기본적으로 GRE 성적을 요구한다. 독해는 매우 수준 높은 어휘력을 요하는 것이라 외국인의 입장에서는 장기간의 공부가 필요한 부분이다. 수리 영역은 한국의 고등학교 수학을 이해한 정도면 만점을 맞을 수 있다. 물론 영어 용어는 알고 있어야 문제를 이해할 수 있겠지만. 논리 분석은 상당히 복잡한 논리적 사고를 요하는 문제들로 미리 학습을 하지 않으면 제한된 시간에 문제를 풀기 어렵다.

이런 시험의 유형은 한국의 고시에서도 발견할 수 있다. 다음은 외무고시에 출제되었던 논리 문제이다. 단순한 논리 문제를 빨리 풀도록 요구한다는 점에서 한국식 빨리빨리 정신과 암기 위주를 떠올리게 한다. GRE의 논리 문제는 훨씬 복합적인 논리 적용을 더 긴 시간 동안에 하도록 고안되어 있다.

문제 : 다음의 추론들은 모두 오류를 포함하고 있다. 가장 유사한 유형의 오류가 포함된 추론을 묶은 것은?

가. 저수지에서 떠 온 물 한 컵을 시험해보았는데, 그것은 마셔도 안전한 물로 판정되

었다. 당국은 그 저수지의 물 전부가 마셔도 안전하다는 결론을 내렸다.

나. 나는 이전에 빨간 옷을 입고서 수학 시험을 보았는데 만점을 받았다. 나는 내일 수학 시험에서 만점을 받기 위하여 빨간 옷을 입을 것이다.

다. 철수는 우등상을 받았으므로 열심히 공부했음에 틀림없다. 따라서 영희에게 우등상을 주면 열심히 공부할 것이다.

라. 아기들이 홍역을 앓을 때마다 그들의 몸에 붉은 반점이 나타난다. 또한 아기들의 체온이 높이 올라간다. 고열 때문에 붉은 반점이 나타나는 것이 분명하다.

마. 부지런한 농부들은 모두 많은 소를 갖고 있다. 이제 이 마을의 게으른 농부들에게 소를 많이 주어 부지런한 농부가 되게 하자.

보기 : (1) 가,라 (2) 나,다 (3) 나,라 (4) 다,마 (5) 라,마

정답은 무엇일까?

※ 인과론적 오류들

거짓원인

인과도치

공통원인 무시의 오류

동시발생의 오류

공통분모의 오류

결과론의 오류

눈덩이 굴리기

발생적 오류

미래도피의 오류

비약의 오류

정보낚시

25. 모로 가도 서울만 가자

형식 : 결과론의 오류affirming the consequent.

동의어 : 결과로부터 논증argumentum ad consequentiam, affirmation of the consequent, 결과의 주장asserting the consequent, 결론으로부터 전제 증명proving a premise from a conclusion.

정의 : 결론이 참임을 입증하여 전제가 참이라고 주장하는 오류.

결과론의 오류는 대표적인 형식논리 오류에 속한다. 예를 들어, '불을 때면 굴뚝에 연기가 난다'고 하는 사실은 경험으로 입증되어 있다. 하지만 그것이 굴뚝에 연기가 나는 걸 보니 불을 때고 있다는 것을 입증하지는 못한다. "아니 땐 굴뚝에 연기 날까?"라는 속담은 이런 결과론의 오류에 근거하고 있다.

이를 논리식으로 나타내면,

$$p{\rightarrow}q \neq q{\rightarrow}p$$

로 표기할 수 있다.

예를 들어, '공산당원'을 p, '말이 많다'를 q로 놓으면, 'p→q'

즉 '공산당이면 말이 많다'는 명제를 만들 수 있다. 그리고 역은 '말이 많으면 공산당이다'가 된다. 위의 식에서 보았듯이 두 식은 동치가 아니다. 따라서 다음의 삼단논증은 오류임을 알 수 있다.

가) 공산당원은 말이 많다.

나) 이 여자는 말이 많다.

다) 그러므로 이 여자는 공산당원이다.

만일 '말이 많으면 공산당이다'는 명제가 참이라면, 위 삼단논증은 참이 될 것이다.

다른 예를 하나 들어보자.

우리는 '봄이 오면 꽃이 핀다'는 사실을 알고 있다. 또한 산책길을 걷는 어르신들이 '개나리가 피는 걸 보니 봄이 다 왔구나'하고 말하는 것을 들을 수 있다. 그러나 '꽃이 핀 것을 보니 봄이로구나' 하는 주장은 논리적 문제를 담고 있다. 겨울 끝에 이 말을 하였다면 봄이 오는 것을 기뻐하는 감탄이 될 것이다. 하지만 꽃이 피는 것은 여름일 수도, 가을일 수도, 혹은 겨울의 온실일 수도 있다. 꽃이 핀 사실이 봄이 온 것을 증명하지는 않는다는 말이다.

토론 프로그램을 보거나 논설을 읽다 보면 이처럼 단순해 보이는 오류가 너무도 빈번히 사용되는 것에 놀라게 된다. 1999년 무렵 소설가 조정래 선생이 하버드 대학에서 강연을 한 적이 있다. 참석자들과 《태백산맥》에 대한 질의응답이 있었다. 각 세력들이 해방된 한반도의 미래를 설계하던 갈등과 투쟁의 과정에서 남한 사회주의 계열은 패퇴하고 지리산으로 숨어들어 빨치산이 되거나 월북을 감행하게 된다. 논의 중에 해방 공간에서 여운영을 비롯한 남한 사회주의 계열들의 선택이 옳은 것이었느냐는 질문이 나왔다.

조정래 씨는 식민지 독립운동의 전통, 건국준비위원회의 전국적인 조직화, 민족주체성의 입장 등으로 볼 때, 사회주의 계열의 이념적 선택이 옳았다는 입장에 가까웠던 것으로 기억한다. 그때 하버드의 케네디 스쿨에 다니는 한국 학생이 이의를 제기하였다. 이승만을 중심으로 한 친미주의자들과 친일 세력들의 권력 장악이 한국민의 바른 선택이었다는 것이다. 그는 세계적으로 가장 고립되어 극심한 식량난에 시달리고 있는 북한의 현실과 세계 10대 경제대국으로 성장하고 있는 남한을 비교해볼 때, 당시 남한의 선택이 옳지 않았느냐고 되물었다. 현실 논리로 보면 수긍할 만한 주장이다. 하지만 해방 공간의 각 정파의 정당성을 묻는 질문에 대해 그의 주장은 결과론의 오류를 범하고 있는 것이다. 이를테면, 유교사상에 입각한 조선은 모화사상과 사색당파에 빠져 임진왜란과 호란을 겪었

건국준비위원회 1945년 8월 패망을 예견한 일본 총독부는 한반도 내 일본인을 보호하고 식민지 정권의 인계를 위한 한국의 지도자를 물색한다. 이때 여운형이 대표로 나서 8월 10일 비밀리에 건국동맹을 조직하고 8월 15일 해방과 동시에 건국준비위원회를 구성한다. 민족의 역량을 총동원하여 식민지체제 이양의 과도기에 자주적 국내 질서 유지를 목적으로 하였던 건준은 순식간에 전국 조직을 확보하고 9월 6일 전국인민대표자회의를 소집하여 '조선인민공화국 임시법안'을 통과시킴으로써 해체된다. 그러나 건준은 주석으로 선발된 이승만 등 민족주의 세력과 김성수 등 친일협력 세력의 반대에 직면하였다. 김구를 비롯한 임정요원들과도 거리를 두고 있던 미군정청이 10월 10일 '조선인민공화국'의 승인을 거절함으로써 해체되기에 이른다.

으며, 일제 침탈에도 무기력하게 무너졌다. 따라서 유교적 조선을 건국한 정도전의 유교적 이념적 지향은 잘못되었다고 주장하는 것과 유사하다.

경제군사적인 측면에서 세계 최강을 자랑하는 미국에서 21세기 들어 창조론에 대한 뜨거운 논쟁이 전개되는 것은 무척 낯설어 보이기조차 한다. 남부를 중심으로 기독교 근본주의자들은 아직도 성서의 기록이 문자 그대로 사실이라는 대단히 보수적인 입장을 견지하고 있다. 창조론의 경우가 그 대표적인 예가 될 것이다. 문제는 최첨단의 과학적 지식 앞에서 고전적인 창조론을 주장하는 것이 보수주의자들에게도 쉽지만은 않다는 점이다. 이런 문제에 해답을 시도한 이론이 '지적설계론' 이라는 것이다.

지적설계론이 수사학적 논리에 정통한 법률학자 필립 존슨 버클리대 교수의 영향을 크게 받아 성립되었다는 점은 매우 흥미롭다. 문제의 발단은 진화론이 생명의 기원뿐만 아니라 현재 형태의 고도로 복잡한 생명체의 구조를 설명하기엔 허점이 많다는 것에서 출발한다. 그렇게 허점이 많음에도 불구하고 학계의 정설로 인정되는 것은 일종의 신념이나 신앙과 유사하며, 범죄 혐의에도 불구하고 결정적인 증거가 확보되기까지는 무죄로 추정하는 원칙과 다를 바 없다는 것이 존슨의 주장이다.

이에 자극받은 지지자들이 진화론에 대한 생물학, 고고학, 정보, 통계, 수학적 반박 논문들을 발표하게 된다. 특히 수학과 과학철학 박사 학위와 신학 석사 학위를 취득한 윌리엄 템스키는 1999년《지적설계intelligent design》라는 책을 출판하여, 우연에 의해 진화가 일어날 확률이 가능성을 제거할 수 있을 만큼 낮다는 주장을 펴게 된다. 이는 곧바로 우연이 아니면 필연적 어떤 설계자를 상정하는 단계로 진입하게 된다.

이를 단순 도식화해보면, 일차적으로 진화론에 대한 반박으로 시작된다.

a) 진화론은 우주와 생명의 발생을 우연으로 설명한다.

b) 진화론의 우연성은 우주와 생명의 정교함을 설명하지 못한다.

이어서 지적설계론의 논리가 도입된다.

a') 어떤 설계자가 있다면 우주와 생명체의 정교함이 설명될 수 있다.

b) 이 우주와 생명체는 매우 정교한 질서에 따라 움직인다는 사실은 과학적으로 입증이 되었다.

c) 그러므로 우주는 지적존재에 의해 창조되었다.

이 같은 주장은 학술적으로 특이하고 예외적인 입장을 취하고 있다. 과학적 지식은 밝혀진 지식에 근거해서 이론을 축조하는 것을 기본으로 한다. 지식의 점들을 연결하여 하나의 가설을 세우고 그 가설이 또 다른 증거로 확증이 되면 학설로 굳어지는 것이다. 이와 비슷한 범죄 수사의 예를 들면, 모든 증거가 용의자의 범죄 사실을 입증해야 범인으로 인정한다. 이런 점에서 진화론은 '아직' 모든 입증에 성공하지는 못하고 있는 셈이다. 즉 약점이 있는 이론이라는 말이다. 하지만 입증의 실패가 무죄의 증명은 아니라는 점을 기억해야 한다.

지적설계론은 여기서 일종의 학문적 비약을 감행한다. 마치 법정의 무죄추정의 원칙과 유사하게 진화론이 확증에 실패하였기 때문에 진화론은 잘못된 이론이며, 다른 범인이 있다는 주장인 셈이다. 그리고 그 범인은 이 교묘한 범죄를 실행할 수 있는 이웃 마을의 천재 소년이 틀림없다고 말한다.

또한 논리적으로 지적설계론은 위에서 살펴본 바와 같이 결과론적 오류를 범하고 있다. 진화 가능성이 너무나 낮은 확률이기 때문에 우연에 의한 진화 가능성이 배제되어야 한다. 그러나 우주와 생명체는 대단히 복잡하고 정교한 형태로 되어 있다는 사실이 과학적으로 증명이 되었다. 따라서 우주는 어떤 지적설계자의 창조에 의해 만들어졌으며 유지되고 있다. 이 설계자는 어쩌면 인간의 무지의 영역에 남아 영원히 증명되지 않는 존재일지도 모르겠다.

생각하기

1. 한국에선 아직 '과학' 하면 과학적 사실의 발견 즉 단편적 과학 지식의 축적에 무게가 두어지는 느낌이다. 발견된 사실들을 통해 새로운 이론을 축조하고, 그 학문 이론과 인간의 존재, 삶, 미래에 대한 질문을 던질 수 있는 것은 좀 더 종합적이고 철학적인 지식의 영역으로 남아 있다. 이를 위해서는 인문과학적 소양은 물론 논리적인 사고의 훈련이 무엇보다 요구된다고 할 수 있다. 각 분야에서 새롭고 창의적인 사고의 영역을 개척하는

분들이 등장하길 기대한다.

2. '모로 가도 서울만 가면 된다.' '끝이 좋으면 다 좋다.' '인생 한 방이다'와 같은 말들에는 결과만을 중시하는 의식이 깔려 있다. 결과만을 중시하는 사회 풍조의 원인과 문제점은 어떤 것들이 있을까? 부정한 수단을 통해 좋은 결과를 만들어낸 이들이 자신들의 과정을 정당화하기 위해 사용하는 결과론의 오류의 예를 생각해보자.

26. 잘못되면 조상 탓

형식/비형식 : 결합효과의 오류joint effect.
동의어 : 공통원인 무시ignoring a common cause, 의심스러운 원인questionable cause.
정의 : 제3의 공통원인을 가지고 있는 두 명제를 선후 인과관계로 추정하는 오류.

인과오류non causa pro causa의 일종으로 두 사건이 규칙적으로 연관되어 있다는 사실을 들어 둘 사이의 인과관계를 주장하는 오류이다. 콧물이 흐르면 기침이 났던 경험을 바탕으로 '기침은 콧물 때문에 생긴다'고 주장한다면 결합효과의 오류를 범하는 것이다.

계곡을 따라 흐르는 강의 주변에 오래된 소나무들이 숲을 이루고 있었다. 그런데 어느 해 솔잎이 마르고 무더기로 강물에 떨어지기 시작했다. 얼마 후에 강의 고기들이 수면 위로 떠올랐다. 강가를 지나가던 도인이 말했다. 소나무에서 떨어진 솔잎이 고기들을 죽였구만. 그러나 실은 근처에 위치한 공장에서 몰래 계곡 근처의 땅에 매장한 화학물질이 땅과 수질을 오염시킨 것이 원인으로 판명되었다.

이때 도인의 오해가 공통효과의 오류이다. 진짜 원인은 오염에 있었지만, 도인은 소나무에서 떨어진 솔잎이 바늘처럼 고기들을 찔러 죽였다는 매우 시적인 해석을 내놓았던 것이다.

2007년 1월 30일자 《한겨레신문》에 흥미 있는 기사가 실렸다. 영남대 응용전자학과에서 발표된 박사 논문에 따르면, 조상의 묘자리가 후손들의 번성에 영향을 미친다는 풍수지리사상이 과학적으로 입증되었다는 것이다.

영남대 대학원 응용전자학과 박사과정에 재학 중인 박채양(49·대구도시개발공사 부장·왼쪽) 씨와 최주대(57·경상북도 산림소득 개발원장·오른쪽) 씨는 묘의 위치와 형상이 후손에게 미치는 영향을 통계학적 방법으로 분석한 학위논문으로 다음 달 22일 영남대에서 공학박사(응용전자학) 학위를 받게 된다.

이들이 지난 3년간 준비한 박사학위 논문은 '묘소의 입수상태와 후손번성'(박채양)과 '산비탈에 있는 묘소와 자손 번성'(최주대)으로 최근 논문심사를 통과했다.

이들은 17세기 이후 조성된 묘 가운데 근거가 분명한 전국 50개 가문의 묘소를 선정해 박 씨

자미원(紫微垣) 풍수지리계에 구전되는 전설이 있다. 자미원이라는 명당에 묘를 쓰면 한반도뿐만 아니라 세계를 다스릴 수 있는 권력자가 나온다는 것이다. 칭기즈칸이나 알렉산더보다 더 막강한 권력을 지닌 지도자가 나올 것이라는 명당 중의 명당이 자미원이다. 조선 말 선친 남연군의 묘소를 이전하고 아들 고종이 왕위에 올랐던 흥선대원군도 이 자미원을 찾고자 하였지만 끝내 찾지 못하였다고 한다. 아직도 충청도 어딘가에 있다는 자미원을 찾는 사람들의 발길은 끊이지 않고 있다. 자미원의 존재를 믿는다고 하더라도, 작금에 그 자리를 찾는 이들의 모습은 한심하기 이를 데 없다. 세계에 영향을 미칠 권력자가 한반도에서 난다고 하더라도 그것이 반드시 자기 집안의 일이어야 하고 그렇지 않다면 아무 의미도 없다는 식의 이기적 마음으로 자미원이 존재하는 한국의 현실이 서글프다.

는 산봉우리에 위치한 묘소를, 최 씨는 산비탈에 위치한 묘를 답사해 토목 측량법으로 형상을 관측했다. 관측 결과에 따라 묘의 기본 유형을 데이터로 정리하는 데만 꼬박 1년 반이 걸렸다. 이들은 다시 1년 반 동안 각각의 묘에서 5대에 이르는 후손 중 기혼남성 2,800여 명의 번성 상태를 면밀히 조사·검토하고 그 데이터를 사회과학 통계프로그램SPSS으로 분석해 전통 풍수이론에 대한 과학적 검증을 시도했다.

그 결과 이들은 논문에서 선대 묘소의 위치나 형상이 후대의 자손 번성에 영향을 끼친다는 것을 통계적으로 입증해냈다고 주장했다.

박 씨는 그의 논문에서 "산봉우리에 묘를 써서 묘 꼬리에 이상이 있을 경우에는 장자나 장손자에게 아들이 없을 확률이 높고, 5대 이내 그 가문이 절손됐음을 확인했다"고 말했다. 최 씨도 "경사가 15% 이하인 정상 묘의 경우에는 5대손인 기혼남성의 수가 34명이었지만 경사가 30% 이상인 산비탈 묘소의 경우 절반 수준인 18명으로 급감했다"고 주장했다.

이들의 논문을 지도한 이문호(신소재 공학부·가운데) 교수는 "전통풍수이론을 과학적 논리 전개와 검증을 통해 제도 학문의 영역으로 끌어들였다"며 "인문학의 영역에 응용과학적 방법론을 접목시켰다는 점에 의의가 있다"고 밝혔다.

—박영률,〈'잘못되면 조상탓' 과학적 증명?〉,《한겨레신문》, 2007. 1. 30.

연구의 전체적인 윤곽을 알 수 없는 신문기사이지만, 논문의 주제는 묘소의 위치가 후손의 번성에 영향을 미친다는 것이 통계학적인 연구 결과 입증되었다는 주장이다. 즉 묘자리를 어떻게 쓰느냐에 따라 후손의 운명이 결정된다는 풍수지리적 해석에 타당성이 있다는 주장인 셈이다.

그러나 묘소의 위치가 후손의 번성과 필연적 인과관계를 갖는다는 점을 입증하기엔 논리적 설득력이 부족하다는 생각이다. 오히려 표본으로 선택된 묘소의 가문이나 경제적 여건이 묘소의 위치와 후손의 번성을 결정한 공통 원인은 아니었는지 살펴볼 필요가 있다. 풍수지리적 요소가 후손의 번성에 필연적 인과관계를 갖기 위해서는 묘소를 쓰는 당시 가문의 권력이나 경제력, 교육 수준과 같은 변수들이 제거된 상태에서 연구되어야 하지 않을까?

1997년 한국을 강타한 금융 대란으로 한국 경제는 IMF에 의해 강요된 강력한 신자유주의적 경제 개혁을 단행해야 했다. 그러나 아직도 IMF사태의 원인과 해결 과정에 대해 어떤 합의된 연구 결과조차 드문 것으로 알려지고 있다. IMF에 대한 연구의 필요성은 "역사로부터 배우지 못하는 이들은 그 역사를 되풀이할 저주를 받는다"는 조지 산타야나_{George Santayana}의 말로 대신 강조하고, 여기서는 관련된 공통원인 두시의 오류를 하나 살펴본다. 아래 글은 인터넷에 올라 있는 비전문가의 주장이다.

IMF(국제통화기금, International Monetary Fund) 환율, 국제수지, 재정 및 기술적인 지원을 통해 세계 금융 체제를 관리하는 국제기구로서 워싱턴에 본부가 있다. 1945년 2차 대전의 종료와 함께 그동안 붕괴되었던 금융 협력을 재건하기 위한 브레튼우드 회의(Bretton Woods conference)에서 출범하였으며, 현재 185개국을 회원국으로 두고 있다. IMF는 "세계금융협력, 금융안정, 국제무역의 촉진, 고용증진과 지속가능한 경제적 성장, 그리고 빈곤퇴치"를 기구의 목적으로 천명하고 있다. 전통적으로 IMF의장은 유럽국에서 세계은행총재는 미국에서 맡아오고 있다. 따라서 두 기구의 중요한 결정은 미국과 유럽의 판단에 의하여 이루어진다고 할 수 있다. 세계 경제를 안정시키기 위해 IMF가 적극적으로 개입한 1980년 이래 세계 100여 개 국가에서 금융위기와 GDP 4% 감소를 경험하면서 IMF의 존재와 정책의 효율성에 대한 의문이 제기되고 있다. 또한 시장자유주의 만능의 미국에서는 IMF를 사회주의적이라고 비판하는 목소리가 있는 반면 제3국에서는 선진국들의 자유시장경제 논리의 첨병이라는 비난을 듣고 있기도 하다.

1990년대 이후 계속 나아진다고 생각했던 우

리 사회의 경제에 큰 파동이 일면서 국내에는 기존에 사회에서 실무를 하던 근로자들이나 중견급 간부 등의 인력들이 하루 아침에 실업자로 전락하는가 하면 대학 졸업에 앞둔 여러 고급 인력들이 진출할 수 있는 장이 사라지면서 IMF 이전에 전혀 예상치 못했던 실업 인구들이 생겨나기 시작하며 가정경제가 어려워지고 가정경제의 어려움으로 인한 소비가 줄어들면서 기업 경영에 IMF 구제금융 체제 외에 또 하나의 커다란 영향이 가기 시작했으며 이로 인해 국가 경제가 어려워졌다.

    IMF체제를 가져온 금융위기로 인해 국내의 경제 파동이 고용 시장을 흔들어놓고, 실업이 가정경제를 어렵게 하고, 이것은 다시 소비 감소로 이어지며 기업 경영과 국가 경제가 혼란에 빠져들었다는 주장이다. 이 글은 경제가 혼란스러워서 경제가 혼란스러워졌다는 순환논증의 오류를 범하고 있는 동시에 공통원인의 오류를 범하고 있다. 다시 말해, 금융위기의 진행 과정에서 나타난 실업에 의한 소비의 둔화와 기업 경영의 어려움이 인과관계로 이해되고 있는 것이다.

    1990년대 초까지 호황을 누리던 한국 경제는 공격적인 투자와 몸집 불리기에 주력하는 낙관적 성장 논리가 지배한다. 대기업 불패의 신화가 확신으로 받아들여졌다. 기업들의 과잉 · 중복 투자는 부실 투자로 이어지면서 재정이 취약해지고, 외환 보유고가 바닥을 드러내자 외국 자본들이 대거 철수하며 위기를 가속화시켰다. IMF 직전까지 일부의 반복적인 경고에도 불구하고 한국 경제의 기초가 건실하다는 주장이 힘을 받고 있었다. 한국 경제는 외견상 호황을 구가하고 있었다.

4장 인과론 : 원인과 결과

그러다 갑자기 급격한 실업의 증가와 소비 위축에 따른 생산의 축소, 자금 압박에 따른 기업의 연쇄 도산의 악순환에 빠져들었다. 이런 현상들을 인과적인 선후의 관계로 해석한다면 공통원인 무시의 오류를 범하게 된다. 이 오류를 피하기 위해서는 IMF체제의 혼란을 야기한 금융위기와 그 원인에 대해 언급해야 할 것이다.

생각하기

1. 1992년 대통령 선거에서 김영삼 전 대통령에게 패배한 김대중 국민회의 총재는 3년 뒤 전남 신안군 하의도에 있던 선친의 묘소를 경기도 용인으로 이장했다. 그리고 2년 뒤 대통령에 당선되었다. 2002년 대선 직전《주간동아》는 노무현 후보 선친의 묘소가 이회창 한나라당 총재의 부친 이홍규의 묘보다 풍수적으로 더 좋다는 보도를 내보냈다 (《주간동아》 363호). 당시 대선에서 노무현 후보가 당선되었다. 이회창 후보의 선친 묘소도 일 년 전인 2001년에 풍수지리에 입각하여 이장을 하였던 터였다. 또한 김종필, 한화갑 등도 선친의 묘소를 인근 지역으로 이장한 것으로 알려졌다. 풍수전문가들은 풍수와 권력의 관계를 다음과 같이 말한다. "임금과 제후가 나는 큰 명당은 기이한 형태의 괴혈에 있는데, 하늘이 덕 있는 사람에게 주는 것이지 사람의 힘으로 구해지는 것이 아니다." 이를 참고하여 풍수지리가 후손의 번영에 영향을 미칠 수 있다는 의견을 비판적인 시각에서 생각해보자.

2. 질병(disease)은 건강한 생활을 저해하고 때에 따라서는 생명에까지 영향을 미친다. 질병을 치료하기 위해서는 병의 증세를 바탕으로 진단을 한다. 치료에는 크게 증상(symptoms)을 다스리는 것과 병의 원인을 찾아 제거하는 근원적인 방법이 있다. 만일 식중독으로 고열에 시달리고 있다면, 고열은 증상에 해당하고 식중독은 질병이라 하겠다. 생명에 치명적인 영향을 줄 수 있는 고열을 해열제로 다스리는 것도 매우 중요한 치료이다. 그러나 식중독을 일으킨 음식이나 물질을 해독하지 않으면 치료를 마쳤다고 할 수 없을 것이다. 증상이 유사하고 심각한 질병의 치료에서, 증상을 질병과 혼동한다면 심각한 결과에 이를 수도 있는 것이다.

27. 당나라의 멸망 원인은 가뭄

형식 : 인과-연관 혼동의 오류confusion of correlation and causation.

유사어 : 인연 혼동의 오류, 상관관계의 오류correlation fallacy, correlation implies causation, correlation vs. causation, correlative based fallacies, accidental correlation, 인과 상호작용 간의 오류, 원인 오판의 오류, 거짓원인false cause의 오류, 인과 상호작용 간의 오류.

정의 : 일정한 상관관계를 지니고 있지만 인과관계가 분명하지 않은 것을 인과관계로 보는 오류.

인과오류non causa pro causa의 하위 오류 sub fallacies이다. 인과오류는 선후 인과를 거꾸로 생각하는 선후도치의 오류, 동시에 발생하였다고 하여 인과관계를 주장하는 동시발생의 오류, 사건의 선후 관계가 성립하므로 인과관계가 성립한다고 생각하는 오류들이 포함된다. 이들 모두를 통칭하여 거짓원인의 오류fallacy of false cause라고 칭할 수 있겠다.

첫 아기를 본 아빠가 매일 아기의 모습이 변하는 것을 신기하게 바라본다. 그는 아기의 머리카락이 자라면서 앞니가 나는 것을 발견하였다. 그래서 신기한 아빠가 "아하! 머리카락이 자라야 이빨이 나는구나!" 하고 감탄하였다면? 아기 엄마는 좀 더 영리한 사람이길 기도해야 할 것이다.

4장 인과론 : 원인과 결과

본문에서 '인과와 연관 관계를 혼동하는 오류'는 일정한 연관 관계가 성립하지만 인과관계로 단정하기에는 다른 여러 요인이 작용하고 있는 경우를 중심으로 살펴보기로 한다.

지하철 2호선을 타면 여러 대학을 지나가게 된다. 건국대, 한양대, 이대, 연대, 서울대 등. 잠시 지하철 2호선에 타는 모든 대학생은 2호선 대학 입구 역에 인접한 대학의 학생들이라고 가정해보자. 당신이 대학생이고 지하철 2호선에 타고 있다는 사실은 당신이 건국대생이라는 사실을 입증하지 못한다. 왜냐하면 2호선은 건국대 외에도 다른 대학에서 학생들을 태우고 내릴 것이기 때문이다. 그리고 지하철 2호선에서 발견한 아리따운 여대생이 이대입구에서 내릴 것인지도 알 수 없다. 왜냐하면 그녀는 건국대, 연대, 서울대 중의 하나에 다닐 수도 있기 때문이다.

이 정도는 누구나 상식적으로 알고 있는 일이다. 시간 내서 책을 읽을 필요도 없다. 그런데 평생 책 읽기를 업으로 삼는 학자들도 이런 잘못을 드물지 않게 저지른다.

음악이나 미술에 특별한 관심과 재능을 보이는 아이들이 있다. 부모의 영향으로 어려서부터 음악이나 미술에 관심을 가지고 있었다거나 특별한 재능을 가지고 있는 것을 발견하고 집중적인 교육을 시키기로 한다. 아이들은 재능이 있어서 어떤 분야에 특별한 관심을 보이는 것일까 아니면 특별한 관심 때문에 재능을 가지게 되는 것일까? 유전과 교육, 본성과 양육^{nature and nurture}이 상관관계가 있는 것은 분명히 알 수 있음에도 불구하고 둘 사이의 인과관계를 정립하는 것은 쉬운 일이 아니다. 어쩌면 둘이 서로 상보적인 관계를 이루고 있을 수도 있다. 언젠가 둘 사이의 인과관계가 밝혀질지도 모른다. 그러나 현재로선 둘 사이에 어떤 인과관계를 주장한다면, 인과-연관 혼동의 오류를 범한다고 말할 수 있겠다.

중국 역사상 최고의 문명을 자랑했던 당나라^{618~907} 멸망의 원인은 대충 다음 세 가지로 요약된다. 첫째는 경국지색의 아름다움을 자랑하였던 양귀비에 빠져 국정을 소홀히 하고 정사를 양귀비의 일족인 양국충에게 맡긴 현종의 실책이다. 둘째는 국정이 혼란한 틈을 타 지방의 절도사들 중에 세력이 강한 이들이 난을 일으켰다. 안록산의 난은 당의 지방 절도사들이 일으킨 대표적인 난이다. 마지막으로 황소의 난과 같은 농민 봉기가 기울어가는 당의 국운에 결정타를 날린 것으로 여겨진다. 황소가 이끄는 반란군은 장안을 점령하여 당을 실질적으로 무력화시켰다. 당의 멸망 이후 당나라는 주전충이 세운 후량으로 약 50년간 지속되다가 내분에 휩싸이고 결국 양주 절도사 조광윤이 세운 송이 세력을 잡게 되었다.

　최근에 당나라의 멸망에 관한 흥미로운 학설이 새롭게 제기되었다. 2007년 1월 8일자 《중화일보 영문판China Daily》 기사는 중국 당나라와 멕시코 마야 문명의 쇠락이 전 세계적인 가뭄의 영향과 관련이 있다는 연구를 소개하고 있다. 포츠담에 있는 독일 국립지질학연구소는 여름 우기에 강우량이 줄어든 것이 두 문명의 멸망과 관련이 있다는 연구 결과를 발표하였다. 연구팀은 광둥성 짠장 호수의 퇴적물을 분석하여 당나라의 영화가 기울어가던 8~9세기경 아시아 지역의 여름철 강우량이 줄어들었다는 사실을 발견했다. 이들은 겨울 계절풍이 실어온 광물질이 호수 바닥에 남겨둔 퇴적물을 연구하였다. 당나라 말기에 중국은 이전과 달리 겨울 계절풍이 강하면 여름철 강우량이 줄어드는 현상이 나타났다. 또한 강우대가 점차 남쪽으로 이동하면서 북쪽 지역은 가뭄으로 농작물 소출이 줄어들고 황폐화되어갔다.

　이 같은 계절적 변화는 문학에도 반영되

흡수통일론 흡수통일론은 구체적인 통일의 방법 자체에 대한 언급보다는 통일의 결과가 남한의 체제에 편입되어야 한다는 것을 전제로 한다. 남북한의 체제 경쟁이 일단락되고 대화를 통한 통일 논의가 전개되면서 남한 체제의 우위에 바탕을 둔 통일 방안으로 남측의 보수진영에서 주장하는 통일 방안이다. 같은 시기 북한도 나름대로의 통일 방안을 수립, 추진해왔다. 가장 대표적인 시도는 1950년 6월 25일 시작된 한국전쟁이라 할 수 있다. 남한과 마찬가지로 당시 북한도 남진통일론이 지배적이었다. 즉 무력을 통한 적화통일이 준비되었고 한국전쟁을 통해 시도되었던 것이다. 그러나 북한 역시 무력에 의한 통일 시도가 얼마나 파멸적이고 반통일적인가 하는 점을 체득하여야 했다. 이후 북한은 남한 내의 소위 '민주기지' 건설을 통해 남한 내부의 붕괴를 꾀하는 대남공작을 전개한다. 흥미로운 것은 북한의 남한붕괴통일론도 4.19를 전후해 폐지되었다는 점이다.

연방제통일방안 1960년대 이후 북한의 통일 방안은 비교적 단일하고 일관성을 유지해왔다. 북한의 '연방제통일방안'은 초창기 완전한 통일을 위한 과도기적 단계로서의 '연방제'를 주장하였다. 그러나 1980년대에 들어서면서 연방 자체를 통일의 최종적인 형태로 접근하는 '연방제통일국가'의 형태로 변화되었다.
"민족적 단합을 이룩하고 조국 통일을 실현하려면 어느 한쪽의 사상과 제도를 절대화하지 말아야 한다. 우리 당은 북과 남이 서로 상대방에 존재하는 사상과 제도를 그대로 인정하고 용납하는 기호 위에서, 북과 남이 동등하게 참가하는 민족통일 정부를 내오고 그 밑에서 북과 남이 같은 권한과 의무를 지니고 각각 지역자치제를 실시하는 연방공화국을 창립하여 조국을 통일할 것을 주장한다."(김일성, 조선노동당 6차 대회의 〈고려민주연방공화국 창립방안〉)

어 당 초기의 겨울 시詩에는 자두꽃에 대한 묘사가 등장하는 반면 후기는 눈과 추위에 대한 노래가 주를 이루고 있다. 또한 당시의 보고서들은 750년을 전후하여 대규모 민란이 일어났다는 사실을 보여준다. 기후 형태가 바뀌면서 가뭄이 찾아들기 시작한 750년경 당은 안사의 난755~763에 휩싸이고, 수도 장안이 토번에 점령당하는 변고를 겪기도 하였다.

이런 연구 결과를 근거로 독일 학자들은 당 말의 가뭄이 당나라의 멸망과 깊은 관련이 있다고 주장하였다. 중국 학자들 역시 기후변화가 당의 멸망을 촉진한 중요한 요인이 되었음을 인정하였다. 기후변화에 따른 농작물 소출의 감소가 지역 간의 분쟁을 야기하고 결국 당 왕조의 멸망에 일정한 역할을 하였다. 그러나 중국 학자들은 당시 가뭄이 그렇게 빈번하거나 심각하지는 않았고 계절풍이 민란과 관련이 있다는 직접적인 증거는 없다고 말한다.

이 같은 연구를 근거로 '당나라는 가뭄 때문에 멸망하였다'는 결론을 이끌어낸다면, 이는 인과–연관 혼동의 오류를 범하는 것이라 할 수 있다. 같은 내용을 소개한 한국의 신문기사에는 "중국 역사의 황금기를 열었던 당나라가 멸망한 것은 계절풍 탓이

7.4 남북공동성명 1972년 7월 4일 남북한 당국이 합의해 발표한 7.4 남북공동성명은 남북한의 통일에 관한 기본 원칙을 제시한 중요한 합의였다. 성명서에서 제시한 통일의 기본 원칙은, 1) 외세의 의존이나 간섭이 없는 자주적 해결, 2) 무력에 의하지 않은 평화적 방법, 3) 사상, 이념, 제도의 차이를 넘어 민족적 대단결로서 자주, 평화, 민족 대단결의 원칙을 천명하였다. 그러나 이 합의는 같은 해 남한의 유신 개헌과 북한의 사회주의헌법 채택을 위한 정치적 수단으로 전락하면서 실천적인 진전을 이루지 못하였다.

6.15 남북공동선언 소강 상태를 유지하던 남북한의 통일 논의는 2000년 6월 15일 분단 이후 최초의 남북정상회담이 성사되면서 도약의 전기를 마련하였다. 남북정상회담의 성과인 6.15 남북공동선언은, 1) 통일문제의 자주적 해결, 2) 1국가 2체제의 통일방안 협의, 3) 이산가족 문제의 조속한 해결, 4) 경제협력 등 남북 간 교류의 활성화를 포함시켜 통일의 자주적이고 평화적인 원칙을 확인하는 동시에 구체적인 실천 방향을 제시하고 있다. 6.15 선언은 양측 지도자의 강력한 의지에 힘입어 상당한 후속 성과를 이루면서 남북 간의 긴장을 급격히 해소시켰다. 남북이산가족 상봉, 금강산 관광, 개성공단 및 각종 경제협력은 6.15 선언의 연장선에서 전개된 것이다.

라는 연구결과가 나왔다"고 소개하고 있다. 내용을 간결하게 전달해야 하는 기사의 성격상 이해할 여지가 있지만, 논리적으로는 문제가 있는 요약이다.

독일 연구팀의 연구 결과를 인정한다고 하더라도, 당나라의 멸망에 기후변화가 중요한 영향을 미쳤다거나 당나라의 멸망과 가뭄이 연관되어 있다는 것 이상을 주장할 수는 없다. 당나라는 기후 형태가 바뀌고도 약 150년간 존속하면서 중원을 지배한다. 언젠가 기후의 변화가 당나라의 멸망에 직접적인 영향을 주었다는 증거가 발견될지도 모른다. 그러나 그때까지는 당나라 멸망의 원인으로 지적된 몇 가지 중요한 요소들에 하나가 더 추가될 뿐이다. 만일 기후변화에 의한 가뭄이 다른 모든 요인들의 원인이 되었다면 기후변화를 당 멸망의 직접적인 원인으로 인정할 수 있게 될 것이다.

별 차이가 아닌 것 같지만, 학술적인 글에서도 이런 논리적 사실을 오해하거나 무시하여 인과관계를 명확히 하지 못하고 잘못된 결론을 이끌어내는 경우가 있다. 한 문명이나 국가의 흥망은 단순히 '한 요소의 탓' 즉 한 요소가 원인이 되어서 발생하는 경우는 드물다. 문명의 흥망성쇠는 기후, 새로운 과학기술이나 지식 정보의 습득, 민족의 이동과 그에 따른 전쟁, 질병, 권력 다툼이나 여러 가지 내적인 요인들에 의해 전개된다. 국가나 사회, 문명을 탐구할 때 어느 한 '요인만을 단순화시켜 강조하는 행위는 역사에 대한 오해를 야기할 뿐 아니라 현실에 대한 이해와 대비에 문제점을 노출할 수 있다.

생각하기

1. 조선왕조가 5세기 동안 전국을 휩쓴 전란이 수차례나 있었음에도 불구하고 세계 최장 기간의 단일 왕조 기록을 세우며 존속할 수 있었던 이유는 무엇일까? 또한 20세기의 고갯길에서 패망하고 일본의 식민지로 전락한 중요한 원인은 무엇일까? 본문에서 언급한 여러 가지 요인을 살펴서 생각해보자.

2. 남북한의 평화적 통일이 불가능하지 않은 선택의 문제로 논의될 정도로 현실적인 문제가 되었다. '한 민족 한 핏줄이기 때문'이라는 당위적인 통일 논리는 제외하고, 통일을 가능하게 하는 경제적, 국제정치적, 사회적, 역사적 요인들에 대해 생각해보자. 한반도의 통일에서도 '기후'나 '질병' 같은 요인들이 영향을 미칠 가능성은 어떤 것들이 있을까? 통일이 이루어진다면 그것은 통일한국과 주변국들에 어떤 영향을 미칠까?

28. 전생에 무슨 죄를 지었기에

형식 : 인과도치|reversing causation, confusing wrong direction, wrong direction of cause and effect, causation confusing.

정의 : 어떤 사실의 원인과 결과를 반대로 생각하는 오류.

살다보면 '닭이 먼저인지 달걀이 먼저인지'와 같은 정확히 알 수도 없고 서로가 물고 물리는 논쟁에 휩싸이게 되는 경우가 있다. 닭이 먼저라는 사람들은 상대방이 원인과 결과를 거꾸로 말하고 있다 할 것이고, 달걀이 먼저라는 사람들도 마찬가지로 상대방이 달걀이 자라서 된 닭을 원인으로 오해하고 있다고 주장할 것이다.

한국 사람들은 잘 뭉치지 못하고 배신하고 반목하기를 잘한다는 말이 있다. 특히 해외에 나가 있는 한인들의 경우 이런 이유로 사기 피해를 입는 경우도 자주 있고 공동체가 협력하여 일을 진행하는 것이 어렵다고들 한다. 실제로 어느 정도 여건만 되면 공동투자를 통해 한 지역의 부동산을 점령하면서 중국인 타운을 형성하는 중국인이나, 특정한 사업이나 분야에 서로 밀고 당겨주면서 암묵적인 카르텔을 형성하는 유대인들과 자주 비교되기도 한다.

이런 현상이 실제로 이야기되는 만큼 심각한 수준인지 단지 소문이 부풀려진 것인지는 정확히 알 길이 없을뿐더러 그 원인에 대한 분석도 매우 다양하다. 대표적인 두 가지 주장을 일견하면, "그렇게 협력하지 못하고 서로 잡아먹는 의식을 가지고 있으니 나라가 망하고 남의 나라 식민지 노릇을 하였다"라는 비난조와 "식민지와 온갖 외침을 겪으면서 형성된 나쁜 습성이다"라는 것을 들 수 있다.

이때에도 두 주장은 원인과 결과가 서로 꼬리를 물고 있는 것을 알 수 있다. 하나는 외부적인 원인에서 그런 습성이 생겼다는 주장이고, 다른 하나는 그와 같은 습성을 지니고 있었기 때문에 나라를 빼앗기는 경험을 했다는 것이다. 즉 식민지 경험을 한편에서는 원인으로 다른 한편에서는 결과로 이야기하는 것이다.

한국인들의 분열이라고 하는 전제가 옳다고 하더라도, 둘 중에 하나는 인과도치의 오류를 범하고 있는 것이다.

인과의 법칙은 어떤 원인이 있으면 결과가 있다는 것이다. 그러나 어떤 원인에 대해 특정한 결과를 인정한다 하더라도 결과가 그 원인을 결정하지는 못한다. 이 사실을 혼동하는 데서 인과의 오류가 발생하며, 때론 원인과 결과를 도치하는 잘못을 범하기도 한다.

벤다이어그램으로 잠시 인과관계에 대해 생각해보기로 하자.

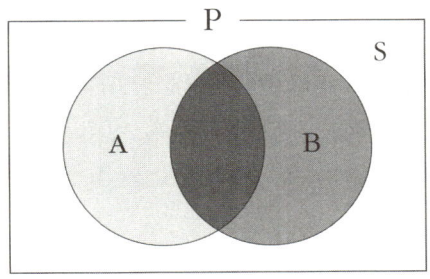

　전체집합 P는 집합 A, 집합 B, 그리고 집합 S를 포함하고 있다. 따라서 집합 A, 혹은 집합 B, 혹은 집합 S에 속하는 모든 원소는 집합 P에 포함된다. 그러나 집합 A 혹은 B에 속하는 어떤 원소도 집합 S와 겹치지 않는다. 집합 A와 B는 일부 겹치는 것을 알 수 있다. 여기서 전체집합 P와 부분집합 A의 관계를 기호를 이용한 논리식으로 나타내면 다음과 같다.

　A⊂P

　따라서 A→P 이다.

　그러나 P↛A 이다.

　왜냐하면, P의 부분집합이면서 A에 속하지 않는 B와 S의 부분이 있기 때문이다. 그러나 "어떤 P→A 이다"는 참이다.

　이것을 일반어로 풀어보자.

　고래(A)와 인간(B)과 그 외의 동물(S), 그리고 모든 동물을 P라고 하자.

고래는 동물에 포함된다.

따라서 고래이면 동물이다.

그러나 동물이면 고래인 것은 아니다.

그러나 "어떤 동물은 고래이다."

이 간단한 논리식을 염두에 두고 불교의
전생에 대한 한 가지 해석을 살펴보도록
하자.

전생에 죄를 지어 이생에서 고통을 받는
다는 세간의 믿음은 힌두교와 불교의 윤회
사상과 관련이 있다. 붓다도 자신의 전생에
대한 이야기를 남겼다고 하니까 지난 생의
인연(원인)이 이번 생의 삶(결과)을 가져왔다
는 생각이 불교나 힌두교의 사상과 멀리 떨
어진 것은 아님을 알 수 있다.

무비 스님이 일반인들을 위해 저술한 《무
비 스님과 함께하는 불교공부》에 보면 《지
장경》을 인용하여 윤회의 업보를 설명하고
있다.

"만약 살생하는 사람을 만나면 묵은 재앙으

로 단명^{短命}하게 되는 과보를 말해준다." 이 말을 바꾸어 새겨보면, 단명한 사람은 살생을 많이 했다는 의미로 받아들일 수 있습니다.

계속해서 《지장경》에는 업보를 구체적으로 제시하고 있습니다.

"도둑질하는 자를 만나면 빈궁하여 고초를 받는 과보를 말해준다." 이것은 곧 가난해서 어렵게 사는 사람은 과거 생에 도둑질을 많이 했다는 뜻이 됩니다. (…중략…)

"악담^{惡談}을 많이 하는 사람을 만나면 권속과 다투는 과보를 말해준다." 이것은 친척 사이에 법정 시비 등 다투기를 좋아하는 사람이란 뜻입니다. 그래서 혈육 사이에 멀어지는 것입니다. (…중략…)

"인색하고 간탐하는 자를 만나면 구해도 얻어지지 않는 과보를 말해준다." 이것은 사고팔고^{四苦八苦} 중 구부득고^{求不得苦}에 해당합니다. 즉 원하는 바가 뜻대로 안 이루어지는 것은 과거 생에 너무 아끼고 인색했던 사람이란 뜻입니다. (…중략…)

"부모의 뜻을 어기고 행패를 부리는 자를 만나면 천재지변으로 죽게 되는 과보를 말해준다." 천재지변이라고 해서 모든 사람이 다 함께 당하는 것은 아닙니다. 부모의 뜻을 어기고 행패를 부렸다는 것은 천륜을 어겼기 때문에 천재지변과 연관이 있는 것입니다.

—무비 스님, 《무비 스님과 함께하는 불교공부》, 민족사, 1996, 185~186쪽.

《지장경》에서 강조하여 가르치고 있는 가르침은 현생에서 올바른 행실과 선업^{善業}을 쌓지 않으면 다음 생에서 그에 상응하는 대가를 치르게 될 것이라는 경고의 말씀이다. 살생을 하거나, 도둑질, 악담, 인색하고 부모에게 행패를 하는 사람들은 내세에서 상응하는 과보를 받을 것이라는 경고의 말씀이다.

그러나 이 같은 경고의 말씀에 비춰 현재 어려움에 처해 있는 사람들의 불행이 과거 생에서 지은 악업의 직접적인 결과라는 주장에는 논리적인 오류가 있다. 어떤 결과가 오직 하나의 원인만을 가진다면, 결과를 통해서 원인을 유추하는 것이 가능할 것이다. 하지만, 어떤 결과가 둘 이상의 원인을 가진다면, 그 결과를 통해서 어떤 하나의 원인을 지적하는 것은 논리적 오류를 범하는 것이 된다.

이생에서 도둑질을 일삼거나, 어려운 백성의 재산을 갈취하는 재산가나 위정자들이 다음 생에서 궁핍한 삶을 살게 된다면 불감청고소원不敢請固所願이라 하겠지만, 현재 경제적 어려움에 처해 있는 사람들에게 과거 생에서 도둑질을 일삼은 과보를 갖는 것이라고 말하는 것은 논리적 오류일 뿐 아니라 윤리적으로도 매우 무책임하고 악의적이라 하겠다.

이를 앞의 논리식을 염두에 두고 간단히 정리해보면,

> 이생에서의 삶(업)이 후생의 삶(윤회)을 결정한다.
> 따라서 이생에서 살생을 하면, 내세에 과보로 단명하게 된다.
> 그러나 내세에 단명하는 것이 이생의 살생을 증명하는 것은 아니다.
> 그리고 내세에 단명하는 어떤 이들은 이생에서 살생을 한 자들이다.
> 이것을 전생과 이생의 문제로 이동하면,
> 전생의 업이 이생의 삶을 결정한다.
> 전생에서 살생을 하면, 이생에서 과보로 단명하게 된다.

4장 인과론 : 원인과 결과

그러나 이생에 단명하는 것이 전생의 살생을 증명하는 것은 아니다.

그리고 이생에 단명하는 자들 중 전생에 살생을 한 사람들이 있다.

따라서 이생에서 단명한 사람, 궁핍의 고통을 받는 사람, 송사를 당하고 원하는 일을 이루지 못하는 사람들, 그리고 천재지변을 당한 사람들이 모두 전생에 살생과 도둑질, 악담과 인색함, 불효를 저질렀다는 것은 잘못된 생각이다. 《지장경》의 가르침은 이생의 잘못이 내세의 과보를 짓는 일이므로 매사에 조심하고 선행에 힘쓰라는 미래지향적 경고로서 읽어야지, 오늘의 현실을 과거의 업보로 추인하는 과거 회귀적 방식으로 읽는 독법은 피해야 할 것이다.

생각하기

1. 모든 것은 반드시 원인이 있어야 하는 걸까? 그렇다면 우주의 기원은 무한한 시간 속의 원인으로 소급해갈 것이고, 우주의 미래 또한 무한한 결과로 이어질 것이다. 즉 시작도 끝도 없는 무한한 원인과 결과의 연속이 될 것이다. 그렇다면 제일 처음의 원인은 존재할 수 있는가? 그 반대로 더 이상의 결과를 낳지 않는 최종적인 결과는 있을 수 있을까?

2. 우리의 삶은 모두 서로가 서로에게 깊은 영향을 주고받는다. 나의 지금 모습은 이렇게 실타래처럼 얽힌 매트릭스 속에서 형성되었다. 나는 가까이는 부모로부터 멀리는 모든 사람과 사물의 원인인 동시에 결과이기도 하다. 따라서 지나치게 자만할 것도 지나치게 절망할 것도 없다. 다만 모두가 모두에게 원인이 되는 세상에서 더 좋은 원인이 되고자 한다면 값진 삶이 될 것이다. 그런데, 누군가 이 삶에서 누구의 원인도 누구의 결과도 아니고자 한다면, 그것은 가능한 일일까?

29. 9.11은 신의 심판

형식 : 동시발생의 오류cum hoc ergo propter hoc.

동의어 : 거짓인과after this, therefore because of this: post hoc ergo propter hoc, 동시발생with this, therefore because of this, 우연인과의 오류fallacy of accidental correlation.

정의 : 어떤 결과의 원인으로 제시되었으나 실제로는 우연히 비슷한 시기에 발생하였을 뿐, 인과관계가 성립하지 않는 경우의 오류.

동시발생의 오류는 동시에 발생한 두 경우를 인과적인 관계로 혼동하는 오류로서 인과오류non causa pro causa 의 하위 오류 개념이다. 같은 유형의 오류로 거짓인과의 오류는 단순히 선후 관계에 있다는 사실에서 원인과 결과의 인과관계를 도출하며, 우연의 오류는 말 그대로 우연히 인과적인 것처럼 보이지만 사실은 인과관계가 아닌 경우를 지칭한다.

'까마귀 날자 배 떨어진다'는 속담이 있다. 길가에 있던 나그네는 까마귀가 날아오르고 나자 배가 떨어졌으니까 까마귀가 배를 떨어뜨렸다는 추리를 한다. 이런 속담은 필시 우연히 생긴 일로 인해 오해를 받는 경우가 흔한 연유에서 생겼을 것이다.

그래서 우리 조상들은 오해를 사지 않기 위해 "오얏나무 아래에서 갓끈을 고쳐 매지 말고, 오이 밭 근처에서 신발을 고쳐 신지 말라"고 가르쳤다.

'왕눈이는 눈이 커서 겁쟁이란다'는 말도 동시발생의 오류에 대한 좋은 본보기이다. 눈이 크다는 점은 겁이 많은 사실의 원인이 되지 못한다. '돈이 나를 행복하게 한다^{Money makes me happy}'는 주장은 얼마나 진실일까? 나를 행복하게 하는 것은 돈일까? 아니면 돈이 가져다주는 다른 어떤 것일까? 돈만 가지고 있으면 행복한 사람에겐 돈이 행복의 원인이 될 수도 있을 것이다. 그러나 대부분은 지폐나 동전의 형태를 띤 돈 자체가 나를 행복하게 하는 것은 아닐 것이다. 진정 나를 행복하게 하는 것이 무엇일까, 한번쯤 생각해볼 일이다.

　　　　인과관계를 혼동해서 생기는 오류는 일상생활에서뿐만 아니라 학술적인 글에서도 아주 쉽게 발견된다. 매우 단순해 보이지만 비판적인 학문의 훈련을 받은 사람들조차 피하기 쉽지 않은 오류라는 말이다. 제이 굴드^{Jay Gould}라는 학자는 상관관계와 인과의 혼동에 의한 오류는 "아마도 사람들이 가장 흔히 범하는 오류 몇 가지 중에 하나"라고 지적했다.

미국의 대표적인 텔레반젤리스트 팻 로버트슨^{Pat Robertson} 목사는 매우 보수적이면서도 자극적인 언급으로 이름이 자주 언론에 오르내렸다. 그는 특히 자신이 진행하는 〈기독교방송 네트워크〉의 〈700 클럽〉으로 매일 수백만 명의 고정 시청자에게 막강한 영향력을 행사한다. 1960년 로버트슨 목사가 창립한 이 방송은 현재 전 세계에 70여 언어로 방송되고 있다.

또한 로버트슨은 부시 정부의 백악관과 핫라인을 구축하고 있었던 소수의 미국 보수 기독교 인사에 속한다. 특히 그는 부시 대통령의 대선을 비롯하여 공화당 정권의 정책에 강력한 지지자 역할을 수행해왔다. 미국 보수 우익의 시각을 대변하고 있는 로버트슨은 2005년 2월 "한국은 미국이 건설한 나라"라고 주장하여, 그들이 생각하고 있는 한국관의 일단을 드러내 보이기도 하였다. 전형적인 보수 기독교의 입장을 보여주는 그의 어록에는 "적그리스도는 아마도 오늘날 이스라엘에 살고 있는 어떤 유대인일 것이다"거나 "여성주의 운동은 여성의 평등과 관련된 것이 아니다. 그것은 오히려 사회주의, 반가정적인 정치운동으로, 여성들이 남편을 떠나고, 아이들을 죽이고, 마녀 의식을 행하며, 자본주의를 파괴하고, 레즈비언이 되도록 할 뿐이다"는 등 극단적인 주장이 포함되어 있다.

이런 전력을 가진 로버트슨 목사는 2001년 9월 11일 세계무역센터가 테러의 공격으로 무너져내리자 매우 독특한 해석을 내놓아 비난의 표적이 되었다. 그는 동료 목사인 제리 펠웰Jerry Falwell의 주장에 동의한다는 입장을 밝혔다. 펠웰은 "9.11테러는 이

텔레반젤리즘(televangelism) 텔레비전(television)과 에반젤리즘(evangelism, 복음주의)의 합성어로, 대중매체의 발전과 함께 목회자나 평신도가 TV를 통해 시청자들에게 설교를 전달하거나 선교 활동을 하는 것을 말한다. 이런 형태의 종교 활동을 하는 목회자를 텔레반젤리스트라고 부르는데, 이들은 대부분 자신이 직접 활동하는 교회 등이 있지만, 대부분의 추종자는 TV 혹은 라디오의 청중이라는 것이 특징이다. 회중과의 직접적인 교류가 제한되어 있는 형태로 인해 텔레반젤리스트의 메시지 성격이 보다 선명한 색채를 띠게 되고, 그에 호응하는 대중들을 중심으로 광범위한 지지층을 형성한다. 대부분 보수적이며 개인적인 신앙의 형태와 매체가 결합하는 경우가 많으며, 시청자들의 기부를 통해 유지 운영된다. 시청자들과 일정하게 분리되어 메시지와 이미지를 전달하는 텔레반젤리스트의 성격은 연예인과 비슷한 면이 있다. 매체가 전달하는 이미지와 유리된 실생활이 드러나거나 여과 없이 전달되는 언행이 논란을 불러오는 이유도 그 때문이다. 그러나 다수의 시청자를 확보하고 있는 텔레반젤리스트들은 막강한 정치·사회적인 영향력을 행사하면서 현대사회의 중요한 시민 세력으로 등장하고 있다.

교도, 낙태론자, 여성주의자, 동성애자들과 진보적 단체들이 지배하는 미국에 대한 신의 심판이다"고 주장했다. 전국적인 비난이 거세게 일자 로버트슨 목사는 "미국을 지탱하고 있던 공통의 가치가 점차적으로 침식되어가는 것이 몇몇의 구레나룻을 기른 테러리스트들이 건물에 날아드는 것보다 훨씬 더 심각한 문제이다"라는 애매한 말로 수위를 조절했다.

정통적 종교의 가치에 충실하지 않았기 때문에 신의 노여움을 받았다는 사고방식은 오랜 역사를 가지고 있다. 심지어 홀로코스트로 수백만의 유대인이 수용소에서 대량 학살을 당하고 난 후에 일부 보수적인 유대교 정통주의자들은 "유대인들이 신의 뜻을 따르지 않은 것에 대한 신의 심판"이라고 주장했다. 하레디 유대교Haredi Judaism로 불리는 이들은 다수의 유럽 유대인들이 전통적인 유대교를 따르지 않고, 사회주의나 시오니즘, 혹은 비정통적인 유대교를 따랐기 때문에 신이 그들을 버린 것이라고 해석했다. 어떤 이들은 유럽 유대인들이 세속적인 사조에 맞서 더 강력하게 싸우지 않고 시오니즘을 지지하지 않았기 때문에 신이 유대인을 죽이기 위해 나치를 보냈다는 주장도 있었다. 이들의 공통적 사고방식은 유럽의 유대인들이 죄인이고, 홀로코스트는 신의 정의로운 행위였다는 것이다.

한국에서도 비슷한 목소리를 자주 들을 수 있다. 2005년 1월 12일자《연합뉴스》보도에 이런 글이 있다.

개신교 감리교단의 최대 교회인 서울 금란교회의 김홍도 목사가 최근
'서남아시아 쓰나미에서 희생된 사람들은 예수를 제대로 믿지 않는 자들'

이라는 취지의 주장을 공식 석상에서 내놔 구설수에 올랐다.

김홍도 목사는 지난 2일 '하나님 사랑, 나라 사랑, 영혼 사랑'이라는 제목의 새해 첫 주일 예배에서 "최근 어떤 분이 전화를 해와 서남아시아 지진과 해일로 수많은 사람들이 목숨을 잃은 것은 우연이 아니라 하나님의 심판이라고 했다"고 주장했다.

그는 이어 "8만 5천 명이나 사망한 인도네시아 아체라는 곳은 3분의 2가 모슬렘교도이고 반란군에 의해 많은 그리스도인들이 학살당한 곳"이라고 말한 데 이어 "3~4만 명이 죽은 인도의 첸나라는 곳은 힌두교도들이 창궐한 곳이다"고 설교했다.

김 목사는 나아가 "태국의 푸껫이라는 곳은 많은 유럽 사람들이 와서 향락하고, 음란하고, 마약하고, 죄 짓는 장소로 쓰인다"며 "푸껫에 유럽 사람들이 많이 왔다가 죽었는데, 예수 제대로 믿는 사람은 하나도 안 간다"고 주장했다.

김 목사는 "제대로 예수 믿는 사람이라면 성탄절 주일에 놀러 가겠느냐"고 반문하면서 "(예수 제대로 믿는 사람은 놀러 갔더라도) 하나님이 특별히 건져주시지. 믿으시면 '아멘' 하세요"라며 신도들의 '아멘'(그렇습니다)을 이끌어냈다. 서남아 지진해일은 지난해 12월 26일 발생했다.

쓰나미(Tsunami) 지진과 같은 해저의 급격한 지각변동으로 발생하는 지진해일을 말하며, 일본의 지진해일 사례가 학계에 보고되면서 쓰나미라는 용어가 일반화되었다. 대개 30km 이내의 얕은 진원을 가진 진도7 이상의 강진이 발생할 경우에 일어나며, 파장이 긴 해일이 주변 해안선을 덮치면서 재앙을 초래하기도 한다. 해저화산이나 대규모의 토사가 함몰되는 등의 사태가 발생할 경우에도 쓰나미가 일어날 수 있다.

국가보안법 폐지 문제로 화제를 돌린 김 목사는 "국가보안법 폐지되면 이 나라는 자연히 공산화된다"며 "그전 같으면 사형선고를 받고 종신형을 받아야 될 빨갱이들이 국회에 다수로 들어와 있다"고 주장했다.

위 몇 가지 사례들은 도저히 설명하기 힘든 재앙을 신의 심판으로 돌리는 전형적인 예들이다. 즉 재앙은 인간의 죄의 결과라는 주장이다. 인간의 죄가 원인이 되어서 신이 노하고, 그 결과 자연적 재앙이나 인재가 발생하게 된다는 믿음을 드러낸다.

이런 생각들은 거짓인과의 오류를 범하는 대표적이고 심각한 예들로서 기억되어야 한다. 단순히 사건들이 비슷한 시간대에 발생하였다거나 우연한 선후 관계를 가지고 있다는 점을 근거로 인과관계를 주장하는 것은 논리적 사고의 빈곤을 드러낼 뿐이다. 더구나 원인으로 주장된 사건이 선후 관계에 있지도 않고 사건의 진실성 자체가 의심스럽다면 더 물어볼 것도 없다. 정통 유대교의 홀로코스트에 대한 해석이나 김홍도 목사의 쓰나미 참상에 대한 이해는 이런 수준에서 발생하는 오류라고 말할 수 있다.

생각하기

1. 제이 굴드의 주장처럼 상관관계나 인과의 혼동을 통해 발생하는 오류가 흔한 이유는 무엇일까?

2. 정의로운 신의 통치와 무고한 인간의 고통스러운 현실이라는 상반된 모습을 고민하는 신정론(theodicy)이라는 것이 있다. 이 문제는 특히 유신론적 세계관에서 문제가 되는데, 전지전능하고 지극히 선한 신이 세상을 통치하고 있다면, 무고한 인간들의 고통과 재앙을 어떻게 설명할 수 있느냐는 물음에 대한 응답의 시도이다. 여러분은 무엇이라고 생각하는가?

30. 깨진 유리창을 고쳐라

비형식 : 도미노 오류domino theory fallacy.

동의어 : 눈덩이 굴리기 오류, 미끄러운 경사면 오류slippery slope, fallacious reductio ad absurdum.

정의 : 피상적인 연관성을 바탕으로 하나의 사건이 어떤 비약적인 결론에 도달할 것으로 생각하는 오류.

연결오류continuum fallacy의 일종으로 어떤 작은 원인이 도미노 효과를 일으키며 눈덩이처럼 커져서 산사태와 같은 걷잡을 수 없는 결과에 이르게 될 것이라고 생각하는 오류를 도미노 오류라고 한다. 비교적 단순한 추론의 오류이지만, 실제 생활의 경험에서 얻은 강한 기억으로 인해 빈번히 발생하는 논증의 오류이다.

눈 덮인 산에서 추격전을 벌이는 액션 영화를 보면, 멍청한 악당이 총을 발사하면서 산사태가 발생하는 장면이 종종 나온다. 결국 날쌘 주인공은 눈사태를 뚫고 살아나지만 추적하던 악당들은 몰살을 당하게 된다. 한 발의 총성이 산사태를 일으키고 모든 대원을 몰살할 수 있다는 것이 '눈덩이 굴리기 오류'의 영화적 상상력이라

하겠다.

도미노 오류는 '미끄러운 경사면 오류^{slippery slope}'라는 이름으로 더욱 잘 알려져 있다. 일상생활에서 숙어적으로 빈번히 사용되는 '미끄러운 경사면'은 단순히 오류만을 칭하는 것이 아니라, 한번 사건이 발생하면 자동적으로 눈덩이처럼 일이 진행되는 것을 의미한다.

"만약 흡연을 금지시킨다면, 사람들은 마리화나와 같이 중독성이 약한 마약을 찾게 되고, 나중에는 점차 심각한 마약에 중독되는 결과로 이어질 것이다. 결국에는 마약중독과 범죄율이 증가하게 될 것이다. 따라서 마약중독을 방지하고 범죄를 예방하기 위해서는 흡연을 허락해야 한다." 이 주장도 흡연을 금지하는 행위는 마치 미끄러운 경사면에서 미끄러지는 것과 같은 결과를 야기할 것이라고 주장한다. 일단 한번 미끄러지면, 제동을 할 여유도 없이 마약중독과 범죄율 증가라는 결과에 이르게 된다는 주장이다. 이 역시 전형적인 도미노 오류의 한 가지 예이다.

　　　　　몇 년 전 한국에서 도청 문제가 심각한 사회적 논쟁을 불러 일으켰던 적이 있다. 도청의 대상이 범죄 용의자들뿐만 아니라 중요 정치인들을 포함하고 있어서 더욱 뜨거운 주제가 되었다. 최근에는 한국의 국영방송사 KBS가 도청을 통해 획득한 자료를 집권당에 제공했다는 혐의로 수사를 받기도 했다. 기가 차고 코가 막힐 일이다.

도청하면 한국과 미국은 상당히 인연이 깊은 나라들이다. 박정희 정권 시절 미국은 한국의 대통령이 집무하는 청와대를 도청하는 일을 감행하기도 하였다. 그런 미국에서 테러와의 전쟁 이후 도청의 허용 범위가 새로운 논란을 불러 일으켰다. 부시 행정부는 전시 체제의 전권위임을 근거로 대통령령에 의해 전화, 인터넷의 서버에 가지를 쳐서 조직적으로 감시 활동을 벌여온 것이 밝혀지기도 하였다. 특히 애국법Patriot Act이라는 법률을 제정하여, 합법적이고 조직적인 통신 감시 활동을 벌이고 있다.

전형적인 백인 교수 한 명이 어느 날 CIA로부터 연락을 받았다. 사회적인 문제에 무관심할 뿐 아니라 연애에만 남다른 관심을 가지고 있는 중년의 전산 관련 교수였다. 그런데 난데없이 CIA에서 연락이 오니 긴장하지 않을 수 없었다. 알고 보니, 그가 이메일을 주고받은 사람 중에 이슬람계 이름을 가진 사람이 한 명 있었다. 그리고 그 이슬람계 사람이 자국에 있는 지인들과 교환한 이메일이 중앙 감시 체계에 걸린 것이었다. 사회문제엔 전혀 관심이 없던 연애와 전산 전문가가 도감청의 문제가 심각하다는 것을 지적하던 모습에서 오늘날 미국이 처한 현실의 뒷모습을 언뜻 볼 수 있었다. 아무튼 민주주의와 인권의 수호자를 자처하였던 미국이 요즘은 지속적인 감시와 통제의 늪으로 빠져들고 있는 것이 현실이다.

다음은 미국 보스톤의 한인 신문 《보스톤코리아》에 실린 기사의 일부분이다.

미 정부가 법원의 영장 없이 대통령의 지시만으로 시민을 대상으로 한 도청을 해온 사실이 드러나면서 논쟁이 격화되고 있다. 대통령에 대한 사법조치까지 거론될 수 있는 사태의 폭발성을 감안 부시 대통령은 즉각적으로 공세적인 입장을 표명하고 나섰다. 부시 대통령은《뉴욕타임스》의 비밀 도청 폭로 기사가 나간 이후 주례연설에서 2001년 9.11 테러 이후 30건 이상 미 국민을 대상으로 한 비밀 도청 계획을 허용하였음을 시인하였다.

백악관은 미국 내 거주하고 있는 테러리스트들을 색출하고 미 국민의 안전을 지키는 것이 대통령에게 부여된 합법적인 권한이자 의무라는 입장이다. 부시 대통령은 미 국민의 안전을 위해서라면 같은 조치를 지속하겠다는 확고한 입장을 보였다. 또한 그는 이 같은 중요한 국가 기밀을 누설하는 행위야말로 미 국민의 안전을 저해하는 일이라며, 이미 기밀 누설에 대한 법무부 조사가 시작되었음을 알렸다.

자국민에 대한 비밀 도청이 폭로되자 미 국민들은 격렬한 찬반양론에 휩싸이고 있다. 백악관과 지지자들은 대테러전쟁 수행과 미 국민의 안전을 위해 대통령이 합법적인 권한을 행사하였다는 입장에 서 있다. 민주당과 시민단체들은 영장 없는 비밀 도청은 의회가 부여한 권한을 넘어선 위법행위이며, 미 국민의 인권을 침해하는 불법적인 무한 권력의 행사라고 비판한다. 부시 대통령은 19일 월요일(2005년 12월) 자신은 독재자가 아니며, 정반대로 미 국민의 자유와 안녕을 지키기 위해 자신의 임무를 수행할 것이라고 비밀 도청의 합법성을 주장했다. 그러나 미 공영방송 탐 애쉬브룩은 비밀 도청으로 부시 대통령은 독재자에 거의 근접했다고 평가했다.

(…중략…)

문제는 대테러전쟁 이후 미국의 언론들이 암묵적인 자기 검열과 정부와의 협조에 동의함으로써 언론의 비판 기능이 현저히 위축되고 있다는 점이다. 부시 대통령 1기 집권 기간 언론은 이라크전 보도나 미국 내 반전 여론에 엄격한 자기 검열을 실시해왔다. 동유럽 비밀 수용소와 고문 수사에 대한 《워싱턴포스트Washington Post》의 보도도 수용소의 위치, 국가 등에 대한 정보는 백악관의 요청을 받아들여 기사화하지 않았다.

—이하운, 〈부시 도청 지시, 대통령 권한 논쟁 격화〉, 《보스톤코리아》, 2005. 12. 23.

당시 도청에 대한 미국인들의 반응은, 테러분자들에 대한 도청은 인정할 수 있다. 그러나 미국 시민은 안 된다. 왜냐하면 한 명의 미국 시민이라도 불법적인 도청에 노출되면, 결국은 모든 사생활이 침해될 것이기 때문이다라는 입장으로 요약할 수 있다. 물론 이때 이슬람계 미국인이나 소수 유색인종은 국적에 관계없이 미 국민이라는 일차적 울타리에서 예외적으로 취급된다. 다시 말해, 백인 주류 사회에 대한 인권침해의 가능성만이 문제가 되는 것이다. 대단히 개인주의적인 미국인들은 이들 주류 미국 시민에 대한 도청에서 자신의 개인적 이익과 사생활이 침해당할 수 있는 가능성을 발견한 것이다. 그리고 그때부터 반대의 목소리가 들리기 시작했다. 인권단체나 반전단체들의 반응과는 달리 미 국민들의 반응은 도미노 오류에 의한 개인적인 두려움에 기초를 두고 있었던 것이다. 일단 한 명의 미국 시민이 도청의 대상이 된다면, 더 많

나비효과(Butterfly effect) 나비효과는 혼돈이론(chaos theory)의 '초기 조건에 대한 민감한 의존(sensitive dependence on initial conditions)' 개념이 나타내는 현상을 묘사한 것이다. 북경에서의 나비 날갯짓이 뉴욕에서 폭풍을 일으킬 수도 있다는 극적인 설명으로 이 개념이 설명되곤 한다. 어떤 체계 안에서 나비의 날갯짓과 같은 작은 초기 조건이 연속적인 사건을 일으키며, 결국에는 엄청난 현상을 초래할 수 있다는 것이다. 고차방정식을 풀어본 사람들은 이것이 무슨 뜻인지 금방 알 수 있을 것이다. 우주선의 궤도를 계산할 때도 마찬가지 결과를 예측할 수 있다. 그러나 이 같은 현상이 인간사회 영역에서도 적용될 수 있을까?

은 사람들에 대한 도감청이 허용될 것이고, 그러면 나에게도 도감청의 위험이 있고 모든 사생활이 노출될 것이라는 두려움이 반대의 목소리를 키웠다.

한편, 논리적 도미노 오류가 실질적으로 오류가 아닐 수도 있다는 것을 보여준 '깨진 유리창 이론broken windows theory'과 그 이론에 따라 범죄율을 현격히 낮춘 뉴욕 시의 정책 성공 사례가 있다.

높은 범죄율로 고심하던 뉴욕 시의 줄리아니 시장은 1994년부터 1997년까지 불과 4년 사이에 범죄율을 37% 감소시키고, 살인 사건은 50%까지 감소시키는 극적인 성과로 높은 인기를 누렸다. 그런데 범죄율을 낮추기 위해 뉴욕 시 당국이 취한 정책은 강력 범죄에 초점을 맞추는 것이 아니라, 구걸 행위, 노상방뇨, 공공건물 낙서, 무임승차, 고성방가 등의 비교적 사소한 경범죄의 강력한 단속에 집중되었다. 이 기간 가벼운 주차 위반이나 교통법규 위반으로 정신이 번쩍 깨는 금액의 벌금을 물었던 한인들도 많이 있을 것이다.

이런 정책의 배경에는 '깨진 유리창 수리 이론Fixing Broken Windows Theory'이 있었다. 같은 제목의 책을 공동 저술하기도 했던 조지 켈링George Kelling은 관료로서 자신의 이론을 뉴욕 시의 범죄 정책에 적용하여 그 효과를 입증해냈다. 경범죄의 집중 단속을 통해 도시 환경을 일신하였을 뿐 아니라 단속 과정

정점(tipping point) '정점' 혹은 '정지각(靜止角, angle of repose)'이라고 하며, 어떤 특수한 현상이 갑자기 일반적인 현상으로 전환되는 지점을 나타내는 사회학 용어에서 비롯되었다. 1960년대 미국의 사회학자 모튼 그로진스(Morton Grodzins)는 미국인들의 사회통합성에 관한 연구를 진행하였다. 그는 백인 거주 지역에 이주하는 흑인들의 비율과 백인들이 그 지역을 떠나는 비율을 비교 연구하였는데, 어떤 특정한 지점에 도달하면 백인들의 대량 이주가 발생한다는 사실을 알아냈다. 그로진스는 이 지점을 '티핑 포인트' 즉 '정점'이라고 이름 붙였다. 그의 이론은 이후 집단적 사회 행동 연구에 중요한 하나의 모델이 되었다. 이 용어는 2000년 말콤 글래드웰(Malcolm Gladwell)이 《정점 : 어떻게 작은 것들이 큰 차이를 만들 수 있을까(The Tipping Point : How Little Things Can Make a Big Difference)》라는 책을 출판하면서 대중적으로 사용되기 시작했다.

에서 수배 중인 피의자들은 대거 체포하는 부가적인 효과도 얻을 수 있었다. 그러자 뉴욕 시의 범죄율은 급격한 감소를 보이기 시작했던 것이다.

'깨진 유리창 수리 이론'이라는 이름은 '공동체의 범죄 감소와 질서증진'이라는 부제가 붙은 조지 켈링과 케서린 코울즈Catherine Coles가 공동 저술한 1996년의 범죄학 도서명에서 유래하였다. 그러나 켈링은 이미 1982년 3월 《월간 아틀랜틱The Atlantic Monthly》에 제임스 윌슨과 공동으로 〈깨진 유리창Broken Windows〉이라는 논문을 발표하였다. 이 논문의 요점을 요약하면 다음과 같다.

어떤 건물에 하나의 깨진 유리창이 있다고 하자. 이 유리창을 수리하지 않으면 불량배들이 쉽게 다른 유리창도 깰 생각을 할 것이다. 그들 중 일부는 건물에 무단 침입을 할 것이고, 그 집이 빈집이라면 거기에 불을 피우고 임시 거처로 자리를 잡을 것이다.

길거리의 예를 들면, 거리에 소량의 쓰레기를 방치하면 곧 사람들은 그곳에 쓰레기를 버리게 된다. 결국에는 커다란 쓰레기 봉지가 쌓이고, 식당의 음식 쓰레기도 그곳에 버려질 것이며, 근처에 있는 자동차들은 도둑맞을 가능성이 높아지게 될 것이다.

따라서 도미노 효과를 일으킬 수 있는 작은 원인을 제거하면 연쇄효과를 일으키는 많은 문젯거리들을 예방할 수 있다는 것이다. 강력범죄의 원인이 되는 연쇄 고리의 처음을 찾아 사소한 원인을 제거하기만 해도 범죄 예방의 효과가 있다는 범죄학 이론이 깨진 유리창 이론이다.

생각하기

1. "바늘 도둑이 소도둑 된다"는 옛말이 있다. 어릴 적 작은 잘못을 용인하면, 조금 더 큰 잘못을 저지르게 되고, 나중에는 남의 집 소를 훔치는 일도 대수롭지 않게 저지르게 된다는 교훈이다. 쓰레기통을 찾을 수 없는 공원에서 쓰레기더미를 발견해본 사람들은 깨진 유리창 이론이 상당히 설득력이 있다고 생각할 것이다. 작은 것을 막으면, 눈덩이처럼 커지는 큰 문제를 예방할 수 있다는 주장은 어느 정도 진실을 담고 있을까?

2. 안정된 사회질서를 유지하려면 개인의 자유를 무제한 보장할 수는 없을 것이다. 개인의 자유와 국가의 간섭은 어느 선에서 조정되어야 할까? 도감청을 둘러싼 미국 내 논란을 다룬 아래 글을 참고하여 생각해보자.

> 곤잘레스 법무장관은 헌법 2조의 군통수권자로서 대통령의 전쟁 관련 권한은 적에 대한 도감청을 포함하는 것이라고 주장한다. 또한 9.11 테러는 대테러전쟁의 적이 미국 내에 있다는 사실을 보여주므로 미국 내 도감청 허용이 대통령의 권한에 속한다는 것이다. 곤잘레스 장관의 이 같은 포괄적 주장은 2001년 9.11 테러 이후 미 의회가 추가 테러 공격을 막기 위해 대통령이 "모든 필요하고 적절한 힘"을 사용하도록 한 전쟁수권결의에 근거하고 있다. 테러 이후 비이성적인 법안을 통과시켰던 의회와 미 국민이 자승자박의 처지에 빠진 형국이다. 한편, 반대 측은 의회의 결의는 군사력 사용만을 의미하는 것이라는 제한적 해석에 근거하고 있다. 하바드 대학의 로랜스 트라이브 법대교수는 "의회의 결의가 영장도 없이 미 국민을 대상으로 한 도청을 허용하는 것은 아니다"고 주장했다. 만약 의회의 결의가 그것을 허용한다면, 결의 자체가 무분별한 수색과 압수를 금지한 수정헌법 4조를 위반한 것이라는 것이다. 또한 애국법의 제정으로 미국 내 도청, 사찰의 요건이 훨씬 완화된 상황에서 대통령의 권한을 확대 해석하면 굳이 애국법을 제정할 필요가 없었으므로, 애국법의 입법 취지에 비춰보더라도 영장 없는 미 국민 도감청은 불법이라는 지적이다.

31. 역사가 나를 방면할 것이다

예언이나 계시는 그것의 성격상 예언
의 진실성을 현재 시점에서 증명할 방법이 없다. 더구나 예언 성취
의 시점이 명확하지 않는 한 예언자의 예언은 항상 미래적 증명을
기다리고 있다.

'지구의 종말이 올 것이다' 라는 믿음은 많은 종교에서 발견되는
공통적인 인식이다. 그러나 대부분 그 종말의 때는 알 수 없는 신비
적인 것으로 여긴다. 그때의 신비성이 클수록 그 종교의 수명은 길
고, 가까운 시일에 종말을 예언한 종교들이나 특정한 시점을 명시
한 종교들은 그 자체가 가까운 종말을 맞이하거나 근본적인 변혁을
겪게 된다.

반대로 매우 논리적이고 정당한 주장이라 하더라도 그 주장에 대

한 논증이 허락되지 않고 억압될 때, 논자는 논증의 의무를 미래에 넘김으로써 자신의 신념을 나타내기도 한다.

중세의 교회는 '지구가 태양 주위를 돈다'는 사실을 인정하지 않았을 뿐 아니라 과학적 논증 자체를 신성모독으로, 좋게 봐도 어리석은 짓으로 간주하였다. 갈릴레오가 그들에게 과학적 논증을 한다는 것은 대단히 힘든 일이었다. 더구나 목숨이 왔다 갔다 하는 상황에서 그가 할 수 있는 일은 미래가 자신이 옳았음을 증명해주길 바라는 것이었다. 그는 혼자서 "그래도 지구는 돈다"고 중얼거리며, 미래의 후학들이 여전히 돌고 있는 지구를 증명해주길 바랐던 것이다.

논리상 미래도피의 오류는 논증의 책임을 회피하고 막연히 미래에 책임을 전가하는 소극적인 것과 논증을 할 수 없는 상황에서 미래의 검증을 요구하는 적극적인 종류로 나누어볼 수 있을 것 같다. 첫째 유형은 주로 사이비 과학이나 종교에서 많이 발견된다. 인간의 영체靈體가 있다고 주장하는 사람들은 미래에 과학이 발전하여 영적인 존재를 찍을 수 있는 장비가 개발되면 자신들이 옳았음이 입증될 것이라고 말한다. 언젠가 그런 날이 올 때까지는 그들의 주장은 그냥 주장일 뿐이다.

2001년 숀 펜Sean Penn이 감독하고 잭 니콜슨Jack Nicholson이 주연을 맡은 〈맹세The Pledge〉라는 영화가 개봉되었다. 네바다 주의 한 시골 보안관인 제리 블랙Jerry Black은 은퇴를 준비하면서 온갖 상념이 교차

한다. 근무 마지막 날 불과 몇 시간을 남겨두고 눈 쌓인 호숫가에서 한 여자아이의 시체가 발견된다. 마지막 임무를 수행하기 위해 희생자의 어머니를 찾아간 제리는 반드시 범인을 잡겠다는 '맹세'를 한다.

사건 직후 경찰이 용의자를 체포하지만 제리는 그가 진범이 아니라고 확신한다. 은퇴 후에도 사건을 조사하던 제리는 금발의 어린 여아를 살해한 비슷한 유형의 미제 살인 사건이 두 건 더 있는 것을 알아낸다. 조사한 자료와 오랜 보안관 생활의 감각을 바탕으로 제리는 범인이 검은색 웨건을 운전하는 키가 큰 백인 남성이라고 확신한다. 그리고 그는 모아둔 돈을 털어서 사건 발생 지점을 추정하여 범인의 통행 가능성이 가장 높은 위치에 있는 주유소를 구입한다. 그때부터 기다림의 생활이 바쁘게 지나간다. 혼자 살아가는 제리의 얼굴은 더욱 늙어가지만, 그는 금발의 미소녀를 둔 가족과 가까이 지내면서 자신의 추리가 옳았음을 증명할 날을 기다린다. 그러던 중 키가 크고 검은색 웨건을 운전하는 사내가 동네의 금발 소녀를 소풍에 초대한다. 제리는 경찰을 동원하여 잠복에 들어갔다.

오랜 기다림을 피부로 느낄 수 있도록 영화의 흐름은 지루하리만치 느리게 전개된다. 범인은 나타날 것인가? 제리에게 자신의 여생을 바쳐가며 기다리는 것은 무슨 의미일까? 영화는 질문을 던지고 관객은 자신만의 답을 찾아간다.

이 영화에서 제리의 추론에 대한 증명은 미래를 향해 던져져 있다. 그리고 제리는 그 미래를 자신의 손에 쥠으로써 자신의 주장이 옳았음을 증명할 수 있을 것이다. 범인을 잡아 미래적 증명이 이루지는 날 그의 삶은 오류의 삶이 아니라 신념의 삶이었음이 증명될 것이다. 미래가 자신이 옳았음을 증명해줄 것이라는 신념은 많은 선구자들과 혁명가들이 현실의 고난과 좌절에도 불구하고 꿈과 희망을 잃지 않게 하였던 힘의 근원이었다. 따라서 미래도피의 오류는 논리적으로는 명백하고 분명한 오류임에도 불구하고, 미래를 당겨서 살아가는 꿈꾸는 자들과 선구자들에겐 이미 눈에 보듯이 선명한 증거가 되어준다.

미국 플로리다 키웨스트Key West 남쪽으로 불과 수십 킬로미터 떨어진 곳에서 사회주의 혁명을 성공시켜, 미국에게 사자 코털을 건드린 생쥐 같은 취급을 받고 있는 카스트로의 이야기이다.

피델 카스트로Fidel Castro, 1926.8.13.~는 스페인 이민자로 쿠바에 건너와 사탕수수 농장을 소유하고 있던 아버지 덕분에 중산층 가정에서 태어나 안락한 생활을 누렸다. 수도 아바나Havana에 있는 가톨릭 예수회의 고등학교에 다닐 때는 성적이 특출했고 운동에도 뛰어난 학생이었다. 고등학교를 졸업하고 1945년 아바나 대학에 진학하여 법학을 공부하였다. 대학 재학 기간 카스트로는 학생 단체들의 격렬한 파벌 싸움과 사상 투쟁에 몰두하였다. 1952년 법대를 졸업한 카스트로는 국회의원에 출마하지만 바티스타의 쿠데타로 당선에 실패한다. 1952년 3월 10일의 바티스타 쿠데타로 쿠바의 민주주의는 종말을 고하였다.

바티스타 쿠데타가 있은 지 몇 주 후에 이제 막 변호사 자격증을 딴 카스트로가 아바나의 헌법재판소에 소송을 제기하였다. 바티스타가 쿠바법을 위반했으며, 헌법을 위반하여 불법적으로 대통령을 비롯한 최고 직책을 차지하고 있으므로 처벌해야 한다는 주장이었다. 그러나 혈기 넘치는 젊은 변호사의 소송은 기각되었다.

그러자 카스트로는 혁명을 준비하기 시작하였는데 그때 그의 나이는 25세였다. 1년 동안 비밀리에 무장 훈련을 한 160여 명의 혁명군은 1953년 7월 26일 산티아고 근처에 주둔하고 있던 1천 명 정규군을 공격하면서 혁명을 시작하였다. 카스트로 혁명군의 공격은 실패하였으며, 혁명군을 비롯한 수많은 민간인들이 정규군에 학살되거나 체포되었다. 76일간 독방에 감금되어 있던 카스트로는 재판에서 자신의 변론을 직접 맡았다. 일반 방청객이 없었던 상황에서 판사, 검사, 무장 경비원들을 대상으로 행한 카스트로의 변론은 후에 그가 편지지 행간에 라임 과즙으로 적어 감옥 밖으로 반출하여 세상의 빛을 보게 된다. 그 연설의 마지막 부분에 다음의 구절이 나온다.

"나는 내 형제 70명의 생명을 앗아간 간악한 독재자의 분노를 두려워하지 않는다. 나에게 유죄 판결을 내려라. 그것은 문제가 되지 않는다. 역사가 나를 방면할 것이다."

1953년 국제 사회의 압력으로 일반사면에 포함되어 석방된 카스트로는 몇몇 추종자들과 멕시코로 옮겨가 다시 혁명 준비에 착수하였다. 이곳에서 아르헨티나 상류층 출신의 젊은 의사 체 게바라를 만나게 된다.

카스트로는 그렇게 역사에 의해서 방면되지 않고 바티스타의 무관심 혹은 국제사면위원회의 압력에 의해 방면되었다. 혁명이 성공한 후에 그는 바티스타에 의해 무너진 민주주의를 회복시키는 것보다는 사회적 혁명 과제에 치중하는 모습을 보인다. 쿠바의 영화나 문학 작품을 보면 높은 문화 의식과 빈곤의 복지를 실현하고 있는 쿠바인들의 민주에 대한 갈망을 엿볼 수 있다.

생각하기

1. 미래는 결정되어 있는 것인가 아니면 열려 있는 시간인가? 이 경우에 미래를 예언한다는 것은 가능한 일일까? 미국의 한 고등학교에서 학생들에게 가상 주식투자 수업을 하였다. 매일 주가의 변동과 주식시세의 흐름을 주식시장과 동일하게 보여주는 주식투자 프로그램에서 일정한 가상의 돈으로 학생들이 학습한 투자 법칙에 따라 투자를 하였다. 그 결과 학생들은 6개월간 수만 불씩 투자 수익을 기록하였다. 이들이 실제 주식시장에서 투자를 한다면 같은 이익을 남길 수 있을까?

2. 영화 〈매트릭스〉에서 네오가 오라클을 처음 만나는 장면이 있다. 오라클은 방 입구에 서 있는 네오에게 앉으라고 해도 앉지 않을 것이니 말해도 소용이 없을 것이라며, 꽃병은 신경 쓰지 말라고 말한다. 네오가 무슨 꽃병인가 궁금해서 돌아서는 순간 꽃병을 건드려 바닥에 떨어뜨린다. 꽃병은 부서지고 네오는 미안하다고 말하지만, 오라클은 "신경 쓰지 말라"고 말하지 않았느냐고 한다. 네오는 어떻게 알았을까가 궁금하다. 그러나 오라클은 자신이 신경 쓰지 말라고 말하지 않았더라도 네오가 꽃병을 깼을까 질문한다. 미래에 대한 예언은 이미 정해진 사실에 대해 말하는 것일까? 먼저 말하고 이루어가는 것일까?

체 게바라(Che Guevara, 1928. 6. 14~1967. 10. 9) 본명은 에르네스또 게바라(Ernesto Guevara de la Serna)이며 아르헨티나의 부유한 가정에서 태어나 의학을 공부하고 의사가 되었다. 남미 전역을 여행하는 중에 남미인들의 열악한 삶의 처지를 보고 남미 지역의 사회·경제적 불평등은 오직 혁명을 통해서만 개선될 수 있다는 확신에 이르게 된다. 과테말라의 개혁 과정을 지켜본 게바라는 카스트로의 7.26운동에 동참하여 1959년 쿠바혁명을 성공시킨다. 혁명 이후 요직을 맡으며 게릴라전의 이론과 실제에 관한 저술에 힘쓰던 게바라는 1965년 쿠바를 떠나 남미혁명운동을 촉진시키기 위해 콩고-킨샤사(Congo-Kinshasa)로 간다. 다시 볼리비아로 넘어간 게바라의 게릴라 활동은 미국 CIA와 특수부대의 지원을 받은 볼리비아군의 공격을 받았다. 정보원을 통해 주둔지 정보를 획득한 볼리비아군의 공격에 게바라는 총상을 입은 채 체포되었다. 그는 체포 후 처형을 당하는데, 이 역사적인 처형을 자신이 맡기 위해 병사들이 제비뽑기를 하였다고 한다. 볼리비아 정부는 처형 후 잠시 병원에 맡겨졌던 그의 시신을 다른 지역으로 옮겼으며, 화장을 했는지 혹은 매장을 했는지 등은 알려져 있지 않다. 제비뽑기를 하던 병사들에게 죽임을 당한 혁명가는 그렇게 자신의 주검을 남기지 않고 하늘로 갔다. 《타임지(The Time)》는 20세기의 가장 중요한 100인 중의 한 명으로 체 게바라를 선정하였다.

32. 마녀사냥과 종교재판

비형식 : 정보낚시|fishing for data.

유사오류 : 사후승인의 오류post designation.

정의 : 어떤 결론이 도출된 이후, 표본으로부터 결론을 정당화하는 관련성을 이끌어내는 오류.

사전에 정리된 실험적 가설을 실험이나 경험적 데이터를 통해 확인하는 것이 아니라, 어떤 결과가 이루어진 사후에 합당한 자료를 선택적으로 모아서 결론을 지지하는 오류이다. 이는 마치 결론에 필요한 정보를 낚시로 낚아 올리는 것과 같다.fishing for data

로또복권 당첨 확률은 8,145,060:1이라고 한다. 복권의 일부를 교육 기금으로 사용하고, 여러 개의 주가 함께 운영하기도 하는 미국의 복권은 가끔씩 당첨금이 수천억에 이르는 경우도 있다. 그러나 복권의 당첨번호를 먼저 알고 난 후에 복권을 사도록 한다면, 복권 장사는 성립되지도 않을 것이다. 아무리 확률이 낮은 복권이라해도 번호를 알고 그 번호를 사면 될 것이므로, 모두가 당첨이 되고, 복권 구입 금액을 넘을 수 없을 것이다. 사후승인의 오류나 정보낚시의 오류는 이처럼 알고 보면 말도 안 되는 일이긴 하지만 흔히 범하는 오류이다.

사후승인의 오류는 노스트라다무스의 예언과 같은 대 예언을 해석하는 과정에서도 발견할 수 있고, 점을 보거나 중국 식당에서 식사 후에 받는 행운의 과자fortune cookie를 볼 때에도 사람들은 비슷한 오류를 범하곤 한다.

＊

노스트라다무스의 예언이 성취된 것으로 말해지는 몇 구절을 인용해본다.

1. 이탈리아 부근에서 황제가 탄생하리라. 그는 제국에 대해 매우 값비싼 대가를 치르리라.
2. 20의 3배에 6을 더한 해에 런던은 불타 정의로운 자의 피를 요구하도다.
3. 항구 근처의 두 도시에서는 지금껏 유례가 없던 참화가 두 번 일어나리.
4. 굶주림으로 사나와진 맹수는 강을 건너리. 전장의 대부분은 히스터에 맞서 대항하리로다.

노스트라다무스는 16세기에 활동한 의사이자 예언가였다. 따라서 그의 예언으로 알려진 일들은 17세기부터 현재 혹은 미래로 이어지는 사건에서 찾아야 할 것이다. 위에 인용한 예언들은 그의 예언을 믿는 사람들로부터 이미 이루어진 것으로 해석되고 있다. 각각의 예언은 무슨 사건을 가리키는 것일까? 상상력의 날개를 펴보라.

1) 나폴레옹의 출현과 프랑스의 값비싼 희생.

2) 1666년 런던에 만연하였던 흑사병에 대한 예언.

3) 히로시마와 나가사키의 원폭 참화.

4) 2차 대전 히틀러가 이끄는 독일군의 유럽 공격.

이들이 앞의 예언과 어떻게 연결되는지 생각해보라.

사후승인의 오류는 '귀에 걸면 귀걸이, 코에 걸면 코걸이' 식의 임의적인 해석이나 짜맞추기식 주장이 범하는 논증의 문제들이다.

15세기에서 17세기는 유럽 사회가 르네상스renaissance의 문예부흥기를 거치고 있었고, 아이작 뉴튼Isaac Newton이 중력을 발견하는 등 근대과학의 개념적 기초가 놓였으며, 철학적으로 인간의 이성이 중심적 주제로 등장하고, 지리적 발견으로 유럽의 영향력이 급격히 세계로 팽창하던 시기이다. 그러나 같은 시기에 유럽 사회가 마녀사냥이라고 하는 집단적 광기에 빠져 있었다는 사실은 대단히 역설적인 아이러니이다. 마녀사냥은 15세기 무렵 시작되어 16~17세기에 걸쳐 점차 강도를 더해가면서 수많은 희생자들을 냈다. 초기에 산발적으로 종교재판소에

르네상스(Renaissance) 14세기에서 16세기에 걸쳐 유럽 전역에 나타난 학문 예술의 재생 혹은 부흥 운동을 지칭하여 '문예부흥운동' 혹은 르네상스라고 한다. '문예부흥' 이라는 개념은 고대 그리스 문명을 절정기로 보고 중세를 암흑기로 규정하는 생각이 바탕에 깔려 있다. 고전 학문과 예술의 부흥을 통해서 유럽 문명과 사회의 재건을 꾀할 수 있다고 믿었던 것이다. 유럽 문명이 세계화하는 많은 사상과 예술, 과학·기술적 혁명이 이 시기에 이루어졌다. 문예부흥을 촉발하였던 역사적 배경에는 십자군전쟁, 이슬람 세력의 유럽 진출과 스페인 점령을 빼놓을 수 없다. 소위 유럽의 암흑기에 이슬람 세력은 고대 지중해 문명을 수용 더욱 발전시켰는데, 유럽과 이슬람의 충돌로 고대 그리스 문명이 유럽에 역수입될 수 있었다.

서 이루어지던 마녀사냥은 점차 세속 법정으로 옮겨가며 집단적인 공포와 그에 대한 반작용으로 더욱 격렬한 공격성의 악순환에 빠져들었다.

마녀사냥은 유럽 사회를 휩쓸었던 각종 전쟁, 악화된 경제 상황, 기근, 페스트와 같은 전염병의 창궐로 공황 상태에 빠져 있던 유럽인들의 공포의 분출이었다. 희생자는 중년 여성이 80%를 차지할 정도로 압도적으로 여성에게 집중되었지만, 남녀노소 신분을 불문하고 광범위하게 전개되면서 수십만의 목숨을 앗아갔다. 처형의 방법도 각양각색이었는데, 산 채로 불에 태워 죽이는 화형, 목을 자르는 참수형, 네 마리의 말로 사지를 찢어 죽이는 능지처참, 혀를 잘라내거나 불로 지지는 방법, 바퀴에 몸을 넣어 짓이기는 방법, 물에 빠뜨려 익사시키는 방법 등이 사용되었다.

움베르토 에코의 《장미의 이름》에 나오듯이 일단 악마에 씌운 것으로 고발이 되면, 부인하는 것이 현실적으로 불가능할 뿐만 아니라 어리석은 짓이었다. 마녀임을 부인하는 사람은 진실(?)를 고백할 때까지 고문을 당하면서 사형당하는 것 이상의 고통을 감수하고 살아 있어야 했다. 그리고 일단 고백을 하면 처형되었다. 때문에 마녀로 고발당하면, 죽는 고통을 연장하다가 죽는 방법과 마녀임을 인정하고 빨리 죽는 방법이 있을 뿐이었다.

고문의 예에서 볼 수 있듯이 그들은 진짜 마녀를 찾아내기 위한 노력을 게을리 하지 않았다. 오히려 너무 열심히 노력하여 혹 마녀가 있었다면 한 명도 놓치지 않았을 것이고, 덤으로 의심되는 사람들까지 모두 희생 제물로 삼았던 것이다.

그중에서도 마녀인지 확인하기 위하여 의심되는 사람을 물에 빠뜨려 실험한 것은 매우 특이했다. 마녀로 고소당한 여인을 우물물이나 강물에 빠뜨린다. 만일 그녀가 죽지 않고 살아 있으면 마녀임에 틀림이 없다. 따라서 그녀는 다시 물에 빠뜨려 죽이던지 화형이나 다른 방법으로 처형되었다. 만일 그녀가 마녀가 아니었다면, 실험할 때 물에 빠져 죽었을 것이다. 이보다 더 확실한 방법이 어디 있겠는가?

마녀사냥에서는 처벌을 먼저하고, 마녀 여부는 나중에 물어도 되었던 것이다. 마녀임을 증명하는 것은 나중에 모아진 증거들로 짜맞추면 되는 것이었다.

이들보다 약 3천 년 전에 이집트에서도 마녀 혹은 죄인의 유죄 여부를 강물에 빠뜨려 시험하는 방식을 사용한 적이 있다. 다른 고대인들과 같이 이집트인들도 강을 신성시하였는데, 그 강물에 용의자를 집어넣고, 그(녀)가 살아나면 무죄, 그가 거기서 죽으면 유죄로 판단하였다. 이 경우에도 처벌을 먼저하고 사후에 유무죄를 판단하는 사후승인의 오류를 범하고 있긴 하지만, 중세의 마녀사냥에 비하면 훨씬 인간적이었음을 알 수 있다. 적어도 강물에서 살아나기만 하면 살 수 있었으니까.

종교재판(Inquisition) 넓은 의미에서는 세속의 법률에 의하지 않고 특정 종교의 교리나 계율에 따른 재판을 지칭한다고 할 수 있으나, 보통은 로마 가톨릭 교회가 이단자 색출과 처벌을 위해 13세기에 도입한 재판 제도를 이른다. 당시 교황은 세속적 군주들의 영토를 넘어서는 초국가적 영향력을 행사하고 있었다. 그러나 교황이 종교의 영역뿐 아니라 정치·군사적으로도 절대권력을 누리게 되자 반대 세력이 고개를 들기 시작했다. 그중에 이탈리아와 인접한 남프랑스에서의 이단운동은 교황과 가톨릭교회에 충격을 던져주었다. 따라서 교황은 자신을 대리하여 치외법권적인 권한을 행사하는 '이단 심문관' 제도를 도입하게 된다. 그레고리 9세의 교서에 의해 1233년 이단 논쟁을 전개할 수 있는 신학과 학식을 갖춘 도미니크 수도사들이 이단 심문관에 선임되었다. 심문관들은 전 가톨릭 국가에 파견되어 이단 심판을 주도하였으며, 에스파냐와 같이 왕권의 직접적인 지원을 얻은 경우는 더욱 가혹한 재판으로 이어졌다. 이 같은 종교재판은 마녀사냥의 마감과 함께 급감하여 19세기 들어 '거의' 폐지되었다. 가톨릭의 종교재판과는 다르지만, 우리나라에서도 감리교 교단에 의한 종교재판이 있었다. 1992년 감리교 서울연회재판위원회는 "다른 종교에도 구원이 있다는 종교다원주의를 주장해 기독교 신앙의 본질을 부인했다"는 이유로 당시 감신대 학장이던 변선환 교수에게 가톨릭의 '파문'에 해당하는 '출교' 처분을 내렸다.

4장 인과론 : 원인과 결과

1. 외국의 경우. 마약, 뇌물 등과 관련하여 함정수사를 벌이는 경우가 있다. 한 연예인에게 업소의 매니저가 접근해 온다. 마약을 내어 놓으면서 한번 사용해보라고 권유한다. 망설이던 연예인이 막 복용을 하려던 순간 경찰이 들이 닥친다. 혹은 중소기업 사장의 명함을 든 신사가 한 정치인과 면담을 하고 있다. 아무도 없는 호텔 특실에서 작은 가방이 열리고 액수를 알 수 없는 현금 뭉치들이 보인다. 그리고 며칠 후 경찰에 소환된 그 정치인은 며칠 전 상황이 녹화된 비디오를 보며 얼굴이 창백해진다. 이와 같은 함정수사가 필요한 이유는 무엇일까? 그리고 생각할 수 있는 문제점들은 무엇이 있을까?

2. 인도 지역에 사는 한 종류의 야생 들개는 구성원 중에 하나가 부상하거나 독립적인 활동이 어려운 노년이 되어도 집단적으로 보살피며 보호한다고 한다. 즉 한 무리가 서로를 끝까지 책임지는 완벽한 사회복지형 조직을 이루고 있는 것이다. 그러나 제인구달의 책에 보면, 어떤 침팬지가 다른 놈을 학대하거나 추방하는 경우가 발견된다. 우리 인간에게도 일본의 '이지매'나 한국의 '왕따'와 같은 현상이 나타나는데 그 이유는 무엇일까?

5장
언어의 정의
Definition of Language

인간의 사고능력은 언어에 의존하는 것일까? 아니면 인간의 사고능력의 결과로 언어가 만들어진 것일까? 그도 아니면 인간의 사고능력은 언어와 동일한 것일까? 이런 질문들은 언어학, 사회학, 뇌신경학 등 인간과 관련된 연구에서 공통적으로 중요한 질문이다. 우리는 단지 그런 질문들이 있다는 것에서 멈추기로 한다. 무엇보다 이곳의 능력과 한계를 벗어나는 주제일뿐더러, 그런 질문에 관심과 용기가 있는 '젊음'에게 답변의 영광을 양보하기 위해서다.

우리의 주제와 관련하여 이곳에서 다루는 언어는 화자와 청자 사이의 의사소통을 가능하게 하는 매개체로서의 언어이다. 일상의 의사소통은 약 2/3가 비언어적이고 1/3정도만이 언어적 소통이라는 연구 결과가 있다. 일상생활에서 서로 간의 생각이나 느낌을 전달하는 의사소통에서 비언어적인 요소가 더 크게 작용한다는 말이다.

그러나 소통의 주제가 좀 더 전문적인 영역으로 옮겨 가면 언어적 의사소통 비율이 급격히 증가한다. 복잡하고 난해한 정보들을 정확하게 전달하기 위해 전문적인 용어와 특정한 형식에 따라 의사소통 즉 정보의 교환이 이루어진다. 대화 쌍방이 모니터를 통해 문자로만 대화하는 인터넷 채팅의 경우에도 비언어적인 요소들이 대폭 줄어든다. 감정의 전달도 언어적인 형태를 띤 기호로 이루어진다. 일상 언어에선 '좋아하는 사람 앞에서 느끼는 부끄러움'은 비언어적인 요소로서 소통될 것이다. 그러나 채팅에서는 '부끄부끄' 혹은 '(*^—^*)'와 같은 형태의 기호로 전달될 것이다.

언어의 기능

언어의 기능은 일반적으로 '표현적 기능expressive function', '지시적 기능directive', '정보적 기능informative'으로 구분된다. 표현적 기능은 기본적으로 화자의 감정이나 태도를 나타내기 위하여 사용되지만, 표현적 기능이 청자의 공감이나 반응을 유발시킬 목적으로 사용될 수도 있다. 뒤뜰 구석에 숨어 핀 꽃 한 송이를 보고 일기장에 시를 써 놓았다면 언어의 표현적 기능에 충실하였다고 하겠다. 그리고 그 시가 교지에 실려 발표되었을 때에도 시는 언어의 표현적인 기능을 하고 있다. 지시적 기능은 말 그대로 청자에게 특정한 행위를 불러

일으키기 위해 지시하는 언어의 기능들이다. '꼼짝 마!'라는 명령은 상대방에게 꼼짝하지 말 것을 지시하고 있다.

표현적 기능이나 지시적 기능처럼 어떤 정보를 전달하는 것이 목적이 아닌 기능을 언어의 '비인지적 기능noncognitive function'이라 한다. 그러나 언어의 인지적 기능과 비인지적 기능을 엄격하게 구분하기에는 어려운 측면도 있다. '꼼짝 마!'라는 명령은 단순히 꼼짝하지 마라는 지시만 하고 있는 것이 아니고 '꼼짝하면 혼내주겠다'는 정보도 동시에 전달할 수 있다. 그러나 이곳에선 일반적인 구분선에 따라 언어의 표현적 기능과 지시적 기능을 비인지적 기능으로 구분한다.

언어의 정보적 기능은 정보를 전달하는 데 요구되는 기능으로서, 정보의 참/거짓과 관련을 맺고 있다. 이 언어의 정보적 기능을 '인지적 기능cognitive function'이라고 한다. 정보적 기능은 인간 상호 간에 정보를 전달하는 기능을 말하지만, 그 정보가 반드시 참이라는 보장은 없다. 따라서 언어의 정보적 기능이 충분히 발휘되려면 전달하려고 하는 정보에 대한 올바른 기술description과 올바른 논증argument이 동반되어야 한다. 이를 통하여 언어는 인간의 지적 활동을 가능하게 한다. 이 때문에 칼 포퍼Karl Popper, 1902~1994는 과학의 발전 과정에서 가장 중요한 요소로서 언어의 기술적 기능과 논증적 기능을 꼽았다.

정의(definition)

언어가 정보적 기능을 정확히 수행하기 위해서는 문장을 구성하는 단어의 개념이 정확해야 하고, 문장의 구조가 명확해야 한다. 이를 위해 단어에 명확한 의미를 부여하는 것을 '정의定義, definition'라고 한다. 단어의 명확한 의미를 파악하려면, 그 단어가 지시하는 정확한 특성과 그 특성이 적용되는 범위를 명확히 알아야 한다. 이때 단어가 가지는 특성을 '내포intention, connotation'라 하고, 그 특성이 적용되는 범위를 '외연extension, denotation'이라 한다. 단어의 내포와 외연이 불명확하고 애매한 경우 논증의 오류가 발생할 수 있다. '한국인'이라는 단어의 외연과 내포를 생각해보자.

> 한국인은 한국의 국적을 가진 사람이다.
> 한국인은 호남인, 영남인, 서울경기도 사람, 강원도인, 제주도인, 국적 취득 외국인 등이 있다.

첫 번째 문장은 '한국인'의 내포를 두 번째는 '한국인'의 외연을 나타낸다. 그러나 '한국인'의 내포와 외연은 새로운 질문을 받을 수 있다. 한국에서 태어나 살고 있는 한인 중에 호적이 없어 기록이 되지 않은 사람들은 한국인인가 아닌가? 외국에 나가 살고 있는 한인동포들은 한국인에 포함되는가? 이런 문제들은 '한국인'이라는 단어의 외연과 내포를 변화시킬 수 있는 요소들이다.

단어에 대한 개념 정의를 하는 이유를 간단히 살펴보면, 첫째, 어휘를 늘리기 위해서이다. 사회가 복잡해지고 새로운 기술과 문화, 각종 정보가 흡수되면서 새롭게 정의된 단어들이 요구된다. 컴퓨터의 등장과 함께 새롭게 만들어진 단어들을 생각해보면 금방 그 의미를 알 수 있다. 둘째는 애매성을 제거하기 위해서이다. 이중 삼중의 의미를 가지고 있는 단어에 명료한 의미를 부여하는 것은 생산적인 논쟁을 위한 선결 과제이다. 셋째, 모호성vagueness을 제거하기 위한 이유에서이다. 한국에서 예술과 외설을 놓고 같은 논쟁이 반복되고 있는 것은 예술과 외설의 모호성을 명료하게 정의하는 노력이 부족한 측면도 있을 것이다. 넷째, 이론적 설명을 정확하게 하기 위해서이다. 역학에서 힘은 스칼라량과 벡터량이 있는데 한국어에 해당하는 개념을 찾지 못하고 외국어를 사용하고 있다. 이는 이론적 설명의 필요성에도 불구하고 어휘를 늘리는 노력을 게을리 한 탓이라 하겠다. 다섯째로 상대방의 태도에 영향을 주기 위한 목적이 있다. 이 다섯 가지 개념 정의의 이유는 단어에 개념을 정의하고 의미를 부여하는 방식과 직접적으로 연결되어 있다.

단어의 개념을 정의하는 방식에는 여러 가지가 있을 수 있지만 일반적으로 다섯 가지로 분류하여 설명한다.

1. 지시적 혹은 예시적 정의 : 직시적 정의ostensive definition이라고도 하며, 지시하는 단어를 직접 가리키거나 간접적인 방식, 예를 들어 그림을 그려 지시하는 방식이다.

2. 열거적 정의enumeration definition : 단어가 포함하는 외연을 일일이 열거하

는 정의 방식이다. 외연적 정의extensional definition이라고도 한다. '한국인'
이라는 단어를 정의하기 위해 한국인의 이름을 일일이 모두 열거하는
것과 같은 무지막지한 방식이다.

3. 내포적 정의intensional definition : 일반적으로 '정의'라고 할 때는 내포적
   정의를 뜻한다고 볼 수 있다. 내포적 정의는 정의 방식에 따라 다시 몇
   가지 유형으로 나뉜다.
   a) 사전적 정의lexical definition : 일반적인 언어 사용에서 그 단어의 의미를
      일상어로 밝히는 정의.
   b) 약정적 정의stipulative definition : 수학에서 특정한 부호에 어떤 계산식을
      약속한다거나, 새롭게 단어를 도입하여 의미를 부여하는 경우의 정의
      이다. 각종 은어나 인터넷상의 약어들과 같은 경우이다.
   c) 명료화 정의precise definition : 개량화 정의라고도 하며, 법조문에서와
      같이 단어의 의미를 명료하게 하기 위한 목적으로 내리는 정의. '음주
      운전은 구속한다'고 했을 때, 어디까지가 음주운전인가?
   d) 이론적 정의theoretical definition : 특정한 이론의 전개와 설명을 위해 단
      어의 의미를 정의하는 것. 의학이나 법학에서 '인간의 사망'을 어떻
      게 정의하느냐에 관한 문제.
   e) 설득적 정의persuasive definition : 감정의 힘emotive force을 전이시키기 위
      한 정의.

4. 맥락적 정의contextual definition : 전치사나 접속사와 같이 외연과 내포를
   갖지 않는 단어들에 대해 단어 사용의 맥락을 보여주어 설명하는 정의.

5. 조작적 정의operational definition : 과학적인 용어에 요구되는 반복할 수 있
는 조작에 대한 설명으로서의 정의. "산성은 푸른색 리트머스 시험지를
붉게 변화시키는 액체."

언어의 사용과 언급

언어를 통해 논리적 추리를 전개하는 논리학은 언어의 사용에 특
별한 형식과 규정을 두고 있다. 여기서는 언어의 사용과 언급에 관
해 잠시 살펴보기로 한다.

간단히 설명하면, 어떤 기호/언어가 그와 조응하는 대상을 가리
키기 위해 사용되었을 경우, 그 기호가 '사용된다used'고 한다. 또
어떤 기호/언어가 단지 그 기호/언어 자체를 가리키기 위해 사용되
었을 경우에는 그 기호가 '언급된다mentioned'고 말한다. 예를 들어,

가) "이하운은 이 책의 저자이다."
나) "이하운은 세 글자로 된 이름이다."

문장 가)에서 "이하운"은 이 글을 지금 쓰고 있는 나, 곧 이하운
이라는 한 인간을 지칭한다. 이때 이하운은 컴퓨터 앞에 앉아서 자
판을 두드리며 언어의 '사용'을 어떻게 설명할까 고민하고 있는 구
체적인 한 인간 이하운이다. 이때 단어/기호 '이하운'은 '사용되었
다.'

그러나 두 번째 문장에서 '이하운'은 지금 모니터를 들여다보는 안경 낀 인간 이하운과는 직접적인 관련이 없다. 단지 이하운이라는 이름 혹은 글자만을 뜻할 뿐이다. 이때 '이하운'은 '언급되었다.'

※ 언어의 정의와 관련된 오류들

은밀한 재정의 오류

애매어의 오류

애매문의 오류

확대정의의 오류

허깨비 차이의 오류

구레나룻의 오류

범주오류

오캄의 면도날

순환논증의 오류

진정한 거시기 오류

33. 델피의 신탁

비형식 : 애매문 오류amphiboly.

동의어 : 애매구amphibole, amphiboly, amphibology, 구문론적 애매성syntactical ambiguity, 의미론적 애매성semantical ambiguity, 애매한 집합의 오류ambiguous collective fallacy, 모호성vagueness.

정의 : 모호한 단어나 문법적 구조로 인해 발생하는 오류.

여기서 잠시 영어 공부를 해보도록 하자. 아주 쉬운 단어들이기 때문에 어렵지 않을 것 같지만, 생각보다 간단치가 않은 문장들이다.

"I once shot an elephant in my pajamas."

이 문장은 두 가지 해석이 가능하다.

"나는 언젠가 파자마를 입고 코끼리를 쏜 적이 있다."

또는,

"나는 언젠가 내 파자마 속에 있는 코끼리를 쏘았다."

앞 문장은 바보 같은 짓이 될 것이고, 뒤의 문장은 "파자마 속에 있는 코끼리"를 뭘로 보느냐에 따라 다르게 될 터인데…… 독자의 상상력에 맡기겠다. 이 말은 코미디영화 〈애니멀 크래커animal cracker〉에 나오는 대사이다. 축약적인 표현을 사용하는 광고 문구에서도 재미난 애매어들이 많이 발견된다.

"Used cars for sale : Why go elsewhere to be cheated? Come here first!"
"중고차 판매 : 다른 곳에 가서 속을 이유가 없죠? 먼저 이리로 오세요!"

정도의 뜻으로 옮길 수 있겠다. 무슨 뜻일까? 당연히 다른 곳에 가서 속지 말고 우리 자동차 딜러에 와서 차를 사라는 말이다. 그런데 문장 자체는 다른 곳에서 속느니 고생하지 말고 '이곳에 와서 속으라'는 말로 해석될 수도 있다. 이런 사례는 너무도 흔히 발견되기 때문에 독자들도 주변의 광고 문구나 글에서 오류를 찾아 노트를 만들어보면 재미있을 것이다.

애매문에 의한 오류는 이같이 문장의 구조나 뜻 자체가 모호해서 생기는 오류이다. 정치인이나 종교인 등 말로 생활하는 사람들이 가장 흔히 사용한다고 볼 수 있다. '애매어/문 사용의 묘미'를 느낄 수 있는 사람은 장차 정치인의 꿈을 꾸어보는 것도 좋을 것이다.

고대 그리스는 국가 중대사의 결정을 신에게 물어보는 신탁이 행해졌는데, 그중 아폴로 신에게 헌정된 델피delphi의 신전에서 이루어진 신탁이 유명하다. 신탁의 기원은 여신 가이라를 숭배하던 역사 이전 시기까지 거슬러 올라간다. 델피 신전에는 피티아Pythia라 불린 여사제들이 있었다.

　　델피의 아폴로 신전의 상인방lintel에 저 유명한 "너 자신을 알라"는 문구가 새겨져 있다. 이것은 스파르타의 킬론Chilon이 아폴로에게 "인간에게 가장 좋은 것은 무엇입니까?" 하고 물었을 때 주어진 신탁으로 여겨지고 있다. 이 "너 자신을 알라"는 응답은 후에 리디아 왕에게 주어진 신탁과도 유사하다.

　　기원전 6세기 리디아의 왕 크로이소스스가 6백 파운드 황금 사자를 제물로 바치며 델피의 신탁을 구했다. 신흥 강국 페르시아 군대가 그리스를 점령하기 위해 진군하고 있었다. 리디아 왕은 출전을 할 것인지 퇴각을 하거나 타협을 할 것인지 선택을 해야 했다. 크로이소스스에게 주어진 신탁은 다음과 같았다.

　　"만일 크로이소스스가 할리스 강을 건넌다면, 위대한 왕국이 멸망할 것이다."

　　크로이소스스는 할리스 강을 건너 페르시아의 사이러스 왕과 일전을 결심한다. 그러나 세계 최강의 군대를 지휘하는 사이프러스 앞에 크로이소스스는 대패하고 만다. 신탁에서 말한 "위대한 왕국"은 페르시아가 아니라 리디아 왕국이었던 것이다. 신탁은 누가 이기던 맞도록 되어 있었던 것이다.

기원전 480년 페르시아가 재차 침공하였을 때, 아테네인들은 결사항전으로 강국의 공격을 막아내고 있었다. 첫 번째 신탁은 페르시아가 아테네를 쓸어버릴 것이라고 나왔다. 아테네인들은 어차피 죽을 목숨 싸우다 죽겠다는 비장한 의지를 불태웠다. 전투가 지속되면서 다시 나온 델피의 신탁은 '나무로 된 장벽'을 사용하라는 것이었다. 아테네인들은 이 신탁을 '나무로 된 배'로 해석하고 페르시아를 바다에서 맞아 싸운다. 이 전투에서 그리스는 350척의 배와 8만 5천의 군사로 페르시아의 1,200척 함정과 30만 대군에 맞서야 했다. 아테네의 장군들은 페르시아군을 살라미스 해협으로 유도해서 크세르크세스 황제의 대군에 치명타를 가하고 승리한다. 이것이 세계 역사의 방향을 갈라놓은 살라미스 해전이다. 당시 일방적인 강자였던 페르시아가 승리하였다면 이후 유럽과 중동의 역사가 뒤바뀌었을 것이다.

지금도 점집에서 풀어보는 사주나 점술

이라는 것이 대부분 매우 모호한 말들로 이루어져 있듯이 델피의 신탁도 해석자의 마음이 원하는 대로 해석할 소지가 다분하였다. 그렇다고 델피의 사제들이나 점술사들을 그럴듯하고 모호한 문구로 사람을 속이는 것으로만 볼 일은 아니다. 단지 무슨 생각으로 신탁을 받고 그것을 어떻게 해석하느냐가 더 중요한 질문이 아닐까 싶다. 아마 오류에 대한 지식이 있다면 신탁에 거는 기대가 조금은 낮아질 수도 있겠지만.

생각하기

창작과 번역 : 외국어를 공부하다 보면 번역이 얼마나 힘든 작업인가를 절감하게 된다. 원어의 문장이 담고 있는 이중 삼중의 의미와 역사·문화적으로 침투해 있는 함축성을 상이한 문자로 번역한다는 것은 어쩌면 불가능한 일인지도 모르겠다. 수학 공식처럼 암기하여 쉽게 외국어를 배울 수 있다는 생각은 무지의 소치이거나 속임수에 지나지 않는다. 언어를 배우는 것은 문화를 총체적으로 배우는 것이다. 그리고 한 문화를 다른 문화로 번역하는 일은 두 문화에 모두 익숙하다고 할지라도 매우 어려운 일이다.

1. 그렇다면 한국인이 한국어로 된 문학이나 예술 작품을 이해하는 것은 번역의 과정과 완전히 다른 것일까? 하나의 창작품을 이해하고 해석하는 것은 작품 자체의 언어를 이해함과 동시에 작가의 주관과 그의 상황을 이해하는 것이기도 하다. 또한 작품 감상은 느낌이나 해석을 자신의 언어로 표현하는 과정이기도 하다.

2. 아테네인들의 신탁 해석, 외국 작품의 번역, 예술 작품의 이해와 해석 사이에 유사성과 차이점을 생각해보자.

34. 스테이크보다 맛있는 빵

비형식 : 애매어 오류equivocation.

동의어 : 애매성의 오류ambiguity fallacy, 애매한 용어ambiguous terms, 이중언어doublespeak, 언어 함정language trap, 언어혼란obfuscation.

정의 : 개념이 모호한 단어의 사용으로 인해 발생하는 오류.

기본적으로 애매문의 오류와 동일한 오류의 종류이다. 그러나 애매어의 오류는 이중 혹은 다중의 의미를 지닌 단어에 초점을 둔 오류를 지칭하는 데 반해 애매문의 오류는 문장의 구조에서 발생하는 의미상의 혼동을 뜻한다. 애매어의 영어 표현 equivocation은 라틴어의 equi(=equal)과 vox(=voice)에서 왔다. 어원적으로는 발음은 같지만 뜻이 다른 말을 의미한다고 볼 수 있겠다.

"내 사전에 바람은 없다"는 문장은 무엇을 뜻하는지 잠시 생각해 보자.

"사전"이라는 단어를 '사전'에서 찾아보면 무려 20가지 이상의 항목이 쏟아져 나온다. "사전"의 사전적 의미는,

5장 언어의 정의

辭典 : 어떤 범위 안에서 쓰이는 낱말을 모아 일정한 순서로 배열하여 싣

　고 그 각각의 발음, 의미, 어원, 용법 따위를 해설한 책.

沙田 : 모래가 많이 섞인 밭.

事前 : 일이 일어나기 전.

賜田 : 왕이 공을 세운 왕족이나 신하에게 내려주는 땅.

史傳 : 역사와 전기를 아울러 이르는 말.

寺田 : 절이 소유하고 있는 밭.

死前 : 죽기 전.

私田 : 개인 소유의 논밭.

등등.

"바람"도 서로 다른 뜻을 가지고 있다.

바람 1 : 기압의 변화나 인위적으로 만들어진 공기의 흐름.

바람 2 : 어떤 것이 이루어지기를 간절히 기다리는 마음.

바람 3 : 남녀관계로 생기는 들뜬 마음이나 행동.

바람 4 : 사회적으로 일어나는 일시적인 유행이나 경향.

바람 5 : 중풍병을 이르는 말.

그러면 "내 사전에 바람은 없다"는 무슨 뜻이어야 할까?

내 사전(책)에는 바람이라는 항목이 빠져 있다.

내 모래밭에는 바람이 불지 않는다.

내 죽기 전에 바라는 것이 없다.

등등.

이렇게 두개 이상의 의미를 가지고 있는 단어의 사용을 통해 상대방의 판단을 혼란스럽게 하고, 자신의 임의에 따라 해석하는 논증을 애매어 오류라고 한다.

✽

영화를 즐겨 보는 사람들이 영화관에서 자주 겪는 곤혹스러운 질문이 있다.

"자리 있어요?"

매번 듣는 질문인 대도 들을 때마다 무슨 뜻으로 받아들여야 할지 고민이 된다.

"자리에 앉으실 분 있어요?" 아니면,

"자리 비어 있어요?"

그래서 에라 모르겠다는 심정으로 이렇게 대답한다.

"예, 있어요."

"?"

먼저 물어본 사람이 무슨 뜻인지 몰라 눈알만 빙그르르 돌린다. 속으로 아마 이렇게 말하겠지.

'뭐야, 이 사람. 자리에 앉을 사람이 있다는 거야 아님 자리가 비어 있다는 거야?'

이제부터는 영화관에서 빈자리를 보았을 때, 둘 중에 하나 선택해서 물어보기 바란다.

영화 〈장님의 나라Land of the blind〉는 저항할 때는 선명하게 보이던 것들이 권력을 잡고 나면 보이지 않는 사람들에 관한 이야기이다. 어쩌면 권력에 맞서 싸울 때에도 권력을 차지한 후에도 여전히 진실을 보지 못하는 우리들의 나라에 관한 이야기인지도 모르겠다.

아무튼 〈장님의 나라〉에는 폭력적 정권에 맞서 싸우는 뜨거운 열정의 혁명가들과 순수한 양심으로 지지하지만 주변에 머무는 이들이 있다. 잔인한 독재자가 잔인하게 살해되고 혁명이 성공을 거둔다. 그러나 실패한 독재는 성공한 혁명을 조금씩 부패시키며 부활한다, 더욱 교활한 모습으로. 이젠 독재자를 몰아낸 독재자가 독재를 반대하는 동지들을 감옥에 가두기 시작한다. 예전의 그 사람들은 때론 반대 입장에서 때론 여전히 같은 처지로 감옥을 오고 간다.

혁명이 있었고 사람들이 죽었고 자리가 바뀌었지만 세상은 변한 것 같지 않다. 한때 혁명의 수동적 지지자였던 죠Ralph Fiennes 분는 혁명이 성공한 시대에도 여전히 독재를 싫어한다는 이유로 '재교육캠프'에 수감된다.

반독재 혁명은 성공하였지만 독재를 싫어하는 사람들은 여전히 감옥에 가야 한다. 그렇게 감옥에는 젊은 피가 끊임없이 수혈되면서 다음 혁명을 준비한다. 그러나 감옥의 현실은 배고픔과 절망이 가득한 냉소뿐이다. 감옥에 갇힌 죠와 그의 친구가 나누는 조롱 섞인 대화에 이런 것이 있다.

1. A slice of bread is better than nothing.

   (빵 한 조각이라도 없는 것보다는 낫다.)

2. Nothing is better than juicy steak.

   (맛난 스테이크보다 더 좋은 것은 아무것도 없다.)

3. So, a slice of bread is better than juicy steak.

   (그러므로, 빵 한 조각은 맛난 스테이크보다 좋다.)

영어의 묘미를 느끼게 하는 자조적인 조롱이 잘 드러난 대사이다. 이 비아냥은 애매어와 삼단논법이 교묘하게 결합되어 있다. 단어 "nothing"이 문장 1에서는 "아무것도 없는 것"을 뜻하고, 2에서는 "~보다 ~한 것은 없다"는 뜻으로 쓰인다. 전혀 다른 뜻의 이 문장에서 nothing이라는 매개념을 의미가 아니라 모양으로만 취한다면,

   "A slice of bread(A) is better than nothing(B),

   nothing(B) is better than juicy steak(C)." 이고,

   그러므로, A slice of bread(A) is better than juicy steak(C)가 된다.

이 논증은 영화의 핵심을 전하고 있다. 그것은 조롱이면서 동시에 깊은 진실을 담고 있다. 빵이 스테이크보다 좋다는 말은, 국민의 가난한 삶을 교묘한 말로 호도하는 정부에 대한 비판이며 조롱이다. 그리고 그것은 또한 서민들을 위한 빵이 부유층을 위한 스테이크보다 더 중요하다는 점을 은유적으로 강조하고 있다. 표면적으로

영화에선 독재자와 저항하는 사람이 싸우고 있지만, 실은 빵을 먹는 사람과 스테이크를 먹는 사람들이 싸우고 있는지도 모른다. 단지 바뀌는 것은 누가 스테이크 접시를 들었느냐 빵 접시를 들었느냐는 차이일 뿐인지도 모른다.

애매어의 오류는 직접적으로 표현하기 부담스러운 대상을 에둘러 나타내는 완곡 어법에서도 사용된다. 세계적인 팝 스타 마이클 잭슨의 여동생 자넷 잭슨이 미국 수퍼볼 경기의 중간 공연에서 세계인들을 깜짝 놀라게 한 일이 있었다. 공연 중간에 불타는 태양 모양의 장식을 달고 있는 젖꼭지를 만천하에 드러내 보인 것이다. 시청자들의 항의가 거세게 일자 주최측은 "의상 불량wardrobe malfunction"에 대한 정중한 사과를 했다. 이후 영어의 새로운 관용어가 될 정도로 인기를 누린 이 표현은 문제의 핵심을 교묘하게 벗어나 버렸다.

미국인들이 사용하는 '유감입니다I am sorry'라는 표현도 매우 애매모호한 표현이다. 정치적으로는 거의 별 의미가 없는 표현으로 볼 수도 있다. 그것을 사과의 표현으로 받아들인다면 너무나도 순진하거나 영어 실력에 문제가 있거나 둘 중에 하나가 아닐까 싶다.

예를 들어, 자동차 사고를 내고 상대방에게 'I am sorry'라고 말했다면 사과의 뜻으로 볼 수 있다. 사고 책임이 분명하지 않을 때는 절대 쓰지 않는 것이 좋다. 그러나 상대

모호성(Vagueness) 일상언어에서 애매성(equivocation)과 모호성(vagueness)은 별 차이가 없이 혼용될 수 있다. 그러나 애매한 언어나 모호한 언어가 혼란을 야기하는 논리에서는 두 단어를 구분하려는 경향이 있다. 먼저 애매한 용어는 두 개 이상의 서로 다른 의미들이 겹치는 경우에 사용된다. 여러 가지 분명한 의미들이 있지만, 어떤 의미를 적용하는가에 따라 문장의 의미가 달라지는 경우에 애매성의 오류가 발생하는 것이다. 이와는 달리, 모호성은 어떤 단어의 개념이나 문장의 적용 범위가 명확하지 않아서 '경계 영역의 범위의 문제(borderline case)'가 발생할 경우에 해당한다. 즉 어린이에게는 술과 담배의 판매를 금지한다고 할 경우 어린이라는 단어가 함축하는 의미의 경계가 불분명하다. 이런 모호성을 제거하기 위해 법적인 용어와 같은 경우에는 개념의 경계를 명확히 정해둔다.

방이 어제 교통사고를 당해서 병원에 실려 갔다거나 부모님이 일찍 돌아가셔서 고아로 자랐다는 소리를 들었을 때에도 'I am sorry'라고 말할 수 있다. 이때는 그에 대한 유감을 표현하는 것이다. 한국어의 '유감'도 마찬가지이다. 어떤 감정이 있다는 말이지 구체적으로 '어떤' 감정인지는 알 길이 없다. 정치인이 이런 표현을 썼다면 사과나 진정한 동감의 표현과는 거리가 멀다는 것을 잊지 말아야 한다.

35. 깃털 없는 두 발 짐승

비형식 : 확대정의 오류overly broad definition.
동의어 : 광의 오류fallacy of too-broad, 차별간과의 오류discarded differentia.
정의 : 지나치게 넓은 범위의 정의를 내려 포함되지 말아야 할 대상까지 범주에 포함시키는
　　　오류.

　　　　　　　　　　　　　　　"야구공은 흰색의 구이다"라는 정의
는 야구공에 대한 정의를 너무 넓게 잡아서, 흰색의 구인 탁구공이
나 골프공과의 차이점을 간과하게 된다. 이처럼 지나치게 넓은 범
주의 설정은 마땅히 고려되어야 할 차별성을 무시하게 만든다. 따
라서 확대정의의 오류는 '차별간과의 오류'로 지칭되기도 한다.

　확대정의에 대한 반대 개념으로 '축소정의의 오류fallacy of overly narrow
definition'가 있다. 기독교 근본주의는 동정녀 마리아에 의한 예수의
탄생을 불변의 기본 교리로 강조한다. 그러나 일부 신학자들은 기
독교 전통이 원어 '처녀'를 '동정녀'로 해석한 것은 지나친 축소 해
석이라고 본다. 동정녀 탄생의 성서적 근거는 예언자 이사야의 "처
녀가 잉태하여 아들을 낳고"(이사야 7:14)와 "요셉은 주의 천사가 일

러준 대로 마리아를 아내로 맞아 들였다. 그러나 아들을 낳기까지 동침하지 않고"(마태복음 1:25)를 들 수 있다. '처녀'의 히브리어 '알마'는 우리말의 동정녀보다는 젊은 여성을 말하는 '처녀'의 의미를 지니고 있다. "하숙집 처녀는 오늘 집에서 쉬는가 보군요"라고 말했다면, 이것은 그녀가 '결혼을 하지 않은 젊은 여성'이라는 것을 의미할 뿐 '동정녀'를 의미하는 것은 아니다. 따라서 처녀를 동정녀로 해석하는 것은 기독교 전통의 축소 해석으로 볼 수 있다.

플라톤(Plato, ca.429~347BCE) 고대 그리스의 철학자이며 서구 형이상학의 수립자로 아테네에서 출생하였다. 영원불변의 개념인 이데아(idea)를 통해 존재의 근원을 설명한다. 소크라테스의 제자로 스승이 사형을 당한 후 기원전 385년 경 아카데모스를 모신 성소에 아카데메이아(academeia)를 개설하고 청년들의 교육에 전념하였다. 그의 저술은 '대화편'으로 불리는데, 이유는 그의 작품들이 대부분 철학적 논제에 대한 대화/논의의 형식으로 이루어져 있기 때문이다. 30편에 이르는 그의 저술이 현재까지 전해지고 있는데, 《소크라테스의 변명》, 《파이돈》, 《향연》, 《국가론》 등은 지금까지 세계 지성의 필독서에 포함된다.

그리스의 대철학자 플라톤Plato은 처음 "인간은 깃털이 없는 두 발 짐승이다"라고 정의하였다. 플라톤과 라이벌 관계에 있던 디오게네스Diogenes가 이 말을 전해 들었다. 디오게네스는 어느 날 닭을 한 마리 잡아서 털을 모조리 뽑아버렸다. 그리고 그 벌거벗은 닭을 들고 플라톤이 제자들을 가르치던 아카데미에 나타나 말했다. "이게 너희들 스승 플라톤이 말한 인간이다." 인간의 신체적 특징을 너무 넓게 잡은 정의로 인해 조롱거리가 된 플라톤은 좀 더 구체적으로 자신의 정의를 수정하였다. "인간은 깃털이 없고 '손톱과 발톱이 넓고 평평한' 두 발 짐승이다." 위대한 철학자의 대응 치고는 조금 소심하지 않았나 하는 생각이다.

기원전 580년 경부터 전제군주 킵셀로스의 죽음을 기념하여 고대 그리스의 고린스에는 매 4년마다 이스미안 체전Isthmian Games이 열렸다. 이스미안 체전은 4년마다 열리는 올림픽의 중간 해에 개최되었다. 이 고린스의 체전이 열릴 때마다 대규모 군중에게 강연을 행하곤 하였던 안티세네스Antisthenes라는 철학자가 있었다. 디오게네스는 스승 안티세네스를 이어 이스미안 체전에서 대중 강연을 하였으며, 이곳에서 알렉산더 대왕을 만났던 것으로 추정된다.

이 유명한 철학자를 만나기 위해 알렉산더가 찾아왔다. 통 속에 앉아 있는 디오게네스에게 알렉산더가 뭔가 필요한 것이 없는지 물었다. 그러자 디오게네스는 "햇볕을 가리지 말고 물러서 주겠소"라고 말했다. 또 다른 전설적인 일화가 있다. 어느 날 알렉산더가 디오게네스를 찾아갔다. 그러자 디오게네스가 사람의 뼈가 쌓여 있는 무더기를 뒤적이며 말했다. "나는 당신 부친의 뼈를 찾고 있는데, 그게 노예들의 뼈와 도저히 구분이 되지 않는군!" 이 괴짜 거지 철학자 디오게네스를 만나본 알렉산더가 "내가 알렉산더가 아니라면 난 디오게네스가 되길 원했을 것이다"라고 말했다는 전설 같은 이야기가 전해져 오고 있다.

이런 일화를 남길 수 있었던 디오게네스이니 당시 명성을 날리던 철학자 플라톤이라고 고이 보아줄 리가 없었다. 플라톤이

이데아(Idea) '보다, 알다'라는 뜻의 동사 이데인 (idein)의 파생어. 원래 눈에 보이는 물건의 모양이나 형식을 의미하던 이데아는 플라톤에 이르러 영적인 눈으로 감지되는 영원불변의 대상을 지칭하게 된다. 즉 보이는 대상을 지칭하던 이 단어는 이제 눈에 보이는 감각 세계의 대상과 구별되고 이성에 의해서만 파악되는 추상적인 대상, 사물의 본질을 지칭하게 된다. 생성되고 지각되는 감각 세계는 이데아의 형상을 본떠 만들어진 것이다. 따라서 철학(필로소피아 : philo+sophia)의 궁극적 목적은 진실한 존재, 즉 이데아의 추구에 있다. 이로써 서구 철학 사상의 본질과 현상의 이원론적 구도가 확립되며, 이후 2천 년간의 서구 철학 논쟁은 플라톤의 주석이라고 불리게 된다.

말했다는 인간의 정의는 희극적이기조차 하였다. 플라톤은 "인간은 깃털 없는 두 발 짐승이다"라고 정의하였다. 친절한 디오게네스는 플라톤의 잘못을 깨우쳐주기 위해 매우 극적인 방법을 고안해내었다. 상상해보라. 당대뿐 아니라 이후 서구 역사에 가장 빛나는 철학자로 인정되는 플라톤이 학생들의 앞에서 수모를 당하는 모습을. 디오게네스는 털을 몽땅 뽑아버린 닭 한 마리를 들고 아카데미에 나타나서 플라톤의 제자들에게 "이게 너희들 스승이 말한 인간이다"라고 일갈하였던 것이다. 이때 디오게네스가 정확히 짚고 있었던 플라톤의 오류가 바로 확대정의의 오류인 것이다.

생각하기

1. 플라톤에 의한 "인간은 깃털이 없고 넓고 평평한 손톱과 발톱을 가진 두 발 달린 동물"이라는 정의에 대해 생각해보자. 디오게네스의 비판은 정당한 것인가? 인간을 육체적인 특징으로 정의하는 것과 사회문화적 또는 정신적 특징에 주목하여 정의하는 것에는 어떤 차이가 있을까?

2. 근본주의자들의 동정녀 탄생설은 경전의 언어 해석상의 차이와 초기 신화적 전승의 신학화 과정을 거쳐서 형성되었다고 볼 수 있다. 그렇다면 동정녀 탄생설은 완전한 오류이며 진리를 담고 있지 못한 것일까? 종교적 진리와 철학적 진리가 전하고자 하는 메시지의 핵심은 무엇이고 양자를 가르는 차이점은 무엇일까?

36. 금발에겐 안 팔아요

비형식 : 정형화^{stereotyping}, 고정관념, 스테레오타입, 편견, 선입견.
정의 : 어떤 특정한 대상이나 집단에 대한 고정된 견해나 사고의 오류.

정형화(스테레오타입)는 대개 뚜렷한 근거가 없는 관습이나 감정적 판단에 의거한 고정관념이나 선입견을 이르는 오류이다.

사람들은 개인과 집단 간의 정체성 확립과 그것의 확인을 위해 일정한 정형화를 고집하는 경향이 있는 것 같다. 가장 대표적인 고정관념은 아무래도 인종, 성, 빈부에 대한 것으로 생각할 수 있다. 아직도 우리 사회에 남아 있는 흑인에 대한 고정관념은 대단히 야만적이고 폭력적이다. 여전히 흑인을 폭력적이고 게으르며 지능이 떨어지는 인종으로 생각하는 이들이 있다는 사실이 슬프다.

미국 사회의 금발(블론드) 여인에 대한 편견도 대단히 깊다.

어느 날 한 금발의 여인이 전자상가에 갔다. 그녀가 점원에게 물었다.

"저기 구석에 있는 텔레비전을 살 수 있어요?"

그러자 점원이 말했다. "블론드에겐 팔지 않습니다."

그녀는 어이가 없어 집으로 돌아와 머리를 검은색으로 염색하고 다시 그 가게에 갔다.

"저기 구석에 있는 텔레비전을 사고 싶은데요?"

그러나 이번에도 점원은 "블론드에겐 팔 수 없습니다"라고 말했다.

이 금발의 여인은 화가 났지만 참고 집으로 돌아갔다. 이번에는 붉은 색을 섞어 화려하게 염색을 하고 가게로 다시 가서는 다른 점원에게 물었다.

"저기 구석에 있는 텔레비전 사고 싶은데요?"

그러나 미치고 팔짝 뛸 일이었다. 그 점원은 다른 점원들과 똑같이 "블론드에겐 팔 수 없습니다"라고 대답하는 것이었다.

너무 화가 난 블론드 여인은 점원에게 물었다.

"도대체 내가 블론디인 것을 어떻게 알았어요?"

점원이 말했다.

"아, 그거요? 저 구석에 있는 건 텔레비전이 아니고 마이크로오븐이거든요."

이 농담은 미국에 떠돌아다니는 수만 가지의 블론드 농담blonde jokes의 하나일 뿐이다.

가난한 사람들에 대한 고정관념, 즉 '게으르고 무능해서 가난하다'는 사회적 편견도 고약한 정형화의 한 예이다. 사회적 편견과 낙인은 불운의 늪에 빠진 사람들에게 희망과 용기마저 빼앗아버리는 비정한 행위이다.

***

　　　　정형화의 오류는 어떤 집단의 성격이
나 특성에 대한 관습적이거나 고정된 관념을 근거로 하여 그 구성
원의 성격이나 특성을 판단할 때 발생하는 오류이다. 주로 부정적
인 편견, 차별의 근거로 사용되는 고정관념을 지칭하며, 어떤 현상
이나 관찰에 대한 지나친 단순화, 과장, 성급한 일반화, 역사적 요
인, 연상을 통해 형성된다.

　고정관념은 한편으론 집단의 일체성 혹은 정체성을 강화시켜주
는 기능을 한다. '용맹한 무사'로서의 스파르타의 이미지는 스파르
타의 자기 정체성을 강화하였을 뿐 아니라 스파르타의 상징으로 오
늘날까지 살아남게 되었다. 그러나 다른 한편으론 일정한 고정관념
을 구성원 전부에게 무차별적으로 적용하여 개인의 독립성과 차별
성을 부정하게 할 위험이 있다.

　일단 한 번 형성된 관념은 그 자체의 관성을 지녀서 변화시키기
어렵다. 프랜시스 베이컨Francis Bacon, 1561~1626도 이런 경향이 야기
하는 문제점을 지적하였다.

　　인간의 오성(이해력)은 어떤 의견을—그게 공인되고 있는 것이기 때문
　이건 순전히 자기 마음에 들기 때문이건 간에—일단 채택한 다음에는 다른
　모든 사물이 그 의견을 지지하고 그 의견에 일치한다고 끌어다 댄다. 그뿐

아니라 이런 사람은 그 의견에 반대되는 실례가 수도 더 많고 신뢰도도 더 높은데도 불구하고 이 반대 사례들을 소홀히 여겨 얕잡아 보거나, 아니면 어떤 특징을 핑계 삼아 쓸모없다고 거부해버린다. 이런 일은 처음부터 고집하기로 작정된 완고하고 치명적인 선입견에 따라 내려놓은 결론의 권위를 바로 그 선입견에 의거해서 그대로 굳게 지키기 위해 하는 짓이다.

—새먼, 곽강제 옮김, 《논리학》, 박영사, 2010, 188~189쪽.

일단 채택된 의견은 그 자체의 생명력을 가지고 생존한다. 새롭게 제기되는 의문과 반대는 이미 세력을 잡고 있는 고정관념의 벽을 뚫고 나서야 잎을 피울 수 있다.

한국에서 사람들이 기피하는 힘든 노동을 하면서 소중한 꿈을 키우고 있는 외국인 노동자들의 사례는 한 대상에 대한 '정형화'가 어떻게 이루어지는지 살펴볼 수 있는 좋은 예이다. 한국인들의 인종적 차별을 받고 있는 외국인 노동자들은 갖가지 인격적인 모욕과 신체적 폭행을 감수하며 일하고 있다. 그럼에도 불구하고 불법적인 체류 신분을 이용하여 임금을 착복하는 사주들이 자주 언론에 보도되고 있다. 전 한국 이주노동자인권센터 소장 양혜우 씨의 글을 일부 인용해보겠다.

이주 노동자들은 한국에서 와서 가장 먼저 배운 단어가 '야! 이 새끼야!'와 '빨리 빨리!'란 단어라고 하듯이 이주 노동자들은 일상적인 폭언의 피해자들이다. 처음 한국말을 잘 이해하지 못했을 때는 그저 나쁜 소리라는 것은 알았지만 감정이 심하게 상하지 않았는데 한국말을 충분히 이해한 후부터는 한국인들의 말투 하나하나가 몹시 거슬리며 민족적 반감까지 생기기 시작했다고 한다.

심지어 상담소에서 상담 받은 내용을 처리하기 위해 사업주를 만나게 될 경우에도 사업주들은 이주 노동자를 가리켜 말끝마다 '애', '쟤'라고 하고 심지어 '이 새끼', '그 새끼'라고 호칭하여 체불 임금이나 산재에 대한 문제는 얘기도 하지 못한 채 사업주의 말투와 태도를 가지고 싸우다 돌아오는 경우도 종종 있었다. 이렇듯 작업장 내의 빈번한 폭언과 폭행은 이주 노동자에 대한 차별과 편견을 깨트리지 못하는 한 크게 개선되기 어려울 것이다.

사례 1) 파키스탄인 임란 씨는 경기도 광주에 있는 공장에서 작업 중 한국인 동료가 자신을 향해 "야 인마!"라고 부르자 못들은 척 무시하고 대답을 하지 않았더니 점점 더 심한 욕을 하며 부르기에 "내 이름은 인마가 아니고 후세인입니다"라고 대답하였다고 한다. 그러자 한국인이 화를 내며 외국 놈이 건방지다며 온갖 욕을 하며 옆에 있던 각목으로 두들겨 패 팔, 목뼈가 부러지는 폭행 사건이 있었다.

—양혜우, 〈이주 노동자 인권 침해 및 차별 현황〉.

불과 수십 년 전에 일본인에게 그런 학대와 차별을 받았고, 지금도 미국이나 일본에서 차별에 시달리고 있는 한국인들이 또 다른 약자들에게 그와 같은 행태를 보인다는 것은 참으로 놀라운 일이다. 그리고 한국의 사주들이 외국인 노동자를 대하는 태도가 미국에서 사업을 하는 한국인들이 흑인이나 스패니시(남미인들)를 대하는 태도와 유사하다는 점이 놀랍다. 물론 한국의 사업가들도 그렇고 미국의 한인 업주들도 모두 다 악덕 기업가라는 것은 아니다.

그러나 일부 악덕 사업가들의 영향은 매우 크다. 흑인 사회에서 친한 친구를 사귀고 나면 자신이 일하는 가게의 한국인 사장이 "돈밖에 모르는 교양 없는 인간"이라는 말을 듣게 된다. "돈 없고 무식한 것들을 가끔씩 혼내어 버릇을 잘 들여야 한다"는 한국 사장들의 이야기도 제법 자주 들을 수 있다. 이런 사정으로 한국인에 대한 인식은 매우 좋지 않다. 십몇 년 전 로스앤젤레스에서 흑인 폭동이 있은 후에 많은 한인들이 이런 문제를 해소하기 위해 노력을 기울인 덕에 지금은 한인에 대한 인식이 상당히 호전되고 있다.

한국에 와서 일하는 외국인 노동자들은 편견을 가지고 보는 사람들의 생각과는 달리 교육도 많이 받았으며, 양식 있고 능력 있는 사람들이 많다. 그들의 한국 경험은 이후 그 나라 사람들이 한국에 대한 관념을 형성하는 데 중요한 기준이 될 것이다. 이때 부정적 이미지가 고정되어버리면 그것을 고치는 일은 매우 힘든 장기간의 노력을 요하게 된다.

박채란이 지은 《국경 없는 마을》은 외국

나는 무엇? 본훼퍼의 〈나는 무엇?〉은 그가 나치 암살을 꾀하다가 체포되어 감옥에 수감되어 있던 당시에 쓴 시이다. 〈나는 무엇〉은 본훼퍼 목사가 자신의 진정한 모습에 대한 깊은 성찰과 번민을 그려내고 있는 시이다. 이 시는 절대자 앞에서 피조물인 자신에 대한 어떤 정형화도 거부하는 구도자의 모습을 독백처럼 잔잔하게 묘사하고 있다. 나치는 패망이 눈앞에 다가오자 1945년 4월 9일 본훼퍼 목사를 처형하였다.

나는 무엇?
남들은 가끔 나더러 말하기를
감방에서 나오는 나의 모습이
어찌 침착하고 명랑한지
어찌 확고한지
마치 자기 성에서 나오는 영주 같다던데
나는 무엇?
남들은 가끔 나더러 말하기를 감시원과 말하는 나의 모습이
어찌 자유롭고 친절한지
어찌 분명한지
마치 내가 그들의 상전 같다던데
나는 무엇?
남들은 또 나에게 말하기를
불행한 하루를 지내는 나의 모습이
어찌 평온하게 웃으며 당당한지

인이 마을을 형성해 살고 있는 안산 원곡동을 중심으로 한 외국인 노동자들의 삶과 애환을 전달하고 있다. 박채란은 외국인 노동자들뿐만 아니라 우리 사회의 내부에 깊은 '차별의 문화' 가 숨어 있다고 지적한다. 젊은이들의 '왕따' 문화는 빈부, 성적, 외모로 서로 차별하고 구분하는 우리 사회의 의식이 이기주의와 상승한 때문이다. 그리고 그런 왕따 의식은 외국인에 대한 폭력적 차별로 이어지고 있다. 일독을 권하고 싶은 책이다.

그러나 어떤 집단에 대한 정형화 혹은 고정관념이 반드시 틀렸다거나 부정적이라고 단정할 수는 없다. 현명한 이들은 '정형화의 오류' 를 역으로 이용하는 경우도 있다. 하지만 긍정적으로 정형화된 의식을 심기 위해서는 장기간의 조직적인 노력이 필요하다.

외국에 자주 다녀 보았거나 장기간 체류해본 사람들은 서양인들이 일본인과 한국인을 대하는 태도의 차이를 실감하였을 것이다. 사실 비슷하게 생기긴 하였지만 오히려 용모도 더 준수하고 재주도 많은 한국사람들이 서양인들로부터 후진국 이미지를 벗은 것은 불과 얼마 되지 않는다. 뭔가 멋진 모습을 보여주면 일본인이냐고 물어보고, 좋은 것이 있으면 일본 것이라고 생각

마치 승리만을 아는 투사 같다는데
남의 말의 내가 참 나인가?
나 스스로 아는 내가 참 나인가?
새장에 든 새처럼 불안하고 그립고 약한 나
목을 졸린 사람처럼 살고 싶어 몸부림치는 나
색과 꽃과 새소리에 주리고
좋은 말 따뜻한 말동무에 목말라 하고
방종과 사소한 굴욕에도 떨며 참지 못하고
석방의 날을 안타깝게 기다리다 지친 나
친구의 신변을 염려하다 지쳤고
이제는 기도에도, 생각과 일에도
지쳐 공허하게 된 나다
이 병에도 지쳤다— 이것이 내가 아닌가?
나는 무엇?
이 둘 중 어느 것이 나인가?
오늘은 이 사람이고 내일은 저 사람인가?
이 둘이 동시에 나인가?
남 앞에선 허세로
자신 앞에선 한없이 불쌍하고 약한 나인가?
이미 결정된 승리 앞에서
무질서에 떠는 패잔병에 비교할 것인가?
나는 무엇?
이 적막한 물음은 나를 끝없이 희롱한다
내가 누구이든
나를 아는 이는 오직 당신뿐
나는 당신의 것이외다.
오! 하나님.

하고, 아시아의 찬란한 종교 문화는 모두 일본 것으로 여긴다. 훌륭한 한국의 문화를 설명해주면 호기심을 갖고 듣다가 일본이 아니고 한국 것이라는 것을 알면 흥미를 잃어버린다.

이것은 오랜 기간 일본이 독자적으로 구축해온 '정형화 작업'의 결과이다. 서구인들에게 신비하게 비쳐지는 동양의 문화와 예술에 대한 대표성을 일본이 차지하였다. 요즘은 욱일승천하는 중국의 기세에 세계인들의 이목이 중국으로 쏠리고 있긴 하지만, 일본에 대한 신비주의적 동경은 여전하다. 그 결과 생선을 즐겨 먹지 않던 미국인들에게 최고의 고급 음식은 일본의 스시가 되었고, 일본의 건축과 미술은 최고급의 예술이고, 일본의 하이쿠는 교양인이면 알아야 할 상식이 되었다. 이런 과정을 거쳐 일본은 원폭을 겪고도 살아남은 신비한 '피해자'라는 이미지가 영화, 문학, 사회학에 걸쳐 광범위하게 형성되어 있다. 아시아에 폭력을 가한 가해자의 이미지는 간혹 제기되는 예외적인 문제일 뿐이다.

정형화의 오류는 정확한 진실을 드러내지 못한다는 약점이 있음에도 긍정과 부정의 양면성을 동시에 지니고 있다. 물론 논리적으로는 오직 문젯거리일 뿐이다. 그러나 정형화가 지니는 긍정적인 측면을 이용할 줄 아는 것도 지혜라 할 수 있다. 또한 정형화의 오류에 대한 공부를 통해 어리석은 고정관념에 빠져서 참된 모습을 보지 못하고 편견과 선입견에 빠지는 일을 방지할 수 있을 것이다.

1. 하루는 은행에 들렀는데 그날따라 은행의 금발 점원이 너무 예쁘게 보였다. 어떻게 그렇게 예쁜 금빛 색깔이 날 수 있는지 궁금해졌다. 그래서 그녀에게 혹시 머리에 염색을 하였느냐고 물어보았다. 그러자 그녀는 아니라고 말하면서 얼른 머리를 뒤로 넘겼다. 그리고는 변명하듯이 이번 휴가를 다녀오고 아직 머리 손질을 하지 못해서 머리 색깔도 변하고 머릿결이 망가졌다고 얼버무렸다. 나는 예쁘다고 물어본 것인데, 블론드를 가지고 있는 미국 여성은 나의 관심에 오히려 콤플렉스를 드러내었다. 이와 같이 어떤 집단에 대한 사회적인 고정관념, 선입견, 편견이 그 구성원의 생각과 행동에 영향을 미치는 것을 알 수 있다.

먼저 고정관념이나 편견, 선입견의 예를 한 가지 떠올려보자. 그리고 그 부정적인 편견의 대상이 자신이라면 어떤 영향을 받을 것으로 보이는지 생각해보자.

2. 불법체류 상태의 외국인 노동자들은 신분의 불안정을 이유로 업주들에게 폭언, 폭행, 임금 착취 등 범죄에 무방비로 노출되어 있다. 당신이 이민국 책임자라면 이 문제를 어떻게 접근하는 것이 좋을까?

37. 대머리는 없다

비형식 : 구레나룻의 오류fallacy of the beard, beard fallacy.
동의어 : 모래더미의 오류paradox of the heap.
정의 : 서로 다른 두 상태가 서로 연속성을 띠고 있기 때문에 실제는 차이가 전혀 없다거나, 두
　　　상태가 존재하지 않는다는 것을 주장하는 오류.

　　　　　　　　　　연결오류continuum fallacy의 하위 개념에
속하는 오류이다. 양적인 차이가 연속 선상에 있으므로 질적인 차
이가 없다는 주장에 숨어 있는 오류로서 언어적 개념의 모호성을
파고드는 모호성의 오류이기도 하다. 대표적인 것으로 "모래더미는
존재할까?" 하는 질문에 대한 궤변적인 논증을 들 수 있다.

　　모래 알갱이 하나는 모래더미가 아니다.
　　거기에 모래 한 알을 더하여도 모래 더미는 아니다.
　　모래 알갱이 하나는 질적인 변화를 가져올 수 있는 양적인 차이가 되지
못한다.
　　따라서 이것을 반복하면, 모래 한 트럭의 분량도 모래 더미라고는 할

수 없다.

반대로,

모래더미에서 모래 알갱이 하나를 빼도 모래더미이다.

역시 모래알 하나는 질적 차이를 가져올 수 있는 양적 변화를 주지 않기 때문이다.

이것을 반복하면, 모래 알갱이 하나도 모래더미라는 결론에 도달한다.

이같이 "모래무더기가 존재할 수 있다 또는 없다"는 역설을 가능하게 하는 것은 언어철학적인 문제를 내포하고 있으며, 헬라어의 '더미, 무더기'를 의미하는 소로스*sōros*와 그것의 형용사형 소리테스 *sōritēs*에 어원을 둔 소라이츠(혹은 소리테스*sorites*) 역설이라고 한다.

✽

'구레나룻의 오류'라는 말이 생긴 사연은 모래더미 오류와 비슷하다. 구레나룻이 있다 없다는 기준은 어디일까? 면도를 깨끗이 하고 나면 구레나룻이 없다. 하루 동안 수염이 약 0.5mm 자라났다고 해서 그것이 구레나룻이 되는 것은 아니다. 0.5mm라는 양적 차이는 수염을 구레나룻으로 만들 정도의 질적 차이를 만들지 못한다. 그렇게 매일 구레나룻이 없는 나날을 두 달 동안 보냈다. 나는 여전히 구레나룻이 없다고 굳게 믿고 있다. 수염은 그 사이 3cm 정도로 자라 있었다.

수염이 많이 나지 않는 한국 사람들의 경우는 어디까지가 구레나룻인가도 아주 중요한 문제이다. 구레나룻이 없는 사람보다 아주 쬐끔 경계선이 아래로 내려온 사람은 구레나룻이 없다. 그리고 아주 쬐끔 더 내려온 사람도 마찬가지이다. 이렇게 턱수염이 얼굴을 덮을 때까지 계속해도 구레나룻은 없다. 그러므로 한국 사람은 누구도 구레나룻이 없다. 정말 그럴까?

대부분의 나라들은 청소년들의 음주 연령을 제한하고 있다. 아직 자기 절제 능력이 부족한 청소년의 음주는 알코올 중독이나 다른 질병에 쉽게 노출시킬 뿐 아니라 돌발적인 폭력 행동이나 교통사고 등을 야기할 수 있기 때문이다. 그러나 음주로 인해 사고를 내는 것은 성인들도 마찬가지이다. 그렇다면 어떤 특정한 나이까지 음주를 금하는 기준은 무엇일까?

한국의 경우 음주는 19세부터 허락이 되고 운전면허는 만 18세부터 취득할 수 있다. 원동기(오토바이)는 16세부터 면허를 딸 수 있다고 한다. 미국에서는 음주가 21세부터 허가되며, 운전은 보통 16세부터 할 수 있다. 그런데 왜 19세부터 음주를 허락할까? 미국보다 2년이나 빨리 음주를 허락하는 걸 보면 문화적 차이도 있겠지만, 1년 정도는 큰 차이도 없을 듯싶다. 그래서 음

알코올중독

1) 알코올중독의 개념 및 정의 : 사교적 음주에서 허용되는 양 이상의 음주를 하여 건강이나 직업, 사회생활에 장애가 있음에도 불구하고 음주를 계속하는 경우를 알코올 중독이라고 한다.

2) 알코올중독의 특성 : a. 만성적이다―이 병에 한 번 걸리면 재발이 잘된다는 것이다. b. 진행성이다―회복하기 위해 노력하지 않으면 점점 심해진다는 말이다. c. 치명적이다―이 병을 치료하지 않으면 결국 술로 인하여 죽게 되거나, 정신병원, 감옥을 들락거리게 된다. d. 치료는 가능하지만 근본적인 치유는 불가능하다―술을 마시지 않으면 더 이상 증상이 나빠지지는 않는다. e. 친구들과 어울려 술을 조금씩 자제하여 즐겨 마시면서 살아가기는 어렵다―술 때문에 뇌에서 체질적 변화가 일어나 뇌가 다른 물질에는 괜찮지만 술이나 술과 유사한 물질에 대해 알레르기 현상을 일으키는 상태가 되었다는 것을 의미한다.

3) 알코올중독의 유형 : 심리적 의존형―술에 대해서 신체적인 의존성은 없고 심리적인 의존성만 있는 경우이며 조절력의 상실은 없다. 이 유형의 사람은 대개 좌절에 대한 괴로움을 너무 심하게 느끼고 긴장을 이겨내지 못해 술을 마시는 경우이다. 진행형―만성적으로 점점 악화되는 유형으로 심리적인 의존형 상태에서 진행되어 신체적 의존성(내성의 증가, 금단 증상), 조절력의 상실도 일어난다. 가장 흔히 볼 수 있으며 심한 유형

5장 언어의 정의

주 연령을 18세 6개월로 낮춘다고 해도 별 문제는 없을 것이다. 6개월은 음주 문제의 경계를 정하는 데 심각한 차이를 나타내는 기간이 아니다. 이렇게 반복하여, 음주 연령을 8세로 정하기로 하자. 찬성하시겠는가?

국가가 범죄를 예방하기 위해 통행인 만 명당 한 명씩 불심검문을 허락하였다고 하자. 어찌하다 보니 9,999명당 한 명 꼴로 불심검문을 하였다. 의미 있는 차이가 아니기 때문에 9,999명당 한 명 꼴로 불심검문 하는 것도 인정하기로 하였다. 그렇게 계속하여 국회는 인구 한 명당 한 명씩 불심검문을 해도 좋다고 결정하였다면 그런 나라에서 살고 싶을까?

반대의 경우도 가능하다. 전체 인구 중에 단 한 명이 불심검문을 당한다면 충분히 용인할 수 있는 숫자이다. 충분히 용인할 수 있는 숫자인 한 명에 또 한 명의 불심검문을 추가한다. 그리고 계속하여 전 인구에 대한 불심검문을 해도 충분히 용인할 수 있는 수준이 된다.

이런 황당한 논리가 교묘하게 논쟁에 끼어드는 것은 아주 자주 발견된다. 주의해서 살펴보기 바란다.

자동차 제한속도도 마찬가지 경우이다.

이다. 이 유형의 사람은 어떤 정신적인 문제나 스트레스 때문에 술을 마시는 것이 아니라 습관화되어 마신다고 할 수 있다. 의지만으로 술을 끊기는 힘들고 단주제 복용, 자조 모임의 참석, 퇴원 후 통원 치료 등을 통하여 음주의 습관성을 없애야 한다. 유지형―한 번에 취할 정도로 술을 마시지는 않고 적당히 마시지만 하루도 술을 마시지 않고는 견딜 수 없는 사람들의 유형이다. 즉 주량에 대한 조절력은 있지만 술을 마시지 않아야 될 상황에서 마시지 않는 조절력은 없다. 사회형―술을 자주 마시는 사회적인 상황 특히 직장에서 생활함으로써 지나친 음주로 인한 신체적인 합병증(위궤양, 간경화 등)이 발생한다. 심리적, 신체적인 의존성은 없다.

4) 알코올중독의 실태 : 한국보건사회연구원 주최로 서울 보사연 대회의실에서 열린 '정신보건법 개정 공청회'에서 인제대 보건대학원 김광기 음주연구소장은 "1997년 한해 동안 술로 인한 질병 치료비, 생산성 감소 및 사망에 따른 손실, 사고로 인한 재산피해액 등이 국내총생산(GDP)의 3.5%인 16조 원에 달하며 음주로 인한 사망자는 2000년에 약 2만 3,000명(전체 사망자 수의 9.2%)"이라며 "음주로 인한 폐해는 음주자 자신이 사회적 비용을 지불해야 한다"고 주장했다.

―주소를 잃어버린 블로그에서.

시속 몇 km가 적절한 제한속도일까? 최근 미국에서는 인공위성의 추적 장치를 이용하여 과속 차량의 속도를 자동으로 통제하는 문제가 논의된 적이 있다. 물론 찬반양론이 충돌하였다. 찬성하는 쪽은 과속 운전을 줄여 사고를 막을 수 있을 것이라고 주장했고, 반대편은 자동제어가 오히려 운전자들을 방심하게 만들어 사고를 늘릴 것이라고 했다. 실제 사고는 많은 경우 속도가 높긴 하지만 제한속도 내에서 발생한다는 것이다.

어쨌든 차량의 운행 속도를 어느 선에서 제한할 것인가 하는 문제도 매우 오랜 역사를 가지고 있다. 최초의 교통법규는 일방통행과 건널목, 교차로에 대한 규정을 만든 로마인들이다. 그러나 속도 제한 규정이 나타난 것은 거의 2천 년이 지난 영국에서였다. 이미 전국적인 유료 통행로Turnpike를 갖추고 있었던 영국은 1835년 인도로 운전하는 것을 금지하는 법안을 통과시켰다. 그리고 1865년 '기관차법Locomotive Act'이라는 강력한 속도제한 법률을 제정한다. 이 법안에 따르면, 말이 끌지 않는 차량은 시골에서 시속 4마일, 시내에서는 시속 2마일(약 3km)의 속도를 지켜야 한다. 그리고 기관차에는 세 명의 운전자가 있어야 하는데, 두 명은 차에 타서 운전을 하고, 한 명은 차의 앞에서 '붉은 깃발red flag'을 들고 걸어가야 했다. 이 법률에 '붉

미국에서 자동차 사고가 나면 미국의 경우 자동차 사고가 나면, 서로 사고 현장을 확인하고 차들이 교통을 방해하는 위치에 있으면 가까운 곳으로 옮긴다. 각자 운전면허증과 자동차등록증을 교환하여 상대방의 정보를 노트하고, 가능하면 해당 보험사 정보도 주고받는다. 경찰이 도착하면 경찰에 사고 현장에 대해 설명한다. 경찰이 도착하지 않았을 경우에는 나중에 가까운 경찰서에 들러 '사고보고서(police report)'를 작성한다. 그리고 보험사에 사고 신고를 하고, 보험사에서 요구하는 서류들을 작성해 보낸다. 보통 사고 신고를 할 때 보험사는 등록번호를 주는데, 이것을 가지고 차 수리 기간에 임시 차량 대여를 하고 자동차정비소(body shop)에도 보험사 정보를 준다. 차 수리가 끝나면 정비소에서 보험사에 수리비를 청구한다. 사고 책임은 사고보고서를 바탕으로 양쪽의 보험사에서 결정한다. 사고 책임이 반을 넘을 경우에는 보험료에 가산점이 부과된다. (각각의 경우와 지역의 법에 따라 약간의 차이가 있다.)

은 깃발 법^{Red Flag Act}'이라는 이름이 붙여진 이유는 이 때문이다. 말이 끌지 않는 차량이 사람들의 보행보다 느리게 운행하도록 규정한 법률은 1896년에 가서야 개정되었다.

생각하기

1. 우리나라의 해안선은 어디로 정해야 할까? 키가 큰 사람이란 있는 것일까? 등의 질문에 대한 구레나룻 오류를 통한 궤변을 만들어보고, 문제점이 무엇인지 생각해보자.
환경을 보호하고 무분별한 개발을 막기 위한 정책으로 '개발제한구역'을 지정하여 정부가 관리 감독하는 제도 있다. 개발제한구역이 '지역의 발전을 가로막고 개인 재산권을 침해한다'는 이유 등으로 조금씩 해제되거나 편법적으로 이용되고 있는 경우가 많다. 국가의 제한선과 개인의 재산권 그리고 지역개발의 의지는 어느 선에서 만날 수 있을까? 선을 정하였다면 그 근거는 무엇이 되어야 할까?

2. 모래더미 오류의 다른 예들을 몇 가지씩 생각해보자.

38. 창고 밖에서 열쇠 찾기

비형식 : 범주오류category mistake, category error.
정의 : 서로 다른 범주에 속하는 것을 같은 범주에 속하는 것으로 오인하거나, 서로 같은 범주
에 속하는 것을 다른 범주로 혼동하는 데서 생기는 오류.

범주오류category mistake라는 용어는 길
버드 라일Gilbert Ryle의 저서 《마음의 개념The Concept of Mind》에서 사용되
었다. 라일은 데카르트 형이상학Cartesian Metaphysics에서 비롯된 마음의
본성에 관한 혼란을 비판하기 위해 이 용어를 도입했다. 관련된 노
양진 교수의 글은 아래에서 소개하기로 한다.

연목구어緣木求魚라는 말이 있다. 나무에 올라가 물고기를 구한다는
말이겠다. 즉 전혀 엉뚱한 곳에서 자기가 원하는 것을 구하고자 하
는 어리석음을 말한다. 다시 말해, 범주의 오류를 범하고 있는 사람
들이 하는 짓이 연목구어이다.

한 구도자가 자신이 마땅히 있어야 할 곳에 대한 가르침을 범주
의 오류로 설명한 글이 있다.

"한 사람(범주오류자)이 창고 앞에서 무엇인가를 찾고 있었다.

그 관경觀境을 본 어떤 사람이 물었다.

어떤 사람 : 여보쇼. 뭘 찾고 있는 거요?

범주오류자 : 열쇠요.

어떤 사람 : 어디서 잃어버렸는데요?

범주오루자 : 창고 안에서요.

어떤 사람 : 아니 그런데 왜 창고 안에서 안 찾고 밖에서 찾는 거요?

범주오루자 : 창고 안은 어둡거든요. 그래서 밝은 바깥에서 찾는 거요."

감각의 눈에 의하여 포착되는 것,

이성의 눈에 의하여 포착되는 것,

관조의 눈에 의하여 포착되는 것은

서로 차원(=범주)이 다르다.

(…중략…)

그래서 관조의 눈에 의해서만 포착되는 것을 이성의 눈으로 포착하려고

하는 것은 창고 안에서 잃어버린 열쇠를 창고 밖에서 찾는 것과 같다.

(…중략…)

잃어버린 열쇠는 잃어버린 곳에서 찾든지 말든지 하자.

잃어버린 창고 안이 어둡다고 해서 밝은 바깥에서 찾지는 말자.

이 말은 일견 너무나 당연한 말 같으나 대부분의 구도자들은 (어찌 보면

참으로 우습게도) 바깥에서 열쇠를 찾고 있다.

어디가 열쇠를 잃어버린 곳이고, 어디가 밝은 바깥인가?

—나우칼럼, 〈자나깨나 범주오류 조심! 꺼진 범주오류도 다시보자!〉,

GACHON.NET, 2004. 7. 15.

이것이 범주오류이다.

✦

한국 사회의 주요 의제에 관한 논쟁적인 글을 발표하고 있는 강준만 교수의, 보수주의적 입장을 대변하는 대표적 문인 이문열에 대한 비판을 잠시 들여다보도록 한다.

이문열에겐 과도한 본질주의가 있다는 것도 지적할 필요가 있겠다. 본질주의란 무엇이 되는 데 그것이 없으면 안 되는 근본적인 속성들이 있다고 보는 관점인데, 이게 지나치면 '범주화의 폭력'을 낳을 수 있다. 이른바 "너 전라도지?" 사건도 바로 그런 본질주의 때문일 수 있다. 이문열은 이 사건에 대해 《한국일보》 1월 22일치 인터뷰에서 다음과 같이 해명했다.

"몇 년 전 고약한 경우를 당했어요. 책 장례식 할 당시 11월 부산 해운대 모 호텔에 강연을 갔었어요. 10월 즈음부터 책 장례를 주동한 사람들이 부산 사람들이었는데, 내가 어릴 적에 부산서 5년간 살았거든요. 그래서 강연장에서 '이만하면 저도 부산 사람이라고 할 수 있지요?'라고 물었더니 다들 '부산 사람이라 할 수 있다'고 하더라고요. '그런데 내가 아는 바로는 책 반환 운동 하면서 책 모으고 있다는 사람들은 부산 사람 아닌 것 같다. 부산 사람들은 성격이 급하고 직선적이어서 한 권씩 책 모아서 불태우고 하지 않을 것 같다' 그렇게 말했어요. 그랬더니 책 장례식의 주동 격인 사람이 찾아와서 '선생님, 그럼 내가 부산 사람 아니면 어디 사람입니까? 전라도 사람이란 말입니까?' 하더라구요. 그때 내 실수가 '어느 지역이든지 간에'라고 했어야 하는데 '그럴 수도 있지'라고 한 게 실수예요."

"너 전라도지?", 그 과도한 본질주의

이문열의 해명과 무관하게, 정작 내가 문제 삼고 싶은 건 '부산 사람'의 본질이 있다고 보는 이문열의 시각이다. 물론 이런 시각은 우리의 일상적 삶에서 누구나 자주 드러내는 것이지만, 공적 담론에선 전혀 다른 의미를 갖는다. 매우 폭력적일 수 있다. 부산에 사는 인구의 수십 퍼센트는 부산 출신이 아니다. 그들은 '부산 사람'이 아니란 말인가? 어떤 범죄 사건이 일어났는데, 그 범죄의 양상을 보고 어디 사람들은 성격이 어떠하기 때문에 그 범죄를 저지르지 않을 것 같다고 말한다면, 그 역도 가능하지 않겠는가?

—강준만, 〈이문열과 상류지식인의 기품〉, 《한겨레 21》 제647호, 2007. 2. 6.

강준만 교수는 이문열에겐 과도한 본질주의가 있으며, 이런 사고방식은 특정 지역 혹은 계층민에 대한 '범주적 폭력'을 범하게 한다고 지적한다. 사람들을 이런 저런 범주로 구분하고 자신의 취향에 맞는 부류를 선하고 아름답다고 전제한다. 반면 다른 부류는 본질적으로 추하고 저급하며 악한 속성이 있다고 생각한다. 이문열의 이 같은 본질주의적 접근에 근본적으로 문제가 있다는 것이 강준만의 지적이다. 논쟁적이면서 논리적인 글쓰기 훈련을 하고자 하는 사람들에겐 강준만 즐겨 읽기를 권하고 싶다. 반면 이문열에게선 논리적 오류가 많음에도 불구하고 감성적이고 대중적인 호소력을 지닌 문학 작품을 발견할 수 있다. 비평학자와 소설가의 차이 정도로 보아도 될 것이다.

다음은 전남대 철학과 노양진 교수의 〈몸의 철학적 담론〉이라는 논문의 한 부분이다.

● 라일과 범주오류

라일G. Ryle은 《마음의 개념The Concept of Mind》[6]에서 몸과 마음의 이원론의 비판을 통해서 새로운 심신 이론을 제시하기보다는 심신 문제에 관한 논의에 새로운 시각을 제시하려고 한다. 그는 그래서 자신의 작업이 "정신에 관한 기존의 지식을 확장하려는 것이 아니라, 다만 이미 알고 있는 지식들의 논리적인 지형도를 올바르게 그리려는 데 그 본연의 의도가 있다"[7]고 말한다.

라일은 데카르트가 몸과 마음의 이원론을 제시하면서 '범주오류' category mistake를 범하고 있다고 비판한다. 몸과 마음을 별개의 실체로 간주하는 것은 마치 '전남대학교'와 '도서관'을 별개의 동등한 범주처럼 간주하는 오류라는 것이다. 그것은 어린아이가 전남대학교의 도서관, 본부, 학

---

[6] G. 라일, 이한우 옮김, 《마음의 개념》, 문예출판사, 1994.
[7] G. 라일, 위의 책, 9쪽.

생회관 등을 다 구경하고서 "그런데 전남대학교는 어디 있지?"라고 묻는 것과 유사한 오류이다. 말하자면 전남대학교는 본부, 도서관, 학생회관, 인문대 등의 구체적인 건물들이 모여 이루어진 하나의 범주일 뿐이며, 따라서 전남대학교 자체가 도서관처럼 구체적이고 물리적인 대상은 아니다. 마찬가지로 데카르트가 몸과 마음을 대등한 범주라고 보았던 것은 착각일 뿐이다. 데카르트가 몸과 마음을 동등한 범주라고 간주한 것은 마치 도서관과 전남대학교를 동등한 범주인 것처럼 착각한 결과라는 것이다.

라일의 비판에 따르면 '몸'과 '마음'은 별개의 범주가 아니라 정신은 다만 우리가 접촉하고 관찰하는 몸의 활동들의 결과 또는 양상일 뿐이라는 것을 암시한다. 라일은 새로운 대안을 제시하고 있는 것이 아니며, 다만 신체적 활동이 없는 독립적인 정신 현상은 있을 수 없다는 점을 강력하게 암시하고 있다. 그래서 라일은 데카르트적 이원론의 구도 안에서 정신을 '기계 속의 유령ghost in the machin'이라고 부른다.

라일의 데카르트 비판은 몸과 마음이 분리된 실체가 아니라는 것이며, 적어도 몸의 존재 없이 마음이 존재할 수 없다는 생각을 담고 있다. 물론 이러한 가정을 새롭게 받아들인다고 해서 몸과 마음의 문제가 자동적으로 해명되는 것은 아니다. 그러나 우리는 라일의 권고를 따라 몸과 마음의 이원론적 이해를 포기함으로써 이 문제의 탐구에 있어서 전적으로 새로운 방향성을 모색할 수 있을 것이다.

라일에 따르면 데카르트 같은 거장도 몸

반유대주의(Anti-Semitism) 종교 혹은 인종으로써 유대인들에 대한 편견, 적대의식, 박해를 이르는 말이다. 엔티-세미티즘(Anti-Semitism)이라는 말은 어원적으로는 유대인과 아랍족을 모두 포함하는 셈족에 대한 적대의식을 의미한다. 그러나 유럽의 반유대주의 역사와 홀로코스트라는 잔혹한 학살의 경험을 거치면서 반유대주의라는 의미로 고정된다. 최근에는 이스라엘 국가의 정책과 시오니즘에 반대하는 반시온주의(Anti-Zionism)를 신반유대주의(New Anti-Semitism)라고 부르기도 한다. 그러나 19~21세기에 걸쳐 유럽, 미국 그리고 이스라엘에 의해 행해지고 있는 아랍 민족과 아랍 국가들에 대한 광범위한 박해는 신반셈족주의(Neo Anti-Semitism)이라고 불릴 만하다.

327
|

과 마음이라는 서로 다른 범주를 혼동함으로써 오류를 범하였다는 것이다. 참으로 큰 위로가 되는 말이 아닐 수 없다. 서양철학의 축을 바꾸어버린 인물이 심각한 오류를 범하였다니, 어찌 즐겁지 않겠는가? 오류를 두려워하지 말라. 그리고 항상 의심하라. 누구든 오류를 범할 수 있고 그 오류를 찾아내는 사람은 그의 어깨를 넘어설 날도 있을 것이다.

연목구어(緣木求魚) 나무에 올라 고기를 얻으려 한다는 뜻으로 목적과 수단이 맞지 않아 불가능한 일을 하려하는 것에 대한 비유.

전국시대인 주(周)나라 신정왕(愼靚王) 3년(BC 318), 양(梁 : 魏)나라 혜왕(惠王)과 작별한 맹자(孟子)는 제(齊)나라로 갔다. 당시 나이 50이 넘은 맹자는 제후들을 찾아다니며 인의(仁義)를 치세의 근본으로 삼는 왕도정치론(王道政治論)을 유세(遊說) 중이었다.

"전하의 대망(大望)이란 무엇입니까?"

선왕은 웃기만 할 뿐 입을 열려고 하지 않았다. 맹자 앞에서 패도(覇道)를 논하기가 쑥스러웠기 때문이었다. 그래서 맹자는 짐짓 이런 질문을 던져 선왕의 대답을 유도하였다.

"전하, 맛있는 음식과 따뜻한 옷, 아니면 아름다운 색(色)이 부족하시기 때문입니까?"

"과인에겐 그런 사소한 욕망은 없소."

선왕이 맹자의 교묘한 화술에 끌려들자 맹자는 다그치듯 말했다.

"그러시다면 전하의 대망은 천하통일을 하시고 사방의 오랑캐들까지 복종케 하시려는 것이 아닙니까? 하오나 종래의 방법(무력)으로 그것(천하통일)을 이루려 하시는 것은 마치 '나무에 올라 물고기를 구하는 것(緣木求魚)'과 같습니다."

'잘못된 방법(무력)으로는 목적(천하통일)을 이룰 수 없다'는 말을 듣자 선왕은 깜짝 놀라서 물었다.

"아니, 그토록 무리한 일이오?"

"오히려 그보다 더 심합니다. 나무에 올라 물고기를 구하는 일은 물고기만 구하지 못할 뿐 후난(後難)은 없습니다. 하오나 패도(覇道)를 좇다가 실패하는 날에는 나라가 멸망하는 재난을 면치 못할 것입니다."

―《孟子》梁惠王篇.

생각하기

1. 유대인들은 국가, 민족, 종교라는 세 개의 서로 다른 범주를 하나로 묶고 방어하기 위해 상당히 의도적으로 '범주의 오류'를 이용하는 것으로 보인다. 이스라엘이라는 국가(state of Israel)는 유대인이라는 민족, 유대교라는 종교와 의도적으로 동일시되거나 구분된다. 모든 유대인들은 이스라엘 국가와 특수한 관계를 가진다. 유대교인들도 유대인과 구별되기 힘들다. 그러나 그들은 국가 이스라엘이 행하는 정치군사적 폭력은 이스라엘 민족이나 종교와는 구별되는 것으로 선을 긋는다. 이런 특징이 가장 극명하게 드러나는 것이 반유대주의(Anti-Semitic)라는 낙인의 경우이다. 이스라엘의 팔레스타인 정책이나 서구 사회에서의 영향력에 대한 정치적 혹은 사회적 비판은 곧바로 반유대주의로 낙인찍힌다. 서구 사회 특히 미국에서 반유대주의자라는 낙인은 상류, 지식 사회에서 사회적 식물인간이 되는 것을 의미한다. 상황이 이렇다 보니 이스

라엘 국가의 폭력적인 중동 정책에 대한 반대나 유대교에 대한 종교적 비판이 실질적으로 불가능하다. 결국 저급한 반유대주의자들의 맹목적이고 폭력적인 목소리만 남아 있고, 건전한 비판의 가능성은 더욱 낮아진다.

2. '한국 문학'이란 무엇일까? 한국 문학의 경계를 이루는 범주는 무엇일까 생각해보자. 한국인이 쓴 문학작품일까? 쓰인 언어나 지역에 관계없이 역사적 한국의 영토 안에서 이루어진 문학작품일까? 혹은 인종에 관계없이 한국어로 써진 작품을 말할까? 이것은 대부분이 한자인 고대 문학작품을 생각하면 가능하지 않은 구분이 될 것이다. 한국에 관한 모든 글을 포함시키는 것은 가능할까? 어떤 것이 한국 문학일까?

39. 오캄의 면도날

비형식 : 오캄의 면도날Occam's Razer.

유사어 : 경제성의 법칙law of economy, 절약의 법칙law of parsimony, 간결성의 법칙law of succinctness.

정의 : 단순한 것이 사실일 가능성이 크다는 추론의 오류.

오캄의 면도날은 서로 다른 두 개의 이론이나 설명이 공존할 경우, 다른 것이 동일하다면 단순한 것이 사실일 가능성이 크다는 주장을 말한다. 그리고 어떤 현상이나 사물을 설명할 때 필요 이상으로 복잡하거나 비합리적인 주장을 배제시켜가는 과정을 '오캄의 면도날을 적용한다'고 한다. 즉 쓸데없이 복잡하기만 한 주장들을 단칼에 잘라내는 날카로운 칼날이 오캄의 면도날이다.

오캄의 면도날과 관련된 오류는 양날 칼과 같아서 양쪽 방향으로 적용된다. 하나는 오캄의 면도날이 잘라내야 할 부분을 고집하는 오류이다. 즉 현상을 합리적으로 설명하지도 못하면서 복잡한 주장을 붙들고 있는 경우이다. 다른 하나는 오캄의 면도날을 남용하는 오류이다. 즉 단순하고 명쾌하다는 이유만으로 참이라고 주장하는 오류를 말한다.

의과대학의 학생들은 인간의 신체와 질병에 관한 엄청난 양의 지식을 배우고, 또 수없이 많은 질병의 치료를 위한 지식의 습득과 훈련에 매진한다. 그런데 병의 증상이라는 것이 너무 많고 때론 유사해서 혼란을 야기하기 때문에 정확한 진단이 치료의 성패를 좌우한다고 해도 과언이 아니다. 이 학생들에게 교수들이 하는 말 중에 "혹 말발굽 소리를 듣는다면 얼룩말이 아니라 일반적인 말이라고 생각하라"는 것이 있다. 즉 너무 복잡하게 상상의 나래를 펴서 증상을 복잡하기 해석하면, 단순하게 판단하고 치료할 수 있는 기회를 놓칠 수 있다는 가르침이다. 이때 의대 교수는 '오캄의 면도날'에 대해 설명하고 있는 셈이다. 그러나 어떤 환자가 에이즈 초기 증상이면서 감기몸살의 증상이기도 한 고열, 구토, 전신이 쑤시는 증세를 보였는데, 보다 간결한 것을 보아야 한다는 이유로 감기몸살이라는 결론을 내린다면 위험한 오진일 가능성이 있다고 할 수 있다.

오캄의 면도날을 제대로 사용하려면 이 두 가지 방향의 오류를 염두에 두고 있어야 한다. 아마도 그래서 옛 면도날은 양날로 만들어졌는가 보다.

오캄(Occam, ca.1285~1349) 영국의 잉글랜드 오캄(Ockham)에서 출생하였으며 프란체스카 수도사가 되었으며 옥스퍼드에서 공부하였다. 그는 논리학과 인식론에 뛰어난 업적을 남겼다. 철학적 미니멀리스트로 불리는 오캄은 당대의 실재론적 관점에 도전하여 유명론을 지지하였다. 그는 보편이 마음을 벗어나 존재할 수 없으며, 보편이란 개별적인 존재의 집단이나 특성을 가리키는 명칭일 뿐이라고 보았다. 그의 이런 발상은 개별적 존재에 대한 인식은 구체적인 경험을 통해서만 알 수 있다는 경험론적 사상으로 발전하면서 근대 경험주의 태동에 영향을 미치게 되었다. 그는 또한 종교적 지위에 있는 사람은 재산이나 부를 소유해서는 안 된다고 주장했다. 그러나 그는 과격한 신학적 주장으로 인해 옥스퍼드 대학에서 쫓겨나 프랑스 아비뇽으로 망명하였다. 그렇지만 오캄은 그곳에서도 교황 요한 12세를 이단이라고 비난하며 갈등을 지속하다가 결국 교회로부터 파문을 당하였다. 여담으로 영화화되기도 한 움베르토 에코의 소설 《장미의 이름》에서 살인 사건을 파헤쳐 가는 주인공 윌리엄이 수도사 '오캄의 윌리엄'을 모델로 한 것으로 알려져 있다.

＊

　　　　　　　　오캄의 면도날 원리는 중세 프란체스코 수도사이면서 영국의 철학자였던 오캄의 윌리엄William of Ockahm, ca.1285~1349의 이름을 따붙여졌다. 그러나 오캄의 원리는 이미 중세 철학에서 일반적인 원리로 받아들여졌다. 단지 오캄이 매우 즐겨 사용했기 때문에 그의 이름이 붙여진 것뿐이다. 그의 사상은 "보다 완벽할수록 그 작동 원리는 더 단순해진다"는 아리스토텔레스의 견해와 맥을 같이하는 것이다. 이 원리는 완벽함은 곧 간결함 그 자체일 것이라는 형이상학적인 편견에 근거한 것처럼 보인다. 그러나 한편으로 복잡하고 개별적인 사태를 하나의 간결한 개념으로 파악하고 이해하려는 인간 이성의 경향과도 연결되어 있는 것 같다. 우주의 기원과 모든 에너지를 하나의 단순한 식으로 나타낼 수 있는 통일장 이론에 대한 물리학자들의 집념도 따지고 보면 가장 간결한 방식으로 따라서 가장 완벽하게 우주를 설명하려는 노력의 일환으로 볼 수 있을 것이다.

　그러나 신학자였던 오캄의 면도날은 매우 변증적인 성격을 띠고 있었다. 당시로서는 매우 심각한 문제들이었을 천사의 지위에 대한 질문에서 오캄은 역시 이 원리를 사용한다. "상위 천사의 종류가 하위 천사보다 더 적기 때문에 더 많은 것을 아는가?"라는 질문에 대해 "불필요하게 복잡한 언명을 제시해서는 안 된다"는 원리를 적용하여 긍정적인 답변을 제시한다.

　오캄의 면도날은 논쟁을 칼같이 자르고 단순 명쾌한 답변을 제시하는 데는 유용하지만, 논쟁의 답이 그만큼 칼같이 단순 명쾌하게 확증되지는 못한다. 오캄 자신은 성경의 계시에 따라 신을 이해할 수 있다는 단순 명쾌한 답변에 덧붙여진 모든 복잡한 자연신학적 시도들을 불가능한 시도로 보았다. 그의 면도날은 가톨릭 신학에 도전하는 이론들을 잘라내는 데 서릿발 같은 날카로움을 지녔지만, 신앙이나 가톨릭 신조에 관해서 이 원리를 적용하지는 않았다.

오캄이 즐겨 사용한 면도날은 근대 경험론과 새로운 과학적 사유의 등장에 큰 영향을 미쳤다. 당시 천문학자들은 천동설을 설명하기 위해 대단히 복잡한 별의 궤도와 납득할 수 없는 가설을 동원해야 했다. 이는 보다 완벽할수록 그 작동 원리는 더 단순해진다는 원리에 반하는 것이었다. 이미 관점을 바꾸기만 하면 대단히 간단하고 정확히 별의 궤도를 설명할 수 있는 지동설이 제시되고 있었기 때문이다. 당연히 오캄의 면도날 원리는 지동설이 강력한 설득력을 확보할 수 있는 근거가 될 수 있었다.

오캄의 도전적인 삶과 사고방식에 영향을 받은 후세들은 이제 오캄의 이름이 붙여진 이 원리를 이용하여 오캄의 주장에 도전하고 있다. 무신론자들은, 완벽할수록 그 작동 원리는 단순해진다는 아리스토텔레스와 오캄의 주장을 인용하여, "만약 완벽한 신이 우주를 창조했다면 우주와 그 구성 요소는 보다 더 단순해야 할 것이다"고 주장한다. 따라서 이 복잡한 우주는 불완전하고 그런 우주는 완전한 신에 의해 창조된 것이 아니라는 결론에 이른다.

아직도 신비에 쌓인 고대 이집트나 마야의 독특하고 눈부신 문명의 자취를 보고 있으면 자연스레 도대체 누가 저런 문명을 이루어낼 수 있었을까 하는 의문이 든다. 어떤 이들은 고도로 문명이 발달한 외계인들이 지구에 와서 고대 지구인들에게 예술과 기술을 가르쳤다고 주장한다. 고대인들이 어떻게 저토록 찬란한 문명을 발전시켰는가 하는 질문은 다시 알 수도 없는 외계인의 존재와 그 눈부신 문명에 대한 공허한 논쟁으로 떨어진다. 오캄이라면 고대인들이 다소 비약적인 발전을 이루면서 고대 문명을 이루어냈다는 주장이 외계인이 고대 지구인을 가르쳤다는 주장보다 단순하다는 점에서 앞의 주장에 힘을 실어줄 것이다.

그러나 유사한 논쟁이 전혀 반대로 전개될 수도 있다. 생명의 기원에 대한 진화론적인 입장에 대해 창조론자들은 이렇게 말할 것이다. 정확하게 모든 단계와 요소들이 다 증명되지도 못한 진화론의 복잡한 논리가 있어야 할 이유가 없다. 신의 설계와 능력에 따라 생명이 잉태되고 만들어졌다는 주장이 훨씬 단순 명쾌하다. 그러므로 창조론이 보다 사실일 가능성이 크다.

반면 음모론자들conspiracy theorists은 오캄의 주장과 반대 방향으로 사고를 전개한다. 한 중견 기업에서 기계의 고장으로 인해 종업원 한 명이 심각한 재해를 입는 사고가 발생하였다. 회사 측은 정비팀의 정비 불량에 의해 사고가 났으며 피해자에 대한 보상은 보험사에서 처리할 것이라고 발표한다. 회사는 사고로 인해 피해자가 발생한 것에 유감을 표시하고 사고 재발 방지를 위해 노력할 것이라는 점도 강조하였다. 회사의 설명은 간결하고 분명하며 사실일 가능성이 높다.

그러나 사고의 배후에 음모가 있다는 주장이 제기될 수 있다. 사고를 당한 사람은 노조의 임원이었고, 노조는 최근 회사와 갈등을 빛고 있었다. 사고가 난 기계는 좀처럼 고장이 나지 않는 기계이다. 이번 사고로 노조는 지도자를 잃게 되었고, 회사는 치료 비용조차 지불하지 않고 미운털을 제거할 수 있게 된 것이다. 이런 음모론은 언제나 단순한 답변이나 해결책보다는 뭔가 복잡하고 비밀스러운 이유들이 작용하여 사건이 발생하였다고 믿는다는 점에서 오캄의 면도날과는 반대 방향으로 날이 서 있다.

텔레비전 드라마 〈엑스파일X-File〉은 외계인뿐만 아니라 온갖 종류의 초자연paranormal 현상을 추적하는 미중앙정보부FBI 요원의 활동을 보여준다. 가슴을 흔들어놓는 배경음악과 함께 열리는 엑스파일에서 멀더는 오캄의 면도날 원리를 "상상력 부재 이론"이라고 비꼬았다. 뭔가 복잡한 것을 상상하며 찾아다니는 입장에서는 당연한 비판이라고 생각된다. 반면 과학적인 시각에서 초자연 현상을 바라보는 스컬리Sculley의 입장에서 보면, 멀더Moulder와 초자연 현상을 믿는 사람들에게 가장 필요한 것이 오캄의 면도날일지도 모른다.

생각하기

1. 갑자기 집안 식구가 병이 들고, 부모님 직장에 문제가 생기고, 집의 수도와 전기에 문제가 발생하고 경제적인 문제가 겹치면서 액운이 몰려온다. 아무리 생각해도 이유를 분명히 알 수 없다. 집안 식구들 개인의 처지, 국가 경제, 사회안정망이 부족한 한국의 현실, 어려울수록 받기 힘든 서비스 등 설명을 하려면 한없이 복잡해지기만 한다. 그때 이웃집 아저씨가 한마디한다. 다 묘자리를 잘못 써서 그렇다는 것이다. 조상의 묘자리가 나쁘면 집안에 액운이 끊이지 않는다고. 참으로 깔끔 분명한 해답이 아닐 수 없다. 오캄

의 면도날을 단칼에 휘둘러 묘를 이장하기로 하였다. 여기 언급한 것과 유사한 형태의 오캄의 면도날 오류의 예를 한 가지씩 제시해보기 바란다.

2. 물리학에 관심 있는 분들이 모인 블로그 〈餘分 : Physics and fun〉이라는 곳에 가면 물리학자들이 오캄의 면도날을 가지고 재미있게 노는 것을 발견할 수 있다. 개인적으론 물리학자들이 키득거리면서 철학적인 문제로 잡담을 나눈다는 것이 흥미롭고 참신하게 느껴졌다. 아무튼 이곳에 extraD라는 분이 우주 암흑물질에 관한 몇 가지 주장을 소개하고 오캄의 면도날을 어디까지 휘둘러야 좋을까 하는 문제를 제시하였다. 이어서 물리학도들 간의 재미난 대화들이 오고 간다.

암흑물질(dark matter) 스위스계 물리학자 프리츠 츠비키는 은하의 움직임이 중력의 법칙과 다르다는 관측 결과를 바탕으로 1930년대에 암흑물질의 존재에 대한 가설을 제기하였다. 물론 당시엔 비웃음만 받았다. 다시 1962년 베라 루빈이라는 여성 천문학자가 츠비키와 유사한 관찰 결과를 발견하였다. 태양계가 속한 은하수의 움직임이 뉴튼의 법칙과 다르다는 것을 근거로 만일 은하수의 움직임이 뉴튼의 법칙을 따르려면 은하수 총 질량의 대부분은 눈에 보이지 않는 물질이라고 주장했다. 그러나 그녀의 주장 역시 여성에 대한 편견을 넘어서지 못하였다. 다시 10여 년이 흐른 1978년 루빈과 동료 학자들은 열 개 이상의 은하를 관측해 모든 은하들이 뉴튼의 법칙과 맞지 않는 빠른 속도로 회전하고 있다는 사실을 확인한 후에야 천문학계는 암흑물질의 존재를 인정하게 되었다. 그리고 2007년 1월 미국, 유럽, 일본의 과학자들은 별빛의 관측을 통해 암흑물질의 존재를 확인하기에 이른다. 지금까지 알려진 바로는

우주의 총 에너지 = 암흑에너지(73%) + 암흑물질(23%) + 물질(4%)

이다. 지금까지 천문학자들이 관측하여 우리를 신비감에 몰아넣었던 이 광대한 우주라는 것도 실제는 우주의 단 4%에 불과한 물질에 국한되어 있다는 말이다.

지금 물리학자들의 마음속에서 경합하고 있는 암흑물질에 관한 이론 중 임의로 두 개를 택했고, 또 과학자가 아닌 사람들의 또 하나의 이론도 아래에 적어둡니다.

1) 세상이 11차원이야. 그중 일곱 개는 아주 작게 접혀 있어. 초대칭이 16개 혹은 8개야 그런데 이것들이 어떤 이유로 하나만 낮은 에너지까지 남아. 그리고 그게 어떤 알 수 없는 이유로 깨졌어. 깨진 에너지가 W 입자의 질량과 크게 다르지 않다고 하자고. 그리고 초대칭에 더불어 R-party라는 게 있어. 그리고 알 수 없는 이유로 그 대칭성은 깨지지 않아. 그래서 가장 가벼운 초대칭 입자는 안정해. 그리고 그 안정한 입자는 우연히 B-type으로 생겼어. 그리고 그 녀석은 자기랑 만날 때 약하게 붕괴하도록 결합 세기가 결정되어 있어. 그래서 이 녀석이 암흑물질이 되었던 거지.

2) 다른 물질과 상호작용을 하지 않는 스칼라 입자가 있어. 그리고 그 녀석은 자신과 만나서 아주 약한 비율로 소멸해. 그래서 이 녀석이 암흑 물질이야.

3) 신이 암흑물질을 창조했어.

물리학자들은 과연 이 보이지 않는 물질의 정체가 무엇인지 궁금해했지만, 지금까지 알려진 어떤 종류의 물질도 암흑물질이 될 수 없다는 결론을 내렸습니다. 암흑물

질이 되기 위한 조건은 a. 안정해야 한다. b. 빛을 내지 않는다. c. 무겁다. 정도로 요약할 수 있습니다. 안정하지 않거나 빛을 낸다면 밤하늘을 온통 환하게 비추는 조명탄이 되었을 것이고, 무겁지 않다면 우주 전체 에너지의 30%를 채우지 못할 것입니다. 물리학자의 대다수가 1번을 그 답으로 여기고 있습니다. 소위 가장 가벼운 초대칭 입자로 불리는 Neutralino(뉴트랄리노)라는 이름의 이 입자가 그것입니다. 하지만 제가 보기에 그것은 오버샷인 듯합니다. 왜냐하면 2번이면 충분하니까요.

—extraD, http://extrad.egloos.com/1202927.

일단 복잡한 물리학적인 논의는 그 똑똑한 양반들에게 맡기고 그냥 주어진 글을 통해서 볼 때 당신은 '면도날'을 어디까지 적용하고 싶은가?

40. 고문의 정의(定義)와 정의(正義)

비형식 : 개념 재정의 오류fallacy of redefinition.

정의 : 사전적 의미 혹은 일반적 개념에 자의적 의미를 덧붙여 개념을 새롭게 정의함으로써
자신의 주장을 정당화하는 오류.

일반적인 단어의 의미나 전문적인 용어의 뜻을 재정의하는 것이 반드시 오류라고는 할 수 없다. 전문용어technical terms는 거듭된 재정의 과정을 거치면서 보다 명확한 개념을 확립해가고, 전문가의 견해나 학문적 경향에 따라 다른 의미로 재정의되기도 한다. 그러나 이 경우에는 용어의 개념상 차이가 서로 확인되어 있으므로 애매성의 오류를 범하는 것은 아니다. 문제는 논쟁의 과정에 용어의 개념을 재정의하거나 혹은 주관적인 정의를 제시하여 주장을 펼치는 경우이다.

개념 재정의 오류는 코끼리를 냉장고에 집어넣기 대회에서 옆집 고양이를 집어넣고 코끼리라고 우기는 경우와 같다. 물론 고양이는 온갖 고문과 쇄뇌를 통해 "나는 코끼리입니다"는 소리가 저절로 나

올 수 있도록 잘 교육한 후에 냉장고에 넣어야 한다. 냉장고에서 쌍코피가 터진 고양이처럼 생긴 놈을 꺼내 물어보니, "나는 코끼리입니다"라고 말하는데 어쩔 것인가?

개념 재정의 오류는 크게 '외연확대 재정의'와 '외연축소 재정의'의 두 가지 유형으로 분류해볼 수 있다.

외연확대 재정의low redefinition는 정의의 기준을 낮추어low 그 정의가 포함하는 범주를 확대하는 재정의 방식이다. 예를 들어, "박쥐는 날아다니는 포유동물이다"라는 정의가 있다고 하자. 이때 누군가 "박쥐는 날아다니는 동물이다"라고 재정의하면 외연확대 재정의 오류가 된다. 날아다니는 동물이라는 정의는 너무 범위를 넓게 잡아 조류까지 박쥐에 포함시키게 된다.

반대로 외연축소 재정의high redefinition는 정의의 기준을 높여high 그 정의가 포함하는 범주를 축소시키는 재정의 방식이다. 새의 사전적 정의는 대충 "알을 낳는 척추동물로 부리를 가지고 있으며 깃털로 덮여 있는 동물"로 생각해볼 수 있다. 너무 복잡한 정의로 보인다. 그래서! "새는 깃털을 가진 나는 동물이다"라고 재정의하는 것은 어떨까? 큰 무리는 없어 보인다. 그러나 동물원의 타조나 펭귄은 조류동에서 다른 곳으로 이사를 해야 할 것이다. 두 번째 정의가 더 단순해 보이지만 "날 수 있다"라는 부분이 너무 높은 기준이 되어 조류 일부가 포함되지 못하게 되는 오류가 발생한다.

이와 같은 방식을 통해 논쟁의 핵심적인 개념을 자신에게 유리하도록 재정의하여 논증하는 방식을 개념 재정의 오류라고 한다.

　　　　　기원전 6세기 전설적인 이야기꾼 이
솝의 박쥐 이야기는 개념 재정의 오류가 박쥐와 같은 기회주의적이
고 이중적인 부류에게 얼마나 매력적인 도구인지 잘 보여준다.

　독수리가 이끄는 새들의 나라와 사자가 왕으로 있는 짐승들의 나
라 사이에 전쟁이 벌어졌다. 전쟁이 새들에게 유리하게 돌아가면
박쥐는 새들의 편에 서다가 짐승들이 우세해지면 짐승의 편을 들었
다. 동물들도 사람처럼 나쁜 기억을 더 오래 하는가 보다. 편들었을
때의 고마움보다야 힘들 때 적의 편을 들었던 박쥐를 아무도 잊지
않았다. 결국 박쥐는 새와 짐승 모두로부터 기회주의자로 왕따를
당한다. 옛날이야기가 언제나 그렇듯이 박쥐와 같이 개념 재정의
오류를 범하는 자들은 끝이 행복하지 않을 것이라는 아주 교훈적인
내용이다.

　2003년 미국의 이라크 침공이 시작된 이후 부시 행정부는 미군에
의한 포로의 고문이나 비밀 포로수용소의 존재에 대해 부정으로 일
관하였다. 그러나 시간이 지남에 따라 비밀 수용소의 존재가 확인
되고, 아브 그라이브를 비롯한 여러 곳에서의 고문 사실이 드러나
게 되었다. 그렇지만 미국 정부는 고문이 행해지지 않았다는 주장
을 굽히지 않았다.

　그해 12월 5일 유럽 순방 중이던 콘돌리자 라이스 미 국무장관은
여전히 "미국은 포로를 불법적으로 고문하지 않았다"라고 주장했
다. 그런데 콘디 라이스의 이 같은 주장에는 나름대로 근거가 있었
던 것이다. 부시 행정부는 세계의 기준과 다른 매우 독특한 '고문에

대한 정의'를 내려놓고 있었기 때문에 국제법상 고문에 해당하는 행위가 미국 정부의 정의에 따르면 고문의 범주에 들지 않았던 것이다.

첫째, 미 행정부는 수용소에 있는 수감자들은 전쟁 상대국의 포로가 아니라 테러리스트들이므로 '포로'의 개념에 해당되지 않는다고 주장했다. 따라서 이들에게는 '제네바 협약'이 적용되지 않는다.

둘째, 미국 정부는 수감자들의 처우에서 미국의 '고문에 대한 정의'를 위반하지 않았다는 점이다.

미국이 고문이 아니라 '고도의 수사기법'으로 분류한 것에는 여러 가지 항목이 포함되어 있다. 발가벗기기, 독방에 가두기, 머리에 물방울 떨어뜨리기, 잠 안 재우기, 얼굴에 수건을 씌우고 물 뿌리기, 몇 대 때리기, 장시간 세워두기, 성적 수치심 자극하기, 종교적 모욕감 주기.

2005년 12월 26일자 《네이션The Nation》[8] 지의 기사를 발췌 인용해 본다.

> 지난 11월 초 조지 부시는 고문에 관한 질문을 받고 이렇게 말했다. "우리가 행하는 모든 활동은 법을 준수하는 한도 내에서 이뤄진다. 우리는 고문을 하지 않는다." 고문과 학대가 분명히 있었다는 수백 건의 보고서들이 나왔는데 부시는 어떻게 이런 말을 할 수 있단 말인가? 부시는 진실을 외

---

8 Anthony Lewis, 〈고문 행정부(The Torture Administration)〉, Dec. 26th, 2005. 《프레시안》 번역문.

면하기 위해 눈을 감고 있는 것인가. 아니면 부시 측 변호사들이 이런 하찮은 법들은 무시해도 좋다고 보는 것인가?

'미국시민자유연합The American Civil Liberties Union'은 미국의 수감소에서 죽은 44명에 대한 문서를 발표했다. 이 단체는 이중 21명의 죽음을 '살인'으로 분류했다. 가령 2004년 한 이라크 수감자는 심문을 받다 죽었다. 심문관은 그를 못 자게 했고, 극한 온도에 노출시켰으며, 찬물 속에 처박았고, 계속 후드(머리씌우개)를 쓰고 있도록 했다. 공식 보고에 따르면 그의 직접적인 사인은 저체온증이었던 것으로 보인다.

제인 메이어는 최근 《뉴요커》에 쓴 글에서 2003년 아브 그라이브 수용소에서 이라크인 수감자 마나델 알-자마디가 어떻게 죽었는지를 묘사했다. 그의 머리에는 비닐봉지가 씌어 있었고 손목에는 수갑이 채워져 있었는데, 그는 바로 이 자세 때문에 질식사했다. 그의 죽음도 살인으로 분류되었다. 그러나 법무부는 이 수감자의 구금을 담당했던 마크 스와너 중앙정보국CIA 요원에게 여태껏 아무런 법적 책임을 묻지 않았다.

고문과 살인 외에 심문의 보조 수단으로 널리 사용된 것은 모욕과 경멸이다. 올해 초 《타임》은 쿠바 관타나모의 한 수감자가 어떻게 고문당했는지를 기록한 공식 일지 내용을 보도했다. 고문관은 몇 주간에 걸쳐 최장 20시간 연속 심문을 했고, 오줌을 질질 쌀 정도가 될 때까지 소변보는 것을 금지했으며, 개처럼 짖으라고 명령했다. 이런 모욕도 고문과 같다. 다른 보고서들

국제고문방지 협약(고문, 기타 잔인하고 비인도적인 행위, 또는 처벌을 금지하는 조약) 1975년 고문금지선언을 UN 인권위원회가 구체화하여 33개 항의 초안을 작성하였다. 이것은 1984년 12월 UN 총회에서 채택돼 1987년 6월 발효했으며, 한국은 1995년 가입하였다. 1조는 정보 취득, 자백의 목적이나 인종차별을 바탕으로 육체적, 정신적으로 현저한 고통을 주는 행위를 고문으로 규정하고 있다. 2조는 회원국들이 고문 금지에 필요한 법적 조치를 취할 것을 규정하였으며, 5조 2항에는 조약의 가입 여부와 관계없이 국경을 초월하여 가해자를 처벌할 수 있도록 하고 있다. 2002년에는 국제조사단이 수용소나 교도소를 방문하여 직접 조사할 수 있도록 한 '고문방지협약에 관한 선택의정서'를 채택하였다.

에는 손과 발을 결박당한 채로 24시간 바닥에 누워 오줌과 똥을 싸야 했던 죄수들의 사례가 나와 있다.

여러 법률 조항들은 수감자에 대한 고문뿐 아니라 모욕도 금지하고 있다. 제네바협정The Geneva Conventions은 전쟁포로에 대한 '인간 존엄성의 유린, 특히 모욕적이거나 굴욕적인 처우'를 금하고 있다. 고문방지유엔협약 The UN Convention Against Torture은 '잔인하고 비인간적이며 모욕적인 처우'를 유죄로 본다. 미 의회는 범죄자 지위 협약 조항을 통과시켰다. 통일군사재판법the Uniform Code of Military Justice도 미군이 수감자에게 잔인 행위, 압박, 학대를 하면 이를 범죄라 규정한다.

2001년 9.11 테러가 일어난 직후 당시 존 애쉬크로프트가 법무장관으로 있었던 법무부는 수감자에 대한 고문과 학대에 길을 열어준 역사적인 메모를 작성했다. 그 메모에 따르면 고문은 "장기 손상, 신체 기능 장애, 죽음 등과 같은 심각한 신체적 상해에서 유발되는 고통에 상응하는 수준의 고통을 유발하는 것"이다. 이는 고문에 대한 아주 협소한 정의이다. 그들은 고문금지조약 등이 뭐라고 떠들든지 간에 대통령은 전군 총사령관으로서 고문을 명할 권한을 가지고 있다고 주장했다. 또한 그들은 제네바협약이 관타나모 수감자들에게 적용되지 않는다고 말했다.

우리에게도 낯설지 않은 모습이다. 고문이 문제가 되면 고문의 정의를 수정하여 더

뉘른베르크 재판 2차 대전 후 독일의 전범을 소추하여 처벌하기 위해 뉘른베르크에서 열린 국제군사재판(International Military Tribunal)을 지칭한다. 재판은 미국, 영국, 프랑스, 소련 4개국이 주도한 협정에 19개 연합국이 참여하는 형식으로 이루어졌다. 범죄 행위가 지역에 국한되는 전쟁범죄자들은 해당 국가에서 다루고 이 법정은 2차 대전 전반에 관련된 중요 전범들을 다루었다. 기소장의 핵심적인 내용은 침략 전쟁을 위한 공동 모의, 평화에 대한 범죄, 전쟁 법규 위반, 비인도적 범죄 등이다. 1945년 10월 18일 베를린에서 24명에 대한 기소장이 제출되어 총 403회의 공판이 이루어졌으며, 1946년 9월과 10월의 재판에서 무죄 3인, 교수형 12인, 종신형 3인, 유기형 4인이 선고되었다. 이 재판의 선례에 따라 1946년부터 1948년까지 일본의 전범들에 대한 극동군사재판이 열렸다.

이상 고문이 없다고 하면 된다는 사고방식이 개념 재정의 오류에
들어 있다.

생각하기

테러용의자들에 대한 고문과 애쉬크로프트의 고문에 대한 메모가 정당하다고 뒷받침한
미국 헌법학자가 있다. 한국계 이민자로 당시 버클리 법대 교수였던 존 유가 그 주인공
이다. 존 유 교수는 "대통령은 헌법에 의해 왕과 같은 전쟁 권한을 부여받았다. 따라서
전군 사령관으로서 대통령은 테러와의 전쟁에 따른 수감자를 어떻게 처우할지 명령할
권한을 지닌다"고 주장하였다. 반면에 메모를 언론에 폭로한 스콧 홀튼 변호사는 유 교
수의 주장이 독일 법률사상가 칼 슈미트의 입장을 반복하고 있다고 지적한다. 슈미트는
소련과 같은 사악한 적과 대적하는 상황에서 국제법을 따르겠다는 것은 낭만적인 환상
에 지나지 않는다고 주장했다.

1. 테러와의 전쟁에서 생긴 수감자들은 전쟁포로가 아니라면, 수감자들을 범죄 용의자로
대하지 않고 전쟁의 특수한 상황에 따른 특수한 처우를 하는 것이 타당한가?

2. 전쟁의 특수 상황을 인정한다고 할 때, 둘의 주장을 비판적 시각에서 검토해보자. 존
유와 칼 슈미트의 입장은 각기 어떤 점에서 설득력을 지니는가?

3. 고문을 용인하는 쪽의 지지자들은 "폭발 직전의 폭탄(ticking bomb)" 논리를 자주 거
론한다. 만일 수감자가 숨겨진 폭탄의 위치를 알고 있을 가능성이 있다면, 고문을 하는
것이 용인될 수 있을까?

6장
연역논증
Deductive Argument

　　　　　　　　　국립국어연구원 《표준국어대사전》은
'연역'을 "어떤 명제로부터 추론 규칙에 따라 결론을 이끌어냄. 또
는 그런 과정. 일반적인 사실이나 원리를 전제로 하여 개별적인 사
실이나 보다 특수한 다른 원리를 이끌어내는 추리를 이른다"고 정
의한다. 또한 '연역적 추리'는 "일반적인 사실이나 원리를 근거로
하여 다른 특수한 사실을 이끌어내기 위한 논증"이다. 단순히 재미
로(?) 오류에 엄청난 관심을 기울이는 우리들에겐 국어연구원의 정
의 정도면 충분히 만족할 수 있을 것 같다.

　그러나 이 사전적 정의는 논리학의 학문적 정의라기보다 언어적
인 일반적 정의이기 때문에 논리학자들에겐 아마 2% 부족해 보일
것이다. 그래서! 유명한 논리학자의 정의를 소개한다. 코피에 따르

면, 연역논증이란 "결론이 전제들로부터 절대적인 필연성을 갖고 도출된다고 여겨지는 논증"이며, 그 필연성은 정도나 경우에 전혀 영향을 받지 않는다.

> 나는 그가 좋아하는 것이면 무엇이든 좋아한다.
> 그는 꽃과 샴페인을 좋아한다.
> 그러므로 나도 꽃과 샴페인을 좋아한다.

실제 논증에서는 "좋아한다"거나 "아름답다"는 등의 애매모호한 개념들은 피하는 것이 좋지만, 좀 더 생생히 기억할 수 있도록 뇌신경을 자극하기 위해선 아무래도 "꽃과 샴페인을 좋아하는 그"가 더 매력적일 것 같다.

어쨌든 나는 전제가 참이라는 것을 알고 있다. 내 마음에 이글거리는 열정이 그것을 증명하고 있다. 그리고 그는 꽃과 샴페인을 좋아한다. 그렇다면 내가 꽃과 샴페인을 좋아하는 것은 필연적이다. 전제가 참이라면 그것은 필연적으로 참일 수밖에 없다. 그런데 어느 날 문득 잔뜩 취해 화단을 서성거리는 그를 보고 꽃이 싫어졌다면? 전제에 문제가 있었던 것. 나는 사실 그가 좋아하는 것이면 무엇이든 다 좋아하는 것은 아니었는지 모른다.

다시 한 번, 연역논증에서는 전제가 참이라면 결론이 거짓일 수 없다.

'대한민국은 유럽에 있다'는 전제가 참이라고 가정하자. 그렇다면, '서울은 대한민국에 있다'는 사실로부터, '그러므로 서울은 유럽에 있다'는 결론에 도달할 수 있다.

이때 연역논증 자체는 문제가 없이 타당하다valid. 만일 한국이 유럽에 있고 서울이 한국에 있다면, 서울은 반드시 유럽에 있어야 한다. 결론은 논리적으로 필연이다. 이처럼 논리적 추론 과정에 오류가 없는 연역논증을 '타당하다valid'고 한다. 그러나 한국 사람이면 누구나 결론에 문제가 있다는 것을 알 것이다. 전제에 문제가 있기 때문이다.

이처럼 연역논리적 타당성에도 불구하고 논증의 건전성soundness은 별도로 확인하여야 한다. '전제가 모두 진리이면서 동시에 타당한 논증'을 건전한 논증sound argument라 한다.

연역논증의 특징

연역논증의 가장 큰 특징은 전제가 참일 경우 결론이 반드시 참이라는 '진리 보존적truth preserving' 성질이지만, 그것은 동시에 사실적 지식의 확장이 불가능하다는 단점이 되기도 한다. 연역논증은 전제로부터 획득한 정보를 재서술하거나 재결합함으로써 전제의 진리에 내포되어 있는 내용을 명확히 한다.

'모든 사람은 죽는다'는 명제가 참이라는 사실은 여러 가지 의미를 내포하고 있다. 소크라테스도, 선희도, 광석이도 모두 사람이다. 그렇다면 '모든 사람은 죽는다'는 보편적 명제는, 아래의 각각의 명제들을 함축하고 있다.

"소크라테스는 죽는다."

"선희는 죽는다."

"광석이는 죽는다."

그러나 연역논증은 전제에 내포되어 있지 않은 어떤 새로운 정보도 제공하지 못한다. 문제는 어떻게 이미 전제에 함축되어 있는 진리들을 명확히 알 수 있는가 하는 점이다. 연역논증은 새로운 것을 만드는 것이 아니라 이미 알려진 것들이 의미하는 바를 서로 다른 각도에서 이해하고 종합할 수 있도록 도와준다. 작은 씨앗에서 아름다운 꽃이 피어나듯이 전혀 알지 못하던 형태의 결론이 작은 전제에 숨겨져 있을 수도 있다. 그 꽃의 모양과 아름다움은 연역적 추론을 통해 하나씩 드러날 것이다.

공리와 정리를 포함하는 제일원리에서 출발하는 수학적 논증은 전적으로 연역적 추론의 과정이다. 이 지점에서 논리학이 수학과 철학의 가교를 이루게 된다. 논리적 추론 능력은 수학적 논증의 능력과 철학적 사유의 가장 기초적인 요소이다.

앞서 언급하였듯이 연역논증은 전제의 참이 필연적으로 결론의 참을 보장해주는 타당한 논증valid argument 그렇지 못한 부당한 논증invalid argument으로 구분된다. 타당한 논증은 다시 전제가 실제로 참인 건전한 논증sound argument과 건전하지 못한 논증unsound argument으로 나뉘어진다.

연역논증이 '타당하다'는 것은 논증의 과정이 '진리 보존적'이라는 것을 의미한다. 이때 논증의 전제나 결론이 참이 아니더라도 논증은 타당할 수 있다. 다음 논증을 살펴보자.

> 대전제―모든 날짐승은 조류이다.
> 소전제―박쥐는 날짐승이다.
> 결론―그러므로 박쥐는 조류이다.

만일 두 전제가 참이라면 결론은 반드시 필연적으로 참이어야 한다. 이때 이 논증은 타당하다. 그러나 "모든 날짐승"이 조류라는 전제에 오류가 있다. 바로 익룡과 같은 파충류, 박쥐와 같은 포유동물도 날짐승들이 있기 때문이다.

논증에서 자신의 주장을 설득시키기 위해서는 논증의 과정만이 아니라 논증의 결론도 참인 주장을 펴야 한다. 그러기 위해서는 전제가 참인 명제로부터 논증을 하여야 한다. 전제가 참이면서 타당한 논증은 반드시 참인 결론에 이르게 된다. 이처럼 전제가 참이고 타당한 논쟁을 건전한 논증이라 한다.

연역논증의 타당성은 논증의 논리적 형식과 밀접한 관계를 가지고 있다. 형식논리학은 주로 연역적으로 타당한 논증의 형식을 다루는 논리학으로 보아도 무방하다. 또한 형식적 타당성은 기본적으로 삼단논법의 논증 형식을 기본으로 한다.

연역논증의 오류

　연역논증의 오류들은 논증의 타당성을 결정하는 논증의 형식과 논증의 건전성을 결정하는 전제에서 발생한다. 삼단논증의 형식을 충족하는 각각의 조건들은 그것을 위반하였을 경우에 발생하는 특정한 오류의 유형이 있다. 또한 연역논증의 특정한 형식에 맞추어 논리를 전개하거나 오류를 검토하기 위하여 특수한 도구, 기호가 도입되기도 한다. 일반 언어의 개념적 혼란을 제거하기 위해 언어의 사용에 특별한 주의를 기울이며, 논리 전개의 표준 형식이 채택되고, 혼란을 가중시키는 일반 언어는 논리 언어로 번역된다. 일상어가 철저히 배재된 논리 언어로는 수학과 컴퓨터 언어를 들 수 있을 것이다.

41. 누군가 시계를 만들었다

비형식 : 유비추론 오류fallacy of analogical reasoning.

유사어 : 약한 유비weak analogy, 부적절한 비유inappropriate analogies, 문제적인 비유question-
begging analogy.

정의 : 부적절한 유비 관계로부터 그럴듯한 추론을 전개하는 오류.

'선장과 배'의 비유는 지도자와 조직의 관계를 설명하는 가장 흔한 예들 중의 하나이다. '나라의 지도자는 국가라는 배를 이끌어가는 선장과 같다.' 이때, 헌법을 항해도로 비유한다거나 나침반을 대통령의 정책 지침과 같은 것으로 생각하는 정도까지는 언뜻 이해가 될 수도 있다. 그러나 이런 비유가 구체적인 논쟁으로 비화되면 혼란이 야기될 수 있다.

한번은 어떤 조직의 지도자와 핵심적인 지원자 사이에 갈등이 생겼다. 두 사람 모두 지도자가 선장과 같다는 비유에 동의하는 연설을 하였다. 지원자는 선장이 아무리 유능해도 배의 구석구석에서 일어나는 일은 다 알 수 없다. 따라서 선체의 바닥에 침수가 있다거나 엔진이 문제가 있다면, 선원들은 선장에게 그 사실을 알려야 하고 선장은 그 말을 믿고 조언에 따라야 한다고 주장했다. 지극히 당연한 이야기가 아닐 수 없다.

그러나 그 조직의 지도자는 다른 선장론을 피력했다. 무엇보다 그는 선장이 배의 문제를 다른 참모들보다 모를 리가 없다고 말했다. 그리고 일단 문제가 파악되면 당연히 선장이 배의 상황과 항해의 목적, 항해로를 가장 잘 알고 있기 때문에 선장의 결정에 복종해야 한다는 점을 강조했다. 그 조직의 구체적인 문제들이 무엇인지를 알 수 없는 상태에서 둘은 선장과 항해에 관한 설전을 벌이고 있었다. '선장과 배'라는 아주 그럴듯한 유비 관계를 가지고서도 논쟁은 주변만 맴돌 뿐이었다.

만일 유비 관계가 매우 느슨한 형태라면 사정은 더욱 복잡해진다. 다음의 예를 살펴보자.

> 동물들은 다른 종이 섞여서 생활하지 않는다. 늑대와 양이 함께 살 수는 없는 것이다. 비록 같은 종이라 해도 자기 영역이 있어 서로 침해하지 않는 것이 기본이고 이 규칙을 어기면 대가를 치러야 한다. 따라서 사람들도 다른 동물과 어울려 사는 것은 피해야 한다. 그리고 서로 다른 인종이나 계층의 사람들은 각자의 지역에서 생활하는 것이 좋다. 흑인 지역이나 중국인 타운과 같이 인종별로 따로 사는 것이나 부자촌과 빈민가가 나뉘어 있는 것은 지극히 자연스러운 현상이다.

'자연설 오류'의 일종이기도 한 위의 주장은 느슨하거나 부적절한 유비 관계를 임의로 연장하여 '인종 계층에 따른 주거분리정책'

이라는 매우 상이한 주제에 대한 논증을 시도하는 오류이다.

✱

이 같은 유비 해석의 오류들도 다양
한 형태로 생활 속에 깊이 들어와 있다. 총기 사용에 따른 범죄가
빈번한 미국에서는 총기 소유와 사용에 대한 논쟁이 끊이지 않는
실정이다. 무기 회사들을 중심으로 한 총기 사용 지지자들이 자주
사용하는 유비적 설명이 있다. 총기 사용으로 인해 인명 피해가 많
다고 하는 것은 사태의 일면만을 확대하고 있다. 총은 죄를 짓지 않
는다. 범죄를 저지르는 것은 그것을 사용하
는 인간이다. 그 수단으로 총이 사용되었다
고 총기 소지를 금지한다면, 칼의 소지도
금지해야 할 것이다. 또한 한 해 자동차 사
고로 인한 인명 손실이 막대한 것이 현실인
데 누구도 자동차의 소유를 금지하자고 주
장하지는 않는다. 총기 소지 금지는 설득력
이 없는 인기 영합적인 주장에 지나지 않는
다는 것이다.

이쯤 되면 상당히 설득력이 있는 주장으
로 들린다. 칼도 범죄의 도구가 되고 자동
차로 인한 인명 손실 역시 큰 것은 누구나
인정할 것이다. 칼과 총기와의 유비적 관계

비유(比喩)와 유비(類比) 여기서 잠시 비유(比喩)
와 유비(類比)의 개념을 간단히 정리해보기로 하
자. 철학적인 개념으로 유비(類比)는 '비교되는
사물의 상호 간에 대응하여 존재하는 동등성이나
동일성'을 말한다. 어떠한 속성의 연속성이 존재
한다는 것이다. 반면 비유는 보다 문학적인 개념
으로 어떤 현상이나 사물을 직접 설명하지 않고
다른 사물이나 현상에 비교하여 설명하는 것을
말한다. 이 책에서는 '비유의 오류'를 이런 일반
적인 비유에서 발생하는 오류로 하고, 비교하는
사물이나 현상에 어떤 철학적 유비 관계가 성립
한다고 생각하는 경우에 '유비오류'라 칭하기로
한다. 그리고 유추(類推)도 비유에 조응하는 일
반적인 추론으로 보는 반면 '유비추리'는 유비적
관계와 관련된 추리에 대해 사용하기로 한다. 따
라서 '유비오류' 혹은 '유비추리의 오류'는 '유
비 대상의 특정한 속성에서 출발하여 그 대상의
본질 혹은 일반적 관계나 속성으로까지 유비적
관계를 확대하여 추론하는 오류'라고 정의해볼
수 있다. 그러나 논리학에서는 일반적으로 유비
와 유추를 혼용하여 차이가 없이 사용한다.

는 충분히 유사하게 보인다. 여러분은 어떻게 생각하는가?

　다른 예로 동물보호론자들 중에는 동물에 대한 학대를 흑인에 대한 인종차별 혹은 노예 정책과 비교하는 이들이 있다. 동물 경매와 노예 경매, 코끼리의 쇠사슬과 노예의 쇠사슬을 나란히 비교하면서 노예 폐지와 같은 조치가 동물에게도 적용되어야 한다고 주장한다. 이들은 동물 보호를 주장한다는 본래 취지에도 불구하고 흑인의 노예적 이미지를 오히려 강조하는 듯한 모습을 보이기조차 한다. 동물 해방과 노예 해방은 같은 선상에서 비유될 수 있는 문제일까?

　어떤 사태를 그것과 유사해 '보이는' 것들에 비유하여 설명하고 정당화하는 방법은 일반인뿐만 아니라 전문가들에게도 효과적인 방법으로 사용되어왔다. 그러나 유비에 의한 설명은 그것이 설득력이 있을 때에도 의미를 연장해서 추론을 전개할 때 오류가 발생할 가능성이 매우 높다.

　유비논증을 신이 존재한다는 거창한 우주적 차원의 수단으로 사용하는 이들도 있다. 이것이 유명한 '시계의 비유' 논증이다. 사막을 여행하다가 우연히 시계가 하나 떨어져 있는 것을 발견하였다고 하자. 시계를 주워 든 사람은 일단 기분이 좋을 것이다. 그리고 생각한다. 시계가 거쳐온 긴 여정에 대해. 어떤 사연으로 이곳에 온 누군가가 시계를 이곳에 떨어뜨렸을 것이다. 그는 그전에 아마 연인으로부터 시계를 선물로 받았을지도 모른다. 연인은 시내에서 가장 좋은 시계 가게에서 그를 위해 이 시계를 골랐을 것이고, 점원은 제일 멋진 시계를 그녀에게 보여주었을 것이다. 어쩌면 이야기는 도둑이 시계를 훔치는 시점에서 출발해서 이곳 사막에서 끝날지도

6장 연역논증

모른다. 그러나 확실한 것이 한 가지 있다. 누군가가 이 시계를 만들었다는 사실이다. 그것만은 중간의 모든 이야기를 생략하고도 알수 있다.

그리고 그는 생각한다. 마치 사막에서 주운 이 시계를 만든 이가 반드시 있는 것처럼 우리 인간도 창조하신 이가 반드시 존재할 거야. 사막 한가운데서 느끼는 이 우주적인 감동은 뜨거운 태양열을 식히고 가슴 가득히 퍼져간다.

수많은 시를 탄생시켰을 이 감동은 논리적으로는 심각한 오류를 내포하고 있다. 시계와 인간, 시계와 우주 사이에는 얼마만큼 가까운 유비적 관계가 있는 것일까? 시계를 다 알면 우주를 다 알 수 있는 것인가?

고대 그리스의 스토아 철학자 클레안테스^{Kleanthes}도 유사한 주장을 하였다.

나는 이 문제를 내 자신이 어떤 식으로 이해하는가를 간략하게 설명하고자 한다. 먼저 이 세계를 둘러보라. 그 전체의 모습과 온갖 부분을 찬찬히 관조해보라. 그러면 누구나 이 세계가 단지 하나의 위대한 기계—즉 그 전체가 무한히 많은 작은 기계로 이루어져 있고, 이 부속 기계 하나하나 역시 더 작은 기계로 이루어져 있을뿐더러, 이런 식의 구조가 인간의 감각과 능력으로 확인하고 설명할 수 있는 한도 너머까지 계속되고 있는 하나의 거대한 기계—에 지나지 않음을 깨달

클레안테스(Kleanthes of Assos, BCE 331?~232?)
고대 그리스의 아소스에서 출생한 스토아학파 철학자. 제논의 제자로서 스토아학파의 대표적 철학자이다. 그의 학문은 당시 많은 그리스 철학자들과 마찬가지로 종교적인 특색이 강하였으며 특히 의지력을 중시하여 모든 덕의 원천으로 삼았다. 그는 철학을 변증학, 수사학, 윤리학, 정치학, 자연학, 신학의 6부문으로 분류하였다. 치통을 치료하기 위해 단식을 하였는데, 치통은 치료하였지만 단식을 계속하여 죽었다는 재미난 이야기가 있다. 그의 사상을 전하는 문헌은 《제우스 찬가》가 있다.

을 수 있을 것이다. 이 엄청나게 다양한 기계들은, 더 나아가 그 가장 작은 부품들까지도 이를 관조하는 사람이라면 누구나 감탄하여 황홀해질 만큼 서로 정확하게 조화를 이루고 있다.

자연의 어디에서나 일어나는 수단이 목적에 신기하게 적응하는 일은 사람이 인간적인 고안물 즉 의도, 사상, 지혜, 지성을 만들어내는 일과 그 신묘함의 수준이야 월등하지만 서로 정확하게 닮았다. 그러므로 완벽한 유비에 의해서 결과가 서로 닮았기 때문에 원인 역시 서로 닮았다고 추리할 수밖에 없다. 게다가 자연의 창조자는 훨씬 더 위대한 능력을 갖추고 있겠지만—상당히 인간의 정신과 비슷하다는 결론도 나오게 된다. 나는 이 논증에 의해서…… 아니 이 논증만으로도 신이 실제로 있다는 사실과 신의 속성은 인간의 마음이나 지성과 비슷하다는 사실이 둘 다 동시에 증명된다고 본다.

2300년이 지난 오늘날까지 많은 사람들은 그의 논증을 받아들이고 있다. 단순한 유비추론에 의한 논증의 오류일 것 같은 주장이 그리 단순하지만은 않다는 말이기도 하다. 만일 신이 진짜로 우주를 완벽한 유비적 관계로 만들었다면 어떻게 될까? 아니면 전 우주를 관통하여 일관되게 적용되는 하나의 법칙을 부여하였다면 세계는 일정한 법칙에 의해 움직이고 있다고 이해될 수 있지 않을까? 그렇다면 모든 사물과 사태는 연관되어 있고 모두 유비적 관계를 지닌다고 볼 수 있을까? 아직도 많은 먹물들이 셀 수도 없는 답안지를 쏟아내고 있는 질문들이다. 독자들도 심심하고 한가할 때 너무나 무료해서 도저히 가만히 있을 수는 없는데 마땅히 갈 곳도 없는 날에는 한번쯤 생각해보기 바란다.

생각하기

1. 총기 소지와 사용에 대해 앞에서 잠시 살펴보았다. 총기와 칼이나 자동차 사이에는 어떤 유비적 관계가 성립하는가? 총기류와 칼, 자동차 등의 제작의 주목적에는 어떤 차이가 있는가? 제품의 목적이 총과 칼 혹은 자동차에 대한 입장을 달리하게 할 이유가 될 것인가? 총기 소지를 지지하는 사람들은 개인의 자유에 덧붙여 '자기 보호'의 목적으로 총기 소지를 옹호하기도 한다. 자기 보호를 위한 총기의 휴대와 사용은 어떻게 생각하는가? 만일 총포류가 주요 무기가 아니고 창검류가 주무기인 시대라면, 검의 소지와 사용에 대한 대중의 입장은 어떠할 것으로 생각하는가?

2. 인간의 몸과 우주를 유비적인 관계로 보는 많은 견해들이 있다. 주변에서 발견할 수 있는 몇 가지 사례를 찾아보고, 이런 견해의 매력이나 장점을 생각해보자. 또 문제점은 어떤 것들이 있는가?

42. 대통령이 말했으니까요

비형식 : 권위호소의 오류argument from authority.

동의어 : 권위에 의한 논증augumentum ad verecundiam, appeal to authority, appeal to modesty,
비실명권위에 호소appeal to an unnamed authority, appeal to an unidentified authority.

정의 : 논증의 증거나 논리를 제시하지 않고 권위에 의지하여 논증을 밀고 나가는 방식.

다수호소의 오류, 고전호소의 오류, 권위호소의 오류 등은 모두 같은 종류의 오류에 포함된다. 필요한 증거를 제시하기보다 다수의 주장, 고전이나 전통, 권위에 호소하는 논증 방식은 오류임에도 불구하고, 특히 대중의 마음을 움직이기 위한 설득에 자주 사용된다.

정치인들의 경우 유권자들에게 논리적으로 자신의 주장을 설명하기보다는 대중의 감성에 다가서고, 숫자나 권위, 상식을 내세우는 이들이 쉽게 지지를 확보하기 때문이다. 다시 말해 유권자들은 자신을 대표할 정치인을 뽑으면서 그의 주장을 논리적으로 따지기보다 감성적인 판단에 기울어지는 것이 현실이다.

자신의 논점에 지지를 획득하기 위해 권위자의 말을 인용하는 것이 반드시 오류인 것은 아니다. 인용한 권위자가 일반적으로 그 분야의 전문가로 인정이 되고 있다면 논증의 증거로 효력을 지닐 수 있겠다. 엄격한 학문의 세계에서는 이런 권위자의 권위조차 당연한 것으로 인용하지 않고 검증하는 절차를 거쳐야 한다. 학술 논문은 대부분 초두에 권위 있는 학자들의 연구 업적을 인용하여 권위자들도 저자와 동일한 결론에 도달했다는 사실을 보이고 자신의 논지가 등장하기까지의 학문적 전 역사를 소개한다. 또한 자신이 직접 확인하거나 검증하지 못한 부분에 대해서는 학계에서 인정하는 주장이나 연구 결과를 차용한다. 이 경우는 인용자나 논문을 읽는 독자 모두 전문가의 권위가 논증 자체의 증명과는 별개의 문제라는 점을 인식하고 있으므로 권위에 의한 논증의 범주에 들어가지 않는다.

한 분야의 권위자가 아닌 경우, 예를 들어 윤리적인 의제에 대한 토의에서 노벨 물리학상은 정당한 권위를 반영한다고 할 수 없다. 아인슈타인과 과학 그리고 종교의 예를 들어보자. 아인슈타인은 과학과 사상계를 통틀어 20세기 최고의 지성으로 지칭하기에 부족함이 없다. 유대인으로 독일에서 태어난 그는 독일어와 이디쉬어를 모국어로 사용하였다. 반평생을 보낸 미국의 프린스턴에서 아인슈타인의 제자들은 독일식 영어 발음으로 진행되는 수업을 들으며 20세기의 물리학을 개척하였다. 시간과 공간의 상대적 개념을 수학적으로 입증한 그의 상대성이론이 세계에 불어 넣은 영감은 너무 깊고 넓어서 아인슈타인 자신조차 전적으로 신뢰하지 못할 지경이었다. 실로 20세기 물리학에서 아인슈타인의 권위는 의심할 수 없는 것이다. 그는 또한 자신의 유대교 신앙에 관해 사유하고 평화 운동에 헌신하기도 하였다.

이 아인슈타인이 인류 문명과 종교에 대한 사색의 결과로 불교에 대해 유명한 한마디 말을 남겼다.

"미래의 종교는 우주적 종교일 것이다. 그 종교는 독단주의dogmatism를 거부하고 경험에 근거한 종교가 될 것이다. 만약 과학적 요구에 부응할 수 있는 종교가 있다면, 그것은 불교가 아닐까?"

많은 불교계 과학자들은 아인슈타인의 이 말을 금과옥조로 여기고 인용한다. 현대 과학과 가장 잘 부합하는 종교, 미래적 종교로서 불교를 주장하기에 매우 감동적이고 적절한 인용인 것은 사실이다. 하지만 물리학자로서 아인슈타인의 권위가 미래 종교로서 불교의 정당성을 지지하는 명제로 사용될 때, 그것은 명백한 '부당권위에 호소하는 오류'를 범하고 있는 것이다. 그의 단편적인 사유가 후대의 독자들에게 중요한 통찰과 질문을 던질 수 있는 것은 사실이지만, 아인슈타인의 언급이 증명의 근거가 될 수는 없는 것이다.

미국의 테러와 전쟁이 선포되고 이라크 침공이 감행되고 있던 무렵인 2004년 마이클 무어Michael Moore는 〈화씨 911Fahrenheit 911〉이라는 다큐멘터리 영화를 제작하여 일대 바람을 일으켰다. 영화는 부시 대통령이 얼마나 대통령 업무에 태만하고 부적합한 인물인지, 부시 가문과 빈라덴 가문의 은밀한 거래, 대테러 전쟁의 기만적 수사와 국회의원들의 무책임하고 무지한 전쟁 승인 등을 자료 화면과 인터뷰를 동원하여 흥미롭게 보여준다.

영화의 중반에 미국 대표 섹시 스타인 브리트니 스피어스Britney Spears와의 인터뷰가 한동안 입방아에 오르내렸다. 서구 사회에는 금발머리 농담 시리즈가 있을 정도로 금발은 섹시하고 멍청하다는 선입견 같은 것이 있다. 브리트니 스피어스는 금발, 큰 가슴, 섹시한 자태로 금발에 대한 선입견을 증명하는 화신이나 다름없다. 마이클 무어는 다분히 의도적으로 스피어스와 인터뷰를 하면서 테러와의 전쟁을 어떻게 생각하느냐는 질문을 던졌다. 브리트니 스피어스는 경쾌하고 순진무구한 그리고 역시 대단히 섹시한 목소리로 대답했다. "나는 대통령이 하는 모든 결정에 대해 우리가 전적으로 믿어야 한다고 생각해요. 우리는 그냥 열심히 지지해주면 되는 거죠." 주어진 질문이나 과제에 대해 자신의 입장을 구하지 않고 단순히 어떤 권위에 전적으로 의존하는 브리트니의 말은 전형적인 권위호소의 오류를 범하고 있다.

그 외에 권위자를 구체적으로 적시하지 않으면서도 권위로 설득하려는 경우가 있는데 이를 비실명 권위호소의 오류라고 한다. 예를 들어 "핵 전쟁을 예방할 최선책은 핵 전쟁을 각오하는 것이라고 전문가들은 충고하였다"라고 하거나 '정부 소식통'를 인용한 논설 기사 따위에서 '전문가'나 '고위 정부관리'는 위장한 권위이다.

생각하기

1. 학술적으로 논란이 벌어지고 있는 주제나 편견이 개입할 여지가 큰 연구 분야는 학문적 권위를 인용하기가 어렵다. 대등한 권위자들이 동의에 이르지 못하고 상반된 주장을 펴는 경우를 들 수 있다. 예를 들어 "경제학자 존 갈브레이스는 엄격한 통화 정책이 불경기에 대한 최선의 처방이라고 주장한다"고 할 때 갈브레이스는 권위자임에 틀림없으나 모든 유명 경제학자들이 그의 주장에 동의하는 것은 아니다.

2. 일본의 저명한 인류학자가 식민지 시대 한민족을 열등민족으로 구분하였던 것을 받아들일 수 있을까? 그렇다면 일본 식민지 시대에 골격이 짜인 역사학, 경제학, 철학, 심지어 국문학 등 한국의 인문학 전반의 학문적 권위는 어느 정도까지 인정될 수 있을까?

경제에서뿐만 아니라 모든 영역에서 명실상부한 선진국의 반열에 서 있는 일본은 안정된 권위의 확보와 자료의 축적에 많은 노력을 기울이고 있다. 세계 곳곳에서 일본은 제국을 경영한 강력한 민족이며, 원폭의 피해자이고, 폐허를 헤치고 최첨단의 과학기술을 일구어낸 동양의 신비스러운 나라이다. 식민지근대화론이 주장하는 바와 같이 한국은 오히려 일제의 도움을 받은 나라로 인식이 된다. 문제는 각 분야의 권위자를 지원하고 자료를 축적하고 있는 일본에 비해 한국은 그 반대의 논증을 전개할 기본 자료조차 부족한 경우가 허다하다. 《일본서기》는 여타 고대 역사서와 마찬가지로 당연히 신화적으로 각색되고 일본인들의 시각에서 재해석된 일본 역사서이다. 한일 관계사에서도 《일본서기》는 중요한 역사적 전거로서 위치를 차지하고 있다. 하지만 한국 쪽의 입장을 보여줄 최초의 역사서인 《삼국유사》는 무려 5백 년이 지난 후 고려 승 일연에 의해 쓰였으며, 그보다 조금 앞선 1145년에 저술된 김부식의 《삼국사기》는 사대주의적 색채가 농후하다. 당연 그 이전의 역사에 대해서는 중국이나 일본의 기록에 의존하는 답답함을 피할 수 없다. 역사는 기록이다. 문제는 그나마 남아 있는 유물 유적들조차 쉽사리 파괴하는 후손들의 야만적인 모습에 있다.

일본서기(日本書紀, 니혼쇼키) 일본 나라시대에 국가에서 편찬한 역사서로 30권으로 되어 있다. 680년경 착수하여 720년에 완성된 것으로 추정된다. 일본 6국사(國史) 중 첫째로 꼽히는 정사(正史)로 정부 기록, 개인의 수기, 백제기 등 한국 자료와 중국의 역사서를 병용하고 있다. 일본 역사학계는 일본서기를 비교적 객관적인 역사서로 보고 이를 바탕으로 하여 한일 관계사를 조망하고 있다.

43. 이라크에 파병을 하지 않았다면

비형식 : 만약에 오류what if fallacy, 가정의 오류.

동의어 : 반대사실 가정의 오류contrary-to-facts hypothesis fallacy, counterfactual fallacy, hypothesis contrary to fact

정의 : 사실에 반대되는 가정에 기초한 논증. 개연성은 있을 수 있지만 필연적이지 않은 가정에 기초한 논증.

고등학교 시절 이웃 여학교 문학반 아이를 만났다. 우리 둘은 가슴 벅차도록 일렁거리는 동해 바다를 굽어볼 수 있는 대관령 기슭에 작은 산장을 짓고 살자며 비밀스러운 언약을 했었다. 그 아이는 서울에 있는 대학에 가고 나는 지방 대학에 진학했다. 나름대로 소신 있는 결정이었다. 한 달에 두어 번 주말에 만나는 그녀는 서울물 탓인지 나날이 세련되어갔다. 그리고 그녀는 더 이상 시를 쓰지 않는 것처럼 보였다. 나의 시는 그녀를 만나는 주말엔 싱그러운 물기에 젖었고, 그녀가 자리를 떠난 날엔 가시처럼 날카로와졌다. 그렇게 나의 두터운 시작詩作 노트는 그녀의 빈자리와 그녀와 함께한 시간들로 가득 채워졌다. 그리고 그해 겨울 그녀는 졸업과 동시에 미국으로 떠났다. 어떤 낯선 사내와 함께.

아직 대관령 산자락엔 산장의 터도 닦지 못하였는데……

　그날 그 문학회에서 그 여자 아이를 만나지 않았더라면, 나는 지금 어디서 무엇을 하고 있을까?

　　　　　　　"만약에, 만약에 지난밤 흰 눈이 내렸더라면?" 오늘 나는 그녀에게 전화를 할 텐데. "사실에 반대되는 가정"은 우리의 문학적 상상력을 자극한다. 미국 대학의 문학창작 시간에 매우 자주 듣는 말이 있는데, 그것이 '만약에what if'를 생각해보라는 것이다. 한곳에 정지해 있던 상상의 나래가 무수히 많은 방향으로 날아가기 시작한다. 그리고 '막혔던 생각writer's block'이 뻥 뚫리고 새로운 이야기가 꼬리를 문다. 이와 같이 '만약에'라는 질문은 문학적 상상력에 큰 자극제가 될 수는 있어도 논증에서는 대단히 위험한 오류를 낳을 수 있다. 따라서 '만약에'는 건전한 논쟁을 전개하고 자신의 주장을 관철하기 위한 수단으로는 적절하다고 할 수 없다.

　미국의 대테러 전쟁을 명분으로 시작된 이라크전으로 인해 아프카니스탄의 내전 상태와 혼란은 빈 라덴이 살해된 이후에도 여전히 현재진행형이다. 한국도 2003년 4월 서희 부대를 필두로 2004년 3천 명 규모의 자이툰 부대를 파견하여 미국 주도 연합군에서 세 번째로 많은 병력 파견을 유지하였다. 이라크 주둔 미군은 2011년 7월 현재 4,474명의 사망자와 3만 3천여 명이 부상당하는 희생을 치르고도 내전 상태인 이라크의 치안을 확보하지 못하고 있다. 이라크인들 또한 수십만의 사상자와 수백만의 난민으로 후세인 치하 이상의 고통을 당하고 있는 것으로 알려지고 있는 가운데 한국 정부는 파병 기간을 재연장했다.

이라크 전쟁 파병은 정당한 것이었는가? 먼저 파병 결정이 현명한 선택이라는 파병 찬성론자의 입장을 살펴보도록 하자.

우리나라가 반대를 했다고 해봅시다. 반대를 하는 것은 다 그랬기 때문에 별로 다른 게 없었을 것입니다. 그러나 최초부터 찬성을 한 것은 지금의 선견지명이 있었던 것입니다. 미국은 우리나라에 매우 고마움을 표시했고 무디스사는 우리나라의 신용등급을 그대로 유지하겠다고 했지요. 취임 이후 미국과 우리는 평등한 관계이며 미국이 북한을 보는 시각은 남한의 시각과 다르다는 등 미국을 혼란스럽게 했던 분위기들이 많이 해소가 되었습니다. 우습지만 정치적인 보복은 경제적인 것으로 돌아옵니다. 하이닉스 관세가 엄청나게 부과되고 무디스 신용등급 동결은 그냥 하는 게 아닌 것입니다. 다들 반대를 했을 때 그에 편승하지 않고 자존심이 조금 상해도 실리를 추구했던 것이 우리 정부에게는 탁월한 선택이었습니다. 전략적인 판단이었지요. 게다가 반전시위를 열심히 해준 우리 국민들도 정부를 빛나게 하는 데 한몫했습니다.

국제 관계는 국가 이익과 힘만이 존재하는 사회입니다. 우리가 명분으로써 반대를 하고 파병을 하지 않았다면 그에 대한 결과가 어떻게 왔을지는 아무도 모를 것입니다. 반드시 그렇다고 북핵 문제가 미국에 의한 전쟁으로 해결된다는 보장은 없지만 뭐라고 이야기를 할 수가 없겠죠. 우리도

무얼 해준 게 있어야 요구를 하지요. 북핵은 그 수준에 해당하는 것입니다.

　전쟁이 끝났다고 파병 안 가도 된다고 하는 것은 기억자 하나도 잘 모르는 사람들의 이야기입니다. 파병부대는 전투를 위해서 가는 게 아니고 전후 복구를 보고 가는 것이기 때문에요. 전후 복구는 또 하나의 엄청난 사업입니다. 거기에 참가를 하는 것이지요. 국회에서 한 번 부결된 게 다행입니다. 적절히 전쟁 끝난 시기에 잘 가는 것이지요. 우리나라의 위상을 높이기도 하고 국익을 챙길 수 있는 좋은 기회입니다. 우리가 1980년대 중동으로 진출하여 건설 분야 등에서 많은 특수를 거두었던 것처럼요.

―zcolor200320, 〈이라크 파병의 선택〉, 네이버 지식iN, 2003. 10. 10.

　반대로 이라크 파병 반대론자들은, 첫째 이라크전이 명분 없는 전쟁이며, 둘째 미국에 굴종적인 들러리를 서기 위해 무고한 한국 장병들의 목숨을 담보할 수 없다고 주장했다. 특히 침략 전쟁에 파병을 금지하고 있는 대한민국 헌법을 들어 파병의 위헌성을 강조했다.

　하지만 파병론자들은 무엇보다 국제 관계의 냉혹한 현실과 한국의 책임적 위치를 인식해야 한다고 주장하면서, 한미 간은 피로 맺어진 혈맹 관계로 한국전에서 엄청난 희생을 감수한 미국에 보답해야 한다는 보은론을 펴기도 하였다. 또한 파병으로 중동의 석유와 재건 사업에 참여할 수 있다는 야박한 경제 논리를 내세우기도 하였다.

　파병의 정당성에 관한 논쟁에서 경제적 실리 논리는 파병과 경제적 이득의 연관 관계를 밝혀내야 하겠다. 또한 한국의 국제적 위상과 책임에 관한 물음에는, 한국의 국제적 위상에 걸맞는 책임 있는 행동이 무엇인가 하는 문제 즉 결국 파병의 정당성에 대한 문제로 환원된다. 여기서 논리적 오류와 관련해서 파병 찬성론자들의 소위 보복론에 대해 좀 더 살펴보기로 한다.

보복론의 핵심은 한국이 파병을 하지 않을 경우 미국이 보복을 할 것이라는 주장이다. 정치적 압력, 남북 관계의 악화, 신용평가 기관을 통한 신용등급 하락, 관세 장벽의 증가 등 다양한 수단을 통해 미국이 한국에 압력을 가할 것이라는 말이다. 이 같은 가정들이 전혀 근거 없거나 가능성이 없는 것은 아니다. 하지만 파병 반대에 미국이 각종 제재를 가할 수 있다는 개연성이 파병의 정당성을 주장할 수 있는 필연적 전제를 제공하지는 못한다.

가정의 오류what if fallacy는 '만약에 오류' 혹은 '임의추정의 오류' 등의 이름을 가진다. 만약에 오류는 반대 사실에 근거한 가정 혹은 개연성이 있는 가정에 필연성을 부여하여 논쟁을 전개하는 오류를 지칭한다. 파병의 정당성을 증명하는 데 있어 파병을 하지 않을 경우를 상정하고 불확실한 가능성의 결과를 근거로 파병이 정당하다고 주장하는 입장, 특히 보복론의 경우가 그 대표적인 오류의 예라 하겠다. 그러나 논리적으로 문제가 있다는 것이 정치적 판단의 정당성과 일치하지는 않는다는 점을 지적해둔다.

선제공격(preemptive attack)과 예방공격(preventive attack) 선제공격은 임박한 적의 공격에 대응하기 위해 먼저 공격을 가하는 것을 의미하며, 예방공격은 임박하지는 않지만 가능성 있는 위협을 제거하기 위한 공격을 일컫는다. 국제법상 예방공격은 불법적인 침략 행위로 규정되어 있다. 예방공격의 정당화 논리는 가정의 오류를 보여주는 대표적인 예이다. 먼저 사실에 반하거나 사실에 크게 벗어난 가정에 근거해서 공격의 정당성을 주장하고, 적대국의 공격이 임박한 것으로 과장을 한다. 이라크의 대량 살상무기 제거를 전쟁의 일차 공격 목표로 삼고, 이를 제거하지 않으면 사담 후세인이 곧 도발 행위를 할 것이라는 부시의 주장이 좋은 예이다. 물론 대량 살상무기는 존재하지도 않았고 사담 후세인은 공격 능력이 없었다. 북미 간 핵 협상도 유사한 형태를 띠고 있다.

1. 위에 인용한 파병 찬성론은 몇 가지 해결해야 할 내적 문제를 안고 있다.

　　첫째, 침략 전쟁을 반대하는 한국의 헌법을 어떻게 적용할 것인가?

　　둘째, 미국 신용평가 기관의 평가가 미국 정부의 영향을 얼마나 받는가? 즉 신용등급
　　　　의 공정성 문제.

　　셋째, 파병하면 남북 관계가 호전될 것인가? 즉 한반도의 정치군사적 대립이 완화될
　　　　수 있을 것인가?

　　넷째, 한국에 대한 경제 제재가 미국 경제에 긍정적으로 작용하는가?

　　다섯째, 파병하지 않을 경우 미국이 엄청난 보복을 불사할 것이라면 한미 관계는 진정
　　　　　혈맹 관계인가?

44. 고구려가 통일했다면

비형식 : 임의추정의 오류wouldchuck fallacy, 가정의 오류.
동의어 : 부당가정의 오류fallacy of undue assumption, speculative fallacy, canceling hypothesis.
정의 : 사실과 다른 가정에 근거해서 논증하는 것.

그날 그 문학회에 함께 왔던 다른 아이가 있었다. 다소곳이 수줍어만 하던 그녀는 어느 날 나를 찾아와 친구가 되고 싶다고 말했다. 대담하고 똑똑하고 무엇보다 시를 너무도 사랑하는 아이였다. 이름은 희정이라고 했다. 그 아이는 나 보고 겉멋 부리지 말고 서울 가서 공부 열심히 하고 나중에 우리 고향에서 함께 시를 쓰며 살자고 했다. 어쩌면 나는 그녀의 그 수줍음과 당당함의 조화가 낯설었나 보다. 그녀도 서울로 갔었다. 그곳에서 술을 무척이나 즐기고 한시와 영시를 줄줄 외는 한 사내를 낚아 와서는 대관령 기슭의 폐교를 구입해 작업실을 꾸렸다. 내가 오랫동안 눈독을 들여오던 바로 그곳에…….

겉멋 부리던 난 홀로 남아 여기에 있는데, 사랑했던 여인은 타국으로 떠나고, 가슴에 품었던 꿈은 다른 여인의 현실이 되어 있다. 인생이란 이런 것인가? 내가 만약에 문학회가 있었던 그날 지금은 미국으로 떠난 그녀가 아니라 희정이와 사귀었더라면, 나는 지금 저 산장에서 시를 쓰고 있을까?

임의추정에 의한 오류는 기본적으로 만약에 오류와 동일하다. 단지 이 장에서는 사실에 반대되는 가정에 대해 좀 더 구체적으로 제3의 어떤 가정을 상정하는 논증에서 발생하는 오류를 '임의추정의 오류'라는 이름으로 살펴보기로 한다. 미국으로 떠난 그녀를 사귀지 않고(사실에 반대) 대신 그 수줍어하던 문학소녀와 친구가 되었더라면 (제3의 가능성) 하고 가정하는 것이 이 범주에 해당한다고 하겠다.

2002년부터 중국이 적극적으로 추진하고 있는 동북공정에 대해 생각해보자. 중국은 자신들의 역사의 범위를 정할 때 영토와 민족(한족)의 두 범주 중에서 넓은 쪽으로 택하는 경향을 보여주고 있다. 만주족이 지배한 청나라는 한족 중심의 역사관으로 보면 중국사에 포함될 수 없을 것이다. 티베트의 경우는 한족이 거주하지 않는 지역임에도 불구하고 과거 영토의 한 부분이었음을 근거로 병합하고 한족을 이주시켜 중국에 편입시키는 작업을 진행 중이다.

고구려를 포함한 만주의 고대사를 중국사에 포함하려는 동북공정에 대항하여 한국에서도 격론이 일어났다. 일부 민족주의 진영은 만주 지역이 한민족의 활동 무대였으며, 고구려가 삼국을 통일했으면 광활한 만주 벌판이 아직도 우리 땅이었을 것이라고 주장한다.

몸 풀기로 동아일보 초등 논술 클리닉의 한 예를 살펴보기로 하자.

■ 논제

676년 신라의 삼국 통일은 우리 민족이 이룬 최초의 통일로서, 단일 민족 문화를 이루는 기반을 마련하였습니다. 하지만, 중국 당나라의 도움을 받아 통일을 이루었다는 점과 고구려의 땅을 대부분 잃어버렸다는 점에서 한계도 지니고 있습니다. 만약, 신라가 아닌 고구려나 백제가 삼국을 통일했다면 어떤 일이 일어났을지 300자 내외로 논술하세요. [6학년 1학기 사회 1단원]

고아라 / 서울 인수초등학교 6학년

고구려는 말타기, 활쏘기에 능해 삼국 중 으뜸인 나라이다. 고구려가 삼국을 통일하고 새로운 시대를 여는 주인공이 되었다면 지금과는 다른 모습이 되었을 것이다. 광개토대왕 시대에 정복한 넓은 북부 영토로 우리 역사가 훨씬 자랑스러워졌을 것이다. 후세의 왕들이 선조의 정신을 이어받아 중국 러시아, 더 넓게는 동남아 지역까지 고구려의 깃발을 꽂았을 수도 있다. 그래서 남하정책을 계속 펼쳐 일본을 점령했을 수도 있고 그랬다면 치욕스러운 일제강점기도 없었을 것이다. 이렇게만 되었다면 지금쯤은 세계 손의 강대국 중 강대국 안에 쉽게 들었을 것이다. 하지만 우리가 생각해야 할 점은 과거의 일과는 상관없이 오늘날 우리 대한민국이 세계 속으로 발돋움해 가고 있다는 사실이다.

이번 논제를 잘 풀어내기 위해서는 '만약 ~라면'에 해당하는 막연한 상상이 아니라, 백제나 고구려의 특성에 대한 이해를 바탕으로 한 논리적 추론이 필요하다. 글을 올린 대부분의 학생들이 '근거'에 바탕을 둔 '추론'이라는 원칙을 잘 준수했다. 그런 한편, 역시 대부분의 학생들이 단편적 추론에 그치곤 하였다. 단편적 혹은 피상적 추론에서 멈추지 말고, 구체적으로 '어떤 일'이 일어났을지 전개시켜주어야 한다.

—《동아일보》, 2006. 4. 11.

물론 위의 글은 어떤 주장을 논증하기 위한 것이 아니라, 가정에서 출발한 타당성 있는 추론 능력을 살피는 논술 문제라는 점에서 약간의 차이가 있다. 논증과 논술의 차이에 대해서는 차치하고 여기서는 '만약에'에 의존한 논술이나 논증이 얼마나 타당하고 신뢰할 수 있는가에 대해서만 점검해보기로 한다.

다음은 '만일 고구려가 통일했다면' 정반대의 결과가 나왔을 것이라는 치우천황님의 주장이다. 원문의 형식을 바꾸지 않고 인용하였다.

고구려가 통일했다면 지금의 우리는 존재할까요?

동서고금을 막론하고 통일 후의 왕조는 통일 과정에서 축척됐던 내,외부적인 위험 요소의 해결책으로 대부분 주변국과의 전쟁을 선택하더군요...

삼국 통일 후에 고구려 또한 눈엣가시였던 당나라를 가만둘 리 없었을 겁니다...

당(태종)의 시작부터... 나중엔 신라와 연합까지 하며 고구려를 힘들게 했으니까요...

다행히 당 서쪽의 돌궐과의 관계가 원만했던 고구려가 이 전쟁에서 이길 확률이 높았을 겁니다...

여진 거란 만주 몽골족도 차지했던 중원을 고구려도 차지하게 되었겠죠...

중국이 우리가 되고, 우리가 중국이 되는 역사적인 순간 일겁니다...

-- ;

그런데, 중원에서 역대 중국의 왕조 중에 200년을 넘긴 왕조는 없었습니다...

어느 순간, 어느 민족에 의하든... 내부적 원인이 됐든 고구려가 패망합니다...

당나라 패망 이후의 5대 10국처럼 중원이 갈갈이 찢어져 나가거나...

당, 원, 금, 명처럼 다른 강력한 왕조가 들어서겠지요...

그 후 단일 민족, 백의 민족이라는 지금의 우리가 과연 존재 했을까요? (물론 이 부분에 과장이 있다는 건 압니다...)

그저 지금 중국의 어느 오지에 숨어 살고 있는 소수 민족으로나마 존재하지 않았을까요?...

대한민국이 과연 존재할까요?

—네이버 블로그, http://blog.naver.com/m10cn/70007037217, 2006. 8. 6.

가정에 의한 논증이 얼마나 다른 결론에 도달할 수 있는지 보여주는 좋은 예이다. 첫 번째 글은 고구려가 통일을 했다면, 강력한 고구려가 동남아시아와 일본까지 영향력을 확대하며 광대한 제국을 건설하였을 것이고 따라서 일제강점기와 같은 치욕도 없었을 것이라는 주장이다. 두 번째는 강력한 고구려가 중국을 통일할 수 있게 되었을지는 모르지만 여타의 왕조처럼 한족에 흡수되거나 소수민족으로 전락하는 신세가 되었을 것이라고 말한다. 이 글들에는 지면의 제한으로 불가피하게 충분한 자료나 논증은 없다.

놀랍게도 이런 현상은 한국을 대표할 만한 사상가들에서도 그대로 발견된다. 고구려에 의한 통일을 가정하여 역사를 안타깝게 바라보는 함석헌과 김용옥의 상반된 시각은 매우 흥미롭다. 함석헌 선생은 《뜻으로 본 한국역사》에서 〈고구려의 죽음〉이라는 단원을 할애하여 고구려의 멸망을 안타까워하고 있다.

> 삼국시대의 실패의 원인은 고구려가 망한 데 있다. 누구나 역사를 읽는 사람은 민족의 종주권을 고구려에 허하지 않을 수 없고, 또 일마다에서 고구려에 동정이 가는 것이 사실이다. 그것은 민족의 혼이 거기 대표되어 있기 때문이다. 만일 고구려가 그렇듯 갑자기 망하지 않았더라면 만주, 조선은 반드시 하나로 통일이 되어 큰 나라를 이루었을 것이요, 그랬다면 신라와 백제가 한때 분한 일이 좀 있다 하더라도 민족 전체의 운명은 잘못되지 않았을 것이다. 그렇다면 중국 평원에까지 그 다리를 한번 뻗었을지도 모른다. 만일 그렇다면, 평화를 사랑하고, 남을 업신여길 줄 모르는 한족이 한번 아시아를 쥐었더라면 세계역사는 좀 다르게 되지 않았을까? …그런

데 그 전체의 일이요, 한때의 실패만 아니라 실로 길이 민족의 운명을 결정하는 일이다. 5천년 역사상에서 가장 아프고 시린 일이다.

—함석헌, 《뜻으로 본 한국 역사》, 한길사, 2003.

화려한 문체에도 불구하고 논리 전개에 있어 앞에 인용한 인수초등학교 고아라 양의 글과 일치한다는 것을 쉽게 알 수 있다. 이런 논리적 유사성은 함석헌의 주장을 비판하는 김용옥의 글에서도 발견된다. 역시 사방에 침을 튀기며 열변을 토하는 김용옥의 생생한 문체가 살아 있지만, 앞서 언급한 한 네티즌과 같은 맥락의 주장을 하고 있다.

만약 "고구려통일마땅론"대로 고구려가 삼국을 통일했더라면 불행하게도 우리나라는 없어졌을 것이라는 것이 나의 현금의, 중국 역사를 섭렵해 본 나의 생각이다. 우항허黃河의 中原은 누구든지 쳐먹을 수 있다. 고구려가 洛陽 아니 長安까지 다 먹을려면 충분히 먹을 수 있었을 것이다. 중국 대륙을 석권하고 한족의 大統一帝國을 건설할 수도 있었을 것이다. 나는 이러한 가능성에 대해 모화사상가처럼 주저를 하는 사람이 아니다.

(…중략…)

그러나 항상 외부적 팽창은 내부적 공허를 초래한다. 고구려는 꾸준한 자기 팽창을 거쳐 자기 아이덴티티를 상실해간. 그리고 팽창된 자기 속의 이질적 부분들을 소화해내기에는 너무도 비대해져버린 비만증에 자기 파멸을 초래한 문명이다. 이것이 고구려 고분의 역사적 변천 과정의 해석에서 실증될 수 있는 것이다. 더구나 중원이란 곳은 문화의 발상지며 한문 문화의 블랙홀이다. 이 용광로는 자기를 잡아먹는 모든 임자까지 녹여버리는 용광로다. 중국의 역사가 말해주는 교훈은 중원을 잡아먹는 민족치고 중원에 동화되지 않은 민족이 없다. 중원을 점령, 지배했던 모든 북방 민족은 그 용광로에서 헤어난 예가 없다. 만약 고구려가 삼국을 통일했더라면 우리나라는 필경 중국의 한 省으로 전락했을 것이다……. 우리말, 풍속, 문자까지 다 잃어버리고 사멸되었을 것이다.

—老舍(라오서), 최영애 옮김, 김용옥 풀이, 《루어투어 시앙쯔》, 통나무, 130~134쪽.

'만약에'에 근거한 두 거장의 추론이 전혀 반대 방향으로 향하고 있는 것이다. 단 이런 문제는 참과 거짓을 나눌 수 있는 것이 아니고, 개인의 경향을 나타낼 뿐이라는 것을 언급하는 정도면 충분할 것 같다. 살펴보았듯이 이런 종류의 글은 문학적 상상력을 자극하거나 학문적 의심을 불러일으키는 목적으로는 가치가 있을지 모르지만, 신뢰할 수 있고 일관성 있는 결론을 도출하는 논증, 논술로서는 처음부터 한계를 지니고 있다.

논술과 논증은 모두 정확한 정보에 기초한 논리적인 사고력을 요하는 일이다. '만약에'와 같은 가정에 기초한 논증은 그 논증 자체의 기초가 신뢰할 만한 근거라기보다는 상상력에 근거하고 있으므로 논증으로서는 심각한 취약성을 내포하고 있는 것이다.

하지만 새로운 질문을 던지는 창의적 상상력은 모두가 당연하게 받아들이는 사실에 대해 의문을 던짐으로써 새로운 시각에서 해답

6장 연역논증

을 모색할 수 있는 기회를 제공한다는 점도 기억해야 할 것이다.

생각하기

1. 중국의 동북공정에 대해 일부에서 전개되고 있는 반론은 만주 지방이 옛 고구려의 영토였고 백두산정계비에 언급된 토문강이 현재의 송화강을 의미한다는 사실 등을 근거로 고구려의 문화 유적은 우리의 것이라는 입장을 견지하고 있다. 거기에는 '만약에' 고구려가 통일을 하였다면 드넓은 만주 벌판이 현재 우리의 영토였을 것이라는 정서적 회한이 서려 있기도 하다. 고구려의 역사와 문화 유적에 대한 논쟁이 함축하고 있는 문제는 '만약에 고구려가 통일을 했다면' 식의 문학적 상상력 이상의 중요한 질문을 내포하고 있다.

먼저 신라에 의한 삼국의 통일은 실제로 이루어졌는가? 고구려가 영토 대부분을 잃고 당의 지배하에 넘어가게 된 것은 삼국의 통일이 아니라 단지 신라의 백제 병합과 고구려의 멸망으로 봐야 하지 않을까?

둘째, 역사와 영토의 관계를 어떻게 볼 것인가? 역사상의 어느 한 시점에서 우리의 영토였다는 것이 오늘 우리의 영토와 무슨 관계가 있는가? 예를 들어, 이스라엘이 2천 년의 유랑 생활 후에 팔레스타인에서 옛 영토 주권을 주장하는 것은 타당한 일인가?

셋째, 고구려 영토에 포함되었던 거란, 여진 등 타인종은 우리의 역사에 포함되는가? 포함된다면 고구려 멸망 이후의 이들 민족의 역사는 어떻게 취급해야 하는가?

넷째, 영토와 문화 영역의 문제. 이제는 중국의 영토에 포함된 만주 지역의 고구려 역사 유물 유적은 한국의 것인가 중국의 것인가? 다시 말해, 고구려사는 중국사에 포함되는가 아닌가?

2. 임지현의 《국사의 신화》를 읽고 국사(國史)를 역사적 사실의 기록이라는 측면과 신화적 구성의 측면에서 비교해보자. 중국, 미국, 일본 등 각국이 자국의 역사를 새롭게 조명하고 기록하는 일에 전력을 기울이는 이유는 무엇일까?

백두산정계비 조선 숙종 38년(1712)에 조선과 청나라의 경계를 확정하기 위하여 백두산에 세운 비석으로 양국의 경계를 압록강과 토문강으로 한다고 함으로써 후대에 토문강의 해석에 대한 논쟁을 야기하였다. 청나라와 이후 만주국을 세운 일본은 토문강이 두만강이라고 해석하였으며, 현재까지 그것이 정설로 받아들여지고 있다. 하지만 다수의 한국 역사학자들은 토문강이 만주 벌판을 가로지르는 송화강을 의미한다고 주장하고 있다.

45. 벤젠고리와 뱀 꿈

비형식 : 발생적 오류genetic fallacy.
정의 : 논증 자체와는 관련이 없는 과거 역사나 기원을 끌어들이는 오류.

발생적 오류는 '논점일탈의 오류'의 일종으로 하위 개념으로는 인신공격, 부당권위에 호소, 어원론적 오류 등을 포함한다. 현재의 가치나 논지에 영향을 주지 않는 과거의 사실이나 기원을 들어 논증을 부정하는 것을 발생적 오류라고 한다. 특히 새로운 정보와 지식이 중요한 역할을 하는 과학적 논증의 경우에는, 과거의 지식이나 배경이 시효가 지난 경우가 있을 수 있으므로 발생적 오류를 보다 용이하게 구분할 수 있다. 그러나 역사나 사회적 사실에 대한 논의로 들어가면 발생적 오류의 함정에 빠질 확률이 높아진다.

조선왕조는 5백 년 동안 유교적 이념으로 인류 역사상 가장 오랜 왕조를 유지하였다. 조선의 유교이념의 장점과 폐단에 대한 논의가 있다고 생각해보자. 누군가 조선은 유교이념에 반하는 역성혁명에 의해 등장하였으므로 조선의 유교이념은 논할 가치도 없다고 주장한다면 이는 발생적 오류를 범하는 것이 되겠다.

　　　　　　　　발생적 오류를 설명할 때 자주 등장하는 독일 화학자 케쿨레^{Kekule}의 벤젠고리^{benzene ring}의 예가 있다. 서울대 철학과 김영정 교수의 글을 소개해본다.

Kekule가 벤젠링을 발견한 것은 '역사적인 창의적 행위^{historical creative act}'의 하나로 꼽히고 있다. 그것은 인류역사상 다른 어느 누구도 그러한 창의적인 사고나 지식을 가진 적이 없었음을 의미하는 것이다. Kekule는 처음에는 모든 유기체 분자는 탄소 원자의 스트링에 기초하고 있으며 따라서 이들은 직선적인 시퀀스를 가지고 있다고 가정하였다. 그러나 벤젠의 성질은 이러한 표상공간에서는 해결책을 찾을 수가 없었다. 그는 당시까지 알려지지 않았던 벤젠의 분자 구조를 밝히기 위해 며칠 밤을 고심하고 있었다. 그러던 어느 날 밤 그는 꿈에서 우연히 자기 꼬리를 물고 있는 뱀을 보게 된다. 그는 잠에서 깨어나 옳거니 하고 무릎을 쳤다. 그는 꿈에 나타난 그 뱀의 형상에서 힌트를 얻어 벤젠 분자의 탄소 6원자의 고리 결합 모델을 밝혀내고, 그것을 기본으로 하여 방향족 화합물의 구조를 설명해낼 수 있었다.

　이때 벤젠 분자 구조가 고리 결합으로 되어 있다는 케쿨레의 믿음이 정당한 것인지, 또 그 믿음에 대한 증거가 있는지의 문제는 그가 꿈을 힌트로 해서 벤젠 분자 구조를 발견하게 되었다는 사실과는 아무런 관련이 없다. 그가 꿈을 통해 벤젠 구조를 밝혀냈다는 데 대한 인과적 설명은 그 믿음에 대한 이유나 증거의 문제와는 다른 차원의 것이다. 만약 이를 같은 것으로 본다면 그것은 바로 발생적 오류genetic fallacy를 범한 것이다.

　　그렇다면, Kekule의 벤젠링 발견이라는 역사적인 창의적 행위를 가능케 해주었던 핵심 요소는 무엇일까? 그것은 다른 사람들도 꿀 수 있는 "뱀이 자신의 꼬리를 물고 있는" 꿈의 내용이 아니라, 그러한 꿈의 내용을 자신의 문제 해결에 적용시키면 문제가 해결될 수 있다는 것을 파악해낼 수 있는 통찰력인 것이다. 이러한 통찰력은 이것저것 잡다하게 새로운 아이디어를 마구 뿜어내는 발산적 사고 능력에서 나오는 것이 아니라 주어진 문제 영역에 대한 포괄적이고 다각적이고 심도 있는 비판적 이해 능력과 몰두 능력에서 나오는 것이다.

—김영정, 〈통합논술에 필요한 "창의성과 비판적 사고"〉.

발생적 오류를 가장 간결하고 명료하게 설명한 글이다. 오랫동안 하나의 문제로 고민하던 케쿨레는 꿈에 나타난 뱀의 모양을 떠올리며 즉각적으로 발상의 전환을 이룬다. 이런 사고 전환의 모멘텀은 어떤 문제를 가지고 씨름하는 사람들의 일상에서는 언제 어디서든 가능한 것이다. 그러나 그 발상의 모멘텀을 제공한 사건이 그의 논증을 증명하는 근거로 제시될 수는 없다.

일제 식민지 치하에 있던 조선의 독립운동에 자극제가 된 윌슨의 민족자결주의라는 것이 있다. 미국 대통령 우드로 윌슨Thomas Woodrow Wilson, 1856~1924은 1차 대전 말 독일 잠수함의 공세가 미국에까지 미치자 당초의 전쟁불참선언을 포기하고 '전쟁을 종식시키기 위한 전쟁', '민주주의를 위한 전쟁'에 돌입하기로 결정한다. 그는 1918년 1월 비밀외교의 폐지와 민족자결주의의 원칙을 담은 '14개조 평화원칙'을 발표하였다. 비밀외교의 폐지는 유럽 각국의 비밀외교 라인이 오해와 불신, 그리고 상대국에 대한 오판을 불러 제1차 세계대전의 도화선이 되었던 경험을 되풀이하지 않기 위한 조치였다. 민족자결주의란 분쟁에 휩싸여 있는 독일, 이탈리아 주변국들이 독자적으로 민족의 문제를 해결할 수 있도록 보장해야 한다는 문제의식에서 출발하였다.

윌슨의 민족자결주의는 처음부터 아시아, 남미, 아프리카 등 제3세계의 민족적 요구와는 무관한 것이었다. 윌슨 정부의 경제개혁과 적극적인 외교정책으로 20세기에 들어서면서 안정적 성장을 보여온 미국은 세계열강의 대열에 합류하는 계기가 된다. 미국은 자신감을 바탕으로 여전히 유럽의 영향력이 미치고 있는 미주 대륙에서 유럽의 입김을 제거하고자 한다. 유럽 분쟁 지역의 민족자결을 주장하고 있는 그의 주장

우드로 윌슨(Thomas Woodrow Wilson, 1856.12.28 ~1924.2.3) 미국 버지니아주 출생. 프린스턴, 버지니아, 존스홉킨스 대학 등에서 공부하였다. 1890년 프린스턴의 교수가 되었다가 1902년 총장으로 선출된다. 1911년 뉴저지 주지사로 당선, 1912년 민주당 대통령후보로 선출되었다. 신자유(New Freedom)라는 개혁 정책으로 28대 대통령에 당선되어 무역, 금융, 통화 개혁을 단행하였다. 제1차 세계대전이 발발하자 중립을 선언하고 전쟁 특수에 힘입어 미국 경제는 호황을 누린다. 재선에 성공한 윌슨은 1917년 독일의 잠수함 공격에 대항하여 참전을 결행한다. 당시 멕시코가 빼앗긴 땅 애리조나와 텍사스의 재정복을 노리고 있다는 소문이 돌기도 하였다. 이미 막바지에 접어들었던 전쟁이 종식되자 윌슨은 전쟁 후속조치를 위한 파리평화회의를 주도하면서 국제적 위상을 강화하였다. 그는 1918년 비밀외교 폐지와 민족자결주의를 주장하고 이를 골자로 한 14개조 평화원칙을 발표하였다. 또한 국제연맹의 창설을 위한 노력을 경주한다. 이런 공로가 인정되어 윌슨은 1919년 노벨 평화상을 수상하였다.

에는 이런 배경이 깔려 있다. 또한 미국이 19세기 중반 멕시코로부터 빼앗은 텍사스, 켈리포니아를 비롯한 미 서부의 방대한 영토와 필리핀 문제 등은 해당 당사국들이 해결할 문제이지 유럽 열강이 간섭할 일이 아니라는 간접적인 메시지가 포함되어 있었던 것이다.

그러나 윌슨의 '민족자결national self-determination'이라는 말에 자극을 받은 조선은 1919년 독립만세운동을 벌이게 된다. 당시 윌슨의 주장에 큰 감명을 받고 기대를 건 것은 한국만이 아니었다.

1919년 1월 제1차 세계대전의 결말을 짓기 위한 '파리평화회의'가 프랑스 파리에서 열렸다. 이 회의에서 윌슨은 민족자결주의 노선에 따라 평화회의를 주도하고 국제연맹 창설을 위한 노력을 기울인다. 이 기간 중 한때 교사, 여객선의 요리사, 사진기사 등의 임시직 경력을 지닌 사회주의자 호치민이 윌슨을 찾아갔다. 호치민은 프랑스 식민 통치에 고통받고 있는 베트남인들의 독립을 민족자결주의자 윌슨이 지지해주리라 기대하였다. 젊고 정의감에 불타던 베트남 청년의 낭만적인 기대는 윌슨의 냉대와 무관심으로 좌절하게 된다. 그는 이 사건이 있은 이후 프랑스 공산당에 가입하고, 공산주의를 배우기 위해 러시아로 떠난다. 호치민은 이 결정의 동기를 "공산주의가 아니라 애국심의 발로"였다고 후에 기술하였다.

삼일운동을 민족자결주의의 직접적인 결

1차대전 동안 미국의 가장 강력한 살상무기는? 세계 제1차 대전 당시 중립 선언을 하였던 미국은 전쟁 특수를 톡톡히 누리고 있었다. 그러나 독일 잠수함이 미국의 상선까지 공격하는 일이 벌어지면서 1917년 4월 참전한다. 그러나 이미 막바지에 이르렀던 1차 대전은 11월 공식 종료된다. 그러나 그 6개월 남짓한 기간 미국에서 출발하여 세계를 돌며 약 5천만 명의 목숨을 앗아간 가공할 살인무기가 있었다. 그것은 당시 스페니쉬 독감(spanish flu)라고 불리던 조류독감이었다. 미군 징집 장소로 향하던 한 병사가 집결지에 도착해서 독감 증세를 보이며 사망하였다. 그러나 이때 감염되었던 병사들이 병원균을 지닌 채 유럽으로 참전하였다. 독감은 일 년간 유럽을 돌아 다시 미국에 상륙한다. 약 1년여 기간 동안 유럽과 미 대륙을 강타한 조류독감으로 약 5천만 명의 인명이 목숨을 잃었다. 원인을 알지 못하고 스페니쉬 독감으로 불리던 이 대재앙은 이후 조류독감의 일종으로 밝혀졌다.

과로 보는 것은 지나친 단순화의 오류와 함께 한민족의 독립에 대한 각성과 요구를 간과하는 문제가 있다. 그러나 윌슨의 민족자결주의가 독립운동의 지도자들에게 낭만적인 기대감을 불어넣은 것 또한 사실이다. 이것을 근거로 제3세계의 독립과 무관한 민족자결주의에 고무된 삼일운동은 오해에서 비롯된 무가치한 운동이라고 한다면 아무도 납득하지 못할 것이다. 삼일운동의 정당성과 의의는 그 자체로 판단되어야 할 것이다. 그리고 평가의 근거를 발생학적 동기에서 찾는다면 '발생적 오류'를 범하게 된다는 점도 기억해두기 바란다.

생각하기

1. 3.1운동의 이념적 근거를 제시하였던 윌슨의 민족자결주의가 결국 유럽 제국들을 견제하고 아메리카 대륙에서 미국의 주도권을 보장하기 위한 외교적 수사였다고 한다면, 3.1 운동의 민족자결주의적 이념과 주장은 정당성을 상실하는 것일까?

2. 《조선일보》 구독 거부 운동이 벌어진 적이 있었다. 《조선일보》 구독 거부의 명분이 사주 방씨 일가가 《조선일보》를 장악하고부터 친일미화에 앞장섰기 때문이라고 한다면, 이는 발생적 오류에 해당할까? 반대로 《한겨레신문》의 기사에 대에 "《한겨레》는 정론지를 지향하는 국민들이 성금을 내고 주주가 되어 창립된 신문이기 때문에 정론을 걷고 있다"고 주장한다면?

46. 여자와 북어

비형식 : 비유의 오류fallacy of false metaphor.

동의어 : 거짓비유false analogy, faulty analogy, vague similarities, extended analogy.

정의 : 연관성이 전혀 없거나, 또는 일면적인 대상의 비교만으로 자의적인 결론을 도출해내는
비유 방식.

남녀 간의 관계는 다양한 이해와 오해, 그리고 무수한 말들이 흘러넘치는 우리 모두의 관심사이다.

예전에 술자리에서 가끔 듣던 "북어와 여자는 사흘에 한 번씩 두들겨주어야 한다"는 말이 있었다. 이는 여성을 대하는 '남자들'의 시각을 반영하고 있는 일종의 비유에 해당한다. 이 비유는 여러 해석에도 불구하고 기본적으로 여성과 북어를 비교의 대상으로 놓고 출발한다. 북어와 여자를 비유의 대상으로 놓는 것은 정당한가? 양자는 어떤 연관성이 있는가?

먼저 누구나 잘 알고 있는 평화의 상징 비둘기에 대해 잠시 생각해보자. 《상식의 오류사전 2》라는 책에 다음과 같은 대목이 있다. "비둘기는 전혀 평화로운 동물이 아니다. 그러므로 평화의 상징이

라는 비둘기의 역할은 잘못 주어진 것이다. '인디언의 고문 말뚝을 제외하고 비둘기처럼 동족을 서서히 끔찍하게 죽도록 잔혹한 상처를 입히는 동물은 또 찾아보기 힘들 것이다.'"

서구 문화권의 평화의 상징 비둘기에 대한 상징적 이미지는 실제의 비둘기와 크게 다르다는 것이다. 중동 지역의 평화의 상징은 올리브이다. 대홍수가 끝나고 노아가 방주 밖으로 날려 보낸 비둘기가 물고 왔던 올리브 잎을 연상시킨다. 희망을 안겨주었던 올리브는 오늘날 중동에서 폭격당한 평화의 상징이 되고 있는지 모르겠다.

우리들 시각에선 연관성이 결여되어 보이는 비둘기가 역사적 과정을 거치면서 평화의 상징으로 자리할 수 있었다면, 북어와 여자를 비교의 대상으로 놓는 것도 전혀 불가능한 것만은 아닐 수도 있을 것이다. 문제는 무엇을 어떻게 비교하는가에 달려 있다.

인터넷상에 원작자를 알 수 없는 다음의 글을 살펴보자.

심하게 다툰 후 진한 애정 공세를 펼치는 남자

"남자친구가 휴가를 함께 보내기로 한 약속을 일방적으로 취소해버려서 크게 다툰 적이 있어요. 다음 날 남자친구가 만나자고 전화를 해서 약속 장소에 나갔어요. 길거리 한가운데 서 있는데 갑자기 오자마자 끌어안

더니 키스를 하는 거예요. 마음의 응어리가 녹아내리는 느낌이었어요."

이런 남자는 당신이 상상할 수 있는 가장 저질인 남자에 해당할지도 모른다. '북어와 여자는 두들겨주어야 한다'고 생각하는 마초들은 여성과 문제가 생기면 애정 공세로 해결하려고 한다.

'이 남자가 나를 사랑하는구나'라고 착각하지 마라.

그 남자는 여성의 마음은 육체관계로 다스리고 조종할 수 있다고 생각하는 부류다. 문제를 대화 이외의 것으로 풀려는 남자들은 모두 피해야 한다.

이 글은 그럴듯해 보이지만 실은 '짝퉁'인 남자를 골라내는 방법으로 소개된 글이다. 저자는 "북어와 여자는 두들겨주어야 한다"고 생각하는 남자들은 여성을 육체적 대상으로 인식하고 있다고 지적한다. 육체적인 폭력으로 길들이고, 육체적인 관계로 마음을 다스릴 수 있다고 생각하는 부류라는 것이다. 사람을 물리적인 힘으로 길들일 수 있다고 생각하는, 특히 여성을 남성의 힘으로 굴복시킬 수 있다는 마초적 발상이 '북어와 여자는 사흘에 한 번씩'에 깔려 있는 의식이라는 지적이다.

다른 블로거의 글을 하나 더 살펴보자. 독특하고 재미있는 해석이라 좀 길게 인용해본다.

북어는… 명태와 같은 것인데, 명태를 말려서 가공하면 황태가 된다. 명태를 가공하지 않고 말린 것을 가르켜 '북어'라고 한다. 옛날에, 1950~60년대만 해도 우리나라가 많이 발전하지 않았던 터라, 명태를 잡아도 가공하지 않고 그냥 말리곤 했다. 그런데… 마른 오징어를 먹어본 사람이라면 알겠지만, 마른 오징어를 씹어보면 이것이 여간 단단한 것이 아니다. 오징어가 이럴진데, 말린 명태(북어)는 얼마나 딱딱했겠는가. 지금이야, 명태를 완전히 말리지 않고 적절히 가공해서 딱딱하지 않게 해서 황태가 나오지만, 1950~60년대까지만 해도 빨래방망이 비슷한 그런 몽둥이로 북어를 쳐서 딱딱하지 않게 만들어야 했다. 미역국이라던가 북어해장국 등. 북어로 국을 만들기 위해선, 일단 북어를 부드럽게 만들어야 했다는 이야기이다. 그런데 북어는 물기가 없이 완전히 바싹 마른 것이다 보니, 두들기고 난 뒤 며칠만 흘러도 다시 딱딱해지곤 했다. 그 때문에 옛날부터, 북어로 국을 만들기 위해선 2~3일마다 한 번씩 북어를 부드럽게 만들어놓는 작업, 다시 말해 몽둥이로 두들기는 것이 필요했다는 것이다. 그래야지 딱딱하지 않고 질기지 않은, 그런 상태가 되었으니까. 자... 그럼 북어는 사흘마다 몽둥이로 패야 제 맛이다라는 말의 뜻은 이해했을 것이다. 음식을 먹어도, 부드러워야지 잘 넘어가지 않는가. 그런 것처럼 북어를 사흘마다 패는 것은, 북어의 육질을 부드럽게 하기 위해서 어쩔 수 없이 하는, 필수불가결한 작업이었다는 말이다.

여기까지 읽은 사람이라면 '북어와 여자는 사흘마다 몽둥이로 패야 제 맛이다'의 구절에서 '북어는 알겠는데, 여자는 왜 사흘마다 패야 하는 거지?'라는 의문을 떠올릴 수 있을 것이다. 물론, 이러한 의문은 아주 타당한 것이다. 이제부터 쓰는 것은 순전히 나의 개인적인 의견이므로, 글을 읽는 사람들은 이 의견을 완전히 믿지 말기 바란다.

'북어와 여자는 사흘마다 몽둥이로 패야 제 맛이다'의 몽!둥!이! 나는, 이 몽둥이라는 단어에 이중적인 뜻이 들어 있다고 생각한다. 우리나라 사람들은 풍자와 해학을 좋아하고, 직설적인 표현을 아주 좋아했다... 서양의 연구 결과에 따르면, 부부의 성생활은 최소한 3~4일에 1회 정도는 가져주는 것이 바람직하다고 나와 있다. 왜, 흔히 남자들이 우스갯소리로 하는 말로, 밤에 힘 좀 쓰면 다음 날 아침 상차림이 달라진다고 하는 말이 있지 않던가... 내가 위에서 써놓은 말 중에, 북어는 사흘마다 몽둥이로 두드려줘야 딱딱해지지 않고 부드러워진다고, 제 맛이 난다고 써놓았다. 여자도 마찬가지로, 사나흘마다 성생활을 가지거나, 성생활을 하지 않는다 할지라도 항상 자상하게 대해주고 위해주는 마음가짐을 갖는다면 제 맛이 날 것이다.(남자를 부드럽게 대할 것이다. 항상 내 남자가 최고라고 생각하며 살 것이다.) 하지만, 사흘마다 패지 않는다면 점차로 딱딱해지다가(차가워지다가, 무관심해지다가) 마침내는 돌이킬 수 없이 딱딱해질 것이다.

결론. '북어와 여자는 사흘마다 몽둥이로 패야 제 맛이다' 라는 말은, 우리 조상들이 후손들에게 성생활의 중요성과, 가정 유지 기능에 있어서 남자들의 역할이 여자 못지않음을 은연중에 가르쳐주는 말이라는 것이다.

―salradi, http://blog.naver.com/salradi/40029618790.

살라디님은 북어를 사흘에 한 번씩 두드려야 하는 이유에 대해서 비교적 설득력 있게 설명을 하고 있다. 고향이 동해안인 저자는 지금도 70년대까지 어른들이 처마나 덕장에서 명태를 말리고, 북어를 망치나 다듬이돌로 두드려 북어국을 끓이던 모습이 기억난다.

살라디님은 글의 하반부에서 상당히 독창적인 해석을 제시하고 있다. "여자를 사흘마다 몽둥이로 두드려야 한다"는 말은 다수의 고대 시문학에서 볼 수 있듯이 성적인 암시를 하고 있다는 것이다.

재미있는 해석이고 일면 수긍이 가는 설명이다. 하지만 이 비유가 전반부의 북어에 대한 설명과는 궤를 달리하는 것을 알 수 있다. 북어를 몽둥이로 두드리는 것은 사실적인 묘사인데, 그 구체적인 행동과 여자도 "사흘에 한 번씩 몽둥이로 두드려야 한다"는 말 사이에는 어떤 상징성이 끼어들 여지가 부족한 것 같다.

무엇보다 영리한 독자들은 눈치챘겠지만, 앞에 소개한 두 인용문은 동일한 사고의 연장선에 놓여 있다. 여자는 남성에 순응적이어야 할 대상이고, 이것은 남성의 육체적인 지배—그것이 폭력이던 성적인 '배려'이던—를 통해 달성될 수 있다는 믿음이다. '북어와 여자'를 동일 선상에 놓는 부류에겐 이 비유가 유효할 수도 있겠으나, 대부분의 멀쩡한 정신을 소유한 사람들에겐 비유의 오류를 범하는 것으로 받아들여질 것이다.

생각하기

1. 소위 진보진영에 있는 사람들의 성차별적인 행동이 종종 문제가 되곤 한다. 이들을 위해 유사한 비유를 하나 들어보도록 하겠다.

"노동자는 못과 같아서 기능을 하게 하려면 머리를 망치로 내리쳐야 한다."

자본주의 체제 내에서 노동자의 위치는 마치 건축물에서 못이 기능하는 것과 큰 유사점이 있는 게 사실이다. 적어도 '북어와 여자'의 비유보다는 훨씬 설득력이 있는 비유라 하겠다. 노동자의 인간성이 박탈되고 부품으로 전

노동자 vs. 근로자 언어의 선택이 서로의 입장과 경계를 명확히 가르는 좋은 예라 하겠다. 노동이나 근로는 모두 'labor'라는 단어의 이종번역의 결과물이다. 노동은 말 그대로 '일하는 것'을 의미하고, 근로는 '열심히 일하는 것'을 의미하기 때문에 한국어의 어감은 전혀 다르다. 한국은 '근로기준법'에서와 같이 법적으로도 '열심히 일하는 사람'들을 대상으로 법을 제한하고 있는 듯한 느낌을 준다. 이것은 다분히 사용자적 관점이라 할 수 있는데, 열심히 일하는 것으로 보이지 않는 사람은 대우를 하지 않겠다는 의식을 반영한다. 반면, 노동자 입장에서는 아무리 열심히 일해도 알아주지 않으면 소위 '근로자'가 될 수 없는 것이다. 이와 관련, 세계 각국은 매년 5월 1일을 메이데이 혹은 노동절로 기념하고 있다. 그러나 한국은 오랫동안 3월 10일을 근로자의 날로 기념하여오다 최근에 메이데이에 합류하였다. 미국의 경우 '노동절(labor day)'이라는 명칭으로 매년 9월 첫째 월요일로 정해져 있다.

락한 자본주의에 반대하는 노동자라면, 절대로 '북어와 여자'의 비유에 따른 행동을 보여선 안 될 것이다.

2. 아래의 인용문을 읽고 인용문이 말하고자 하는 의도에 대해 생각해보라.
  a. 맛있는 수프를 먹으려면 아내를 잘 때려야 한다. ―러시아 격언
  b. 고양이와 여자는 매질을 하지 않으면 살이 오른다. ―일본 격언
  c. 아내와 자식을 가진 남자는 자신의 운명을 저당 잡힌 것이다. ―베이컨
  d. 여성에게 남성의 수면은 자기 만족을 취한 후의 배신으로 비치는 것이다. ―시몬느 보봐르
  e. 한곳에 두 여자를 놓으면 날씨가 차가워진다. ―셰익스피어
  f. 길에서 갑자기 변을 당할 때 남자는 지갑을 들여다 보지만 여자는 거울을 들여다본다. ―턴불
  g. 제가 남자로 태어나지 않았다는 사실을 기뻐합니다. 만약 남자로 태어났다면 여자와 결혼하게 되었을 거니깐. ―스타르 부인

3. "남자는 배, 여자는 항구"는 적절한 비유라고 생각할 수 있을까?

47. 세계 최초의 목판 인쇄물

비형식 : 카드 술수Card Stacking, 왜곡선택기법.

유사어 : 왜곡 정보suppressed information, 부분 진리half truth 의 일종.

정의 : 불리한 견해를 제거한 정보만 제공하는 오류.

카드놀이에서 마치 무작위적으로 카드를 뽑는 것처럼 보는 이들을 착각하게 만들지만, 실제로는 미리 순서를 정해두거나 표시를 해놓고 속임수를 쓰는 것과 같은 방식의 오류를 '왜곡선택기법의 오류'라고 한다. 이런 카드 속임수의 방식은 놀음판에서만 사용되는 것이 아니다. 현대인의 일상 속에 깊숙이 들어와 있는 광고나 학문적인 영역에서도 흔히 발견할 수 있다.

자동차 광고에서 다른 회사의 차종보다 '연비'가 뛰어나다는 광고는 소비자들의 관심을 끌 만한 장점이다. 그러나 그 자동차의 전체적인 사양과 특징을 꼼꼼히 살펴보지 않고 연비만을 기준으로 차를 구입한다면 낭패할 가능성이 크다.

대중 연예인이나 정치인의 경우 자신의 대중적 이미지를 만들고 유지하기 위해서도 동일한 방법을 사용한다. 자신에게 유리한 이미지만을 선택하여 반복적으로 홍보함으로써 대중들에게 하나의 이미지를 각인시킬 수 있다. 물론 이를 위해서는 자신에게 불리한 기사나 평론 혹은 비판은 무시하고 유리한 내용만을 선택하여 사용할 것이다.

신간 서적이 출간되거나 새로운 영화가 개봉되었을 때 광고문을 살펴보면, 그 책이 얼마나 재미있고 유익한지 혹은 그 영화가 얼마나 흥미진진하고 영화 예술적 가치가 있는가에 대한 찬사들을 발견하게 된다. 누구도 그 광고에서 비판적인 글을 보리라 예상하진 않을 것이다. 광고문은 사실의 일부만을 보여줌으로써 대중들이 그 책이나 영화의 좋은 점만을 보도록 편향된 시각을 부여한다. 물론 소비자들도 그 사실을 전혀 모르는 것은 아니지만 여전히 광고는 나름대로의 효과를 발휘한다.

이처럼 편향된 사실의 일부만을 나열하여 상대방을 설득하는 방식을 왜곡선택기법의 오류 혹은 카드 속임수 오류라고 한다.

카드 속임수 오류는 정치적이나 이념적인 목적을 띤 논쟁에서 매우 흔히 사용된다. 일본의 역사 연구는 '카드 속임수'의 대표적인 예라 할 수 있다. 특히 일본의 고대사와 현대사 연구에서 일본은 자국의 정통성에 유리한 사실들만을 역사에 편입시키고 다른 부분은 부정하는 방법을 자주 사용한다. 일본의 아시아 각국 침략으로 인한 피해와 상처에는 눈을 감고 일본으로 인해 도입된 일련의 근대화 시스템을 근거로 제시함으로써 식민지 정책이 해당 국가들에 오히려 도움을 주었다는 결론을 도출할 수 있다.

1966년 불국사 석가탑에서 발견된 《무구정광다라니경》은 한국이 세계 최초의 목판인쇄물로 자랑하는 소중한 문화 유산이다. 그러나 2007년 3월 어쩌면 세계 최초의 위치를 770년경에 인쇄된 일본의 《백만탑다라니경》에 내어줘야 할지 모른다는 사실이 알려지면서 당혹감에 휩싸였다. 석가탑이 신라 혜공왕765~780 때에 완공되었으며, 이후 고려 초에 중건되었다는 사실이 밝혀졌기 때문이다.

학계의 입장은 여전히 세계 최초의 목판본이 확실하다는 입장이다. 먼저 《삼국유사》에 불국사 건축 시기를 751년부터 김대성이 죽은 774년으로 기록하고 있다. 따라서 《무구정광다라니경》의 제작은 이보다 앞섰을 것으로 추정할 수 있다. 또한 경의 서체가 전기 신라에 유행하였던 서법이라는 주장이다. 《무구정광다라니경》은 701년께 산스크리트어에서 중국어로 번역이 되었다. 또한 신라 성덕왕 5년(706년) 경주 황복사의 석탑에 《무구정광다라니경》이 봉안되었다는 기록이 있다. 또한 중국 당나라의 측천무후685~704 재위 기간에 사용되던 문자(측천무후자)가 발견되었다. 이를 근거로 중국 측은 경이 중국에서 제작되었다고 주장하기도 하였다. 그러나 경을 인쇄한 종이가 한국 특산의 닥나무 한지로 밝혀지면서 중국의 주장은 설득력을 잃었다.

재미있는 사실은 국립중앙박물관이 《무구정광다라니경》의 복원을 추진하던 중 중수 부분에 대한 기록이 나오자 작업을 일시 중지 하였다는 것이다. 만일《무구정광다라니경》이 고려 초의 중수 과정 에서 봉안되었다면 세계 최초의 목판인쇄물이라는 지위를 상실할 지 모른다는 염려 때문이었을 것이다. 다른 증거나 정황은 모두 세 계 최초를 지지하는데 하나의 결정적인 반대 증거가 나올 수 있는 상황이었던 것이다. 당시 연구자들은 의도적이진 않았더라도 '카드 속임수의 오류'를 염두에 두고 있었다고 할 수 있다.

현대의 정치적 충돌이 첨예한 지역에는 역사 연구나 고고학적 발 굴과 관련해서 이와 같은 문제가 빈번히 제기된다. 팔레스타인과 이스라엘은 예루살렘의 소유권을 놓고 양보할 수 없는 갈등을 벌이 고 있다. 예루살렘은 세계 3대 유일신교인 유대교, 이슬람교, 기독 교가 모두 성지로 고집하고 있는 도시이다. 당연히 수천 년에 걸쳐 건축되고 파괴된 수많은 유물과 유적이 현재의 도시 밑에 묻혀 있 다. 그러나 일방적인 경제력과 군사력을 앞세운 이스라엘이 고고학 적 발굴을 주도하고 있는 실정이다 보니 이슬람 문명의 유적에 대 한 발굴은 무시되고 때론 도시 건축을 위해 파괴되기 일쑤이다. 그 러나 이스라엘의 고대사와 관련된 유적은 철저하게 보호하고 세심 하게 발굴 복원된다. 당연 고대사에서 이슬람의 유적은 발견되지 못하고 이스라엘과 관련된 유물과 유적은 지속적으로 발견된다. 그 리고 결국에는 2천 년 혹은 3천 년 전 팔레스타인 땅에서 유대인들 이 놀라운 문명을 꽃피웠다는 사실만이 역사로 기록된다.

잠시 곁길로 새서 다시 한 번 강조하고 싶은 것은 자신의 말과 글 로 기록을 남기는 것이야말로 역사를 선취하는 지름길이다. 미래를 설계하는 이들은 우리말과 글을 아끼고 더욱 발전시키고, 그리고 그 말과 글로 차곡차곡 기록을 남기고 보존하는 것에 더욱 관심을 기울여야 한다.

중국의 동북공정도 같은 맥락에서 살펴볼 수 있다. 우리의 고대사 기록은 상대적으로 빈약할 뿐 아니라 모두 한문으로 기록되어 있다. 더욱이 우리의 고대사에 속하는 영토의 상당 부분은 현재 중국의 영토에 속해 있다. 강력하고 통일된 중국을 꿈꾸는 중국 정부는 현재의 국경에 맞추어 주변 국가들의 고대사를 자국의 고대사에 편입하는 작업을 하고 있다. 그리고 그것은 그리 어려운 일이 아니다. 한자문화권에 속해 한문으로 기록되어 중국에 보관되어 있는 자료들을 선택적으로 분류하고, 자국 영토 내의 고대 유적을 선택적으로 발굴 복원하면 되는 일이다.

오늘날 우리가 생각하는 중국은 역사상 불연속적으로 존재해왔으며 영토도 훨씬 제한적이었다. 한족에 의한 통일왕국은 중국 대륙의 역사에서 오히려 일시적이었다고 해도 과언이 아니다. 중국 역사상 가장 넓은 영토를 지배하였던 때는 몽골족이 지배한 시기였다. 최근 수세기는 만주족이 청나라를 세우고 지배하였다. 즉 중국은 다양한 아시아 종족이 중원을 놓고 각축을 벌이며 이어온 역사인 것이다. 중국의 역사는 민족국가 개념과는 별개의 것이다. 오히려 한자권의 각 종족과 소국가들이 중원을 놓고 쟁투를 벌인 역사인 것이다. 그러나 중국 정부는 현재의 영토와 한족 중심의 중국 국가 개념을 확립하기 위해 역사 재서술 작업에 나서고 있는 것이다. 청나라가 중국의 역사일 수 있는 것과 같은 연장선에서 고구려도 중국의 역사일 수 있게 되는 것이다.

간단히 요약하면, 중국의 역사 작업은 한자를 중심으로 한 동아시아 문명사를 중국 역사로 단일화하는 거대한 작업인 것이다. 물론 그 힘과 근거는 현재의 국토, 한족, 그리고 욱일승천하는 국력에서 비롯된다.

생각하기

1. 남북한 군사력 비교에 대한 서로 다른 평가를 왜곡선택의 오류의 입장에서 비교해보자.

  A. 미국 랜드연구소의 군사력 평가 방법을 적용했다는 국방부 산하 한국국방연구원(KIDA)의 2004년 8월 30일 남북 군사력 지수에 의한 평가는 남한 군사력이 북한에 비해 육군 80%, 해군 90%, 공군 103% 수준이라고 밝히고 있다. 북한은 남측에 비해 전차(3,700대)가 1.54배, 야포(1만 문) 2배, 방사포(다연장포) 22배 등으로 전력이 월등히 우세하다고 평가하고 있다(《2004 국방백서》251쪽의 부록 6)

  B. 군사비의 경우도 남한의 국방비만을 계산하더라도 2006년 현재 234억 달러로 북한 전체 경제규모와 비슷한 정도이고, 국방부가 추정한 북한 군사비 50억 달러는 북한 전체 예산의 50%에 해당하는 금액으로 전혀 현실성이 없는 추정치다. 남한은 세계 규모에서 경제력이 10~11위이고, 군사비의 경우 세계 8위, 군사력의 경우 세계 6위로 통계에도 제대로 잡히지 못하고 추정치로만 보고되는 북한과는 비교의 대상이 아예 될 수 없다. 이러한 남한의 절대 우세는 1999년 육군본부 정훈교재 '북한군이 국군을 두려워하는 5가지 이유'(《동아일보》1999. 4. 25)에서도 그대로 확인된다. 두 가지 이유만 인용하면 첫째, 국군은 평균 신장 171cm에 체중 66kg, 북한군은 162cm에 47~49kg 수준으로 이는 복싱 웰터급과 플라이급 선수의 차이에 해당한다. 둘째, 북한군의 무기와 장비는 양적으로 국군보다 1.6배 많지만 육군 무기의 40%, 해군 함정의 70%, 공군 전투기의 65%가 폐기처분 직전의 노후 장비라는 것이다.

C. 2006년 8월 27일 도널드 럼스펠드 미 국방장관은 "나는 솔직히 북한을 한국에 대한 당면한 군사적 위협으로 보지 않는다"고 말했다. 곧 북한 군사력이 훈련 부족이나 경제력 등으로 남한에 위협적이지 않다고 밝혔다(《연합뉴스》 2006. 8. 28).

카드스태커 브라이언 버그와 세계 기네스 기록에 오른 그의 작품.

©Cardstacker LLC.

카드 쌓기(card stacking) '카드 속임수 오류'는 card stacking을 번역하는 과정에서 만들어진 말이다. 그러나 card stacking은 사실 문자 그대로는 '카드 쌓기'가 적절한 번역이라 할 수 있다. 자신에게 유리한 자료를 계속 쌓아간다는 의미에서 의미상으로도 문제가 없을 것 같다. 그러나 오류의 성격을 좀 더 분명하게 보여주기 위해 일반적으로 통용되고 있는 용어를 사용한다. 대신 인터넷에 유포되어 있는 카드 쌓기의 달인을 소개한다. 브라이언 버그(Bryan Berg)는 카드 쌓기를 직업으로 가진 사나이다. 접착제를 사용하거나 카드를 포개지 않고 쌓아 올리는 것이 그의 직업이다. 미국 아이오와에서 태어난 브라이언은 8세 때 할아버지가 하는 카드 쌓기를 어깨너머로 보고 배웠으며, 지금은 직업 카드 스태커 (Card Stacker)로 활동하고 있다. 왼쪽 사진에 보이는 7.62m 높이의 탑은 그가 18일 동안 작업하여 세운 것이다. 이 카드 탑으로 그는 이 분야의 기네스 세계 최고기록 보유자가 되었다. 그의 다른 작품을 더 보고 싶으면, 아래 블로그나 홈페이지를 방문해보기 바란다. 놀라운 카드 쌓기의 세계를 감상할 수 있다.

http://blog.empas.com/dkvhffh3598/15920387
http://www.cardstacker.com.

48. 어쩌다 딸만 일곱을

비형식 : 도박사의 오류gambler's mkstake

유사어 : 통계의 오류fallacy of statistics, 역도박사의 오류reverse gambler's fallacy, 몬테 카를로
오류monte carlo fallacy

정의 : 어떤 사건의 확률이 이미 결정되어 있음에도 불구하고 전후에 일어난 사건의 영향을
받아 확률이 변할 것으로 착각하는 오류.

동전을 던졌을 때, 동전이 쓰러지지
않고 서는 매우 드문 경우를 제외한다면, 앞면head이 나올 확률과 뒷
면tail이 나올 확률은 각각 반으로 볼 수 있다. 간단히 말해 동전을 두
번 던지면 확률적으로 앞면과 뒷면이 한 번씩 나온다는 말이다. 그
런데 간혹 앞면이 연속적으로 다섯 번 나오는 경우도 있을 수 있다.
이때 여섯 번째 동전을 던지면, 앞면이 나올까 뒷면이 나올까?

언뜻 생각하기에 지금까지 다섯 번이나 동전 앞면이 나왔으니까
이젠 뒷면이 나올 것으로 믿기 쉽다. 바로 이것이 돈을 잃은 도박사
들이 게임을 중단하지 못하고 계속하게 하는 마력을 지닌 도박사의
오류이다. 실제로 확률은 매번 독립적으로 결정되며, 여섯 번째 앞
면이 나올 확률은 여전히 50%이다. 도박사의 오류는 장기간에 걸쳐

6장 연역논증

서 혹은 평균적으로 기대되는 확률에 근거하여 개별적인 경우에 확률이 조정될 것으로 생각하게 만든다.

　군 경험이 있는 사람들은 아마 폭탄이 떨어진 자리에 숨으면 안전하다는 말을 한두 번쯤은 들어보았을 것이다. 넓은 들판에서 같은 자리에 폭탄이 또 떨어질 확률이 낮다는 기대 때문에 생긴 도박사의 오류라 하겠다.

　　　　　　　　도박사의 오류는 주로 독립적인 사건을 종속적인 사건으로 오해하는 것에서 비롯된다. 양산과 고무장화를 함께 파는 가게에서 평균적으로 같은 수의 양산과 고무장화가 팔린다고 생각해보자. 이때 일 년 평균의 50대 50 비율은 비 오는 날이나 개인 날에 동일하게 적용되는 것이 아니다. 오늘 양산이 팔릴 확률은 맑은 날씨에 종속되어 있고, 고무장화가 팔릴 확률은 비 오는 날씨에 영향을 받는다.

　그러나 도박사가 돈을 딸 확률과 그의 구두 색깔과는 관련이 없는 독립적인 사건이다. 도박사가 혼동하는 승률도 개별 게임에서는 독립적으로 작용을 한다. 앞의 연속적인 실패가 뒤의 게임에 영향을 주는 것이 아니라 개별적인 게임은 전후에 영향을 받지 않는 독립사건이라는 말이다.

　다음은 도박사의 오류를 쉽고 재미있게 설명한 글이다.

얼마 전 TV 한 토크쇼에서 부산의 딸 부잣집으로 불리는 가정의 부부와 일곱 명의 딸이 등장해 재미있는 가족 이야기를 들려주었다. 프로그램 중간에 사회자가 "어쩌다 딸만 일곱을 낳게 되었습니까?"라고 물었을 때 그 어머니는 이렇게 대답하였다.

"딸을 셋 낳으니까 사람들이 '딸 셋을 잇달아 낳으면 다음 아이는 틀림없이 아들'이라고 하기에 낳았더니 또 딸이데요. 그런데 딸 여섯을 낳으니까 다음엔 정말로 틀림없이 아들이라고 하기에 또 낳았더니 딸이었어요."

이 대답에 방청객들은 큰 웃음을 터뜨렸다.

그러나 이 말 속에는 간단히 웃어넘길 수 없는 확률적 오류가 숨어 있다. 어느 경우에나 아들을 낳을 확률은 1/2이다. 새로 태어날 아기는 그 전에 딸만 줄줄이 태어났다는 것을 당연히 기억하지도 못한다. 따라서 잇따라 딸을 다섯 낳았거나 아들을 다섯 낳았더라도 다음에 다시 아들을 낳을 확률은 여전히 1/2이다. 그러나 사람들은 딸을 셋 잇따라 낳으면 다음에 아들을 낳을 확률이 1/2보다 높아진다고 생각한다. 이러한 잘못된 판단을 '도박사의 오류'라고 한다. 도박사들이 흔히 범하는 오류라서 이런 이름이 붙게 됐다.

카지노에는 룰렛roulette이라는 게임이 있다. 1

머피의 법칙(Murphy's Law) 일이 풀리지 않고 나쁜 일이 몰려와서 결정적일 때 최악의 결과를 내는 것을 말한다. 일이 잘 풀리지 않을 때 자기 자신을 위로하기 위해서도 사용한다. 이 용어는 미국 공군기지에 근무하였던 에드워드 머피(Edward A. Murphy) 대위의 이름에서 유래하였다. 1949년 미 공군은 급감속 상태에서 조종사들의 신체 상태를 측정하는 실험을 하고 있었는데, 한 기술자의 실수로 배선 연결이 잘못되어 모두 실패하였다. 급감속 실험을 위한 전극봉을 설계하였던 머피는 "어떤 일을 하는 데는 여러 가지 방법이 있고, 그 가운데 한 가지 방법이 재앙을 초래할 수 있다면 누군가가 꼭 그 방법을 쓴다"고 말했다. 너무나 공감 가는 말이 아닌가? 이후로 사람들은 자신이 바라는 것은 이루어지지 않고 우연히도(?) 일이 나쁜 방향으로만 전개될 때를 가리켜 '머피의 법칙'이라고 불렀다.

샐리의 법칙(Sally's Law) 1989년 제작된 로버트 라이너(Robert Reiner) 감독의 영화 〈해리가 샐리를 만났을 때(When Harry Met Sally)〉처럼 계속 좋지 않은 일만 생기다가 결국에는 해피엔딩으로 끝나는 것에서 유래하였다. 아침에 등교 버스를 놓쳤다. 그런데 그 버스가 중간에 사고를 당했다. 너무 급하게 나오느라 도시락 대신 우비 가방을 들고 나왔는데, 맑은 날씨가 갑자기 흐려지면서 비가 내렸다. 결국 첫 시험 시간에 5분 늦게 도착했다. 그런데 담임선생님이 차에 문제가 생겨 10분 늦게 도착하셨다. 점심 시간에 선생님께서 미안하다고 학생들에게 맛있는 빵을 사 주셨다.

에서 38까지의 숫자가 적힌 원판을 돌리면서 그 위에 구슬을 떨어뜨린 뒤, 구슬이 어떤 숫자에서 멈추는가 하는 게임이다. 사람들은 다양한 방법으로 숫자에 돈을 건다. 숫자를 맞히면 정해진 배당을 받는다. 홀수 또는 짝수에 돈을 건다고 할 때 만약 여섯 번 동안 내내 홀수만 계속해서 나왔을 때 다음에 짝수가 나올 확률은 얼마일까? 이처럼 앞서 홀수가 여러 번 나왔을 때 다음번에 짝수가 나올 확률은 1/2보다 높아질 것이라고 생각하는 것이 바로 '도박사의 오류'다. 룰렛의 구슬은 이전에 어떤 숫자가 나왔는지를 전혀 기억하지 못하는데 도박사들은 앞서 홀수만 여러 차례 나왔다는 사실을 룰렛의 구슬이 기억할 것이라고 기대하는 잘못을 범한다. 도박사들의 이런 기대와는 관계없이 어떤 경우에도 다음에 짝수가 나올 확률은 1/2이다.

사람들은 이런 판단이 옳은 것이라고 해도 여전히 자기의 생각을 고집하는 경우가 많다. 유명한 소설가 에드거 앨런 포Edgar Allan Poe는 주사위 게임에서 2가 계속해서 다섯 번 나왔다면 여섯 번째 시도에서 2가 나올 확률은 1/6보다 작을 것이라는 주장을 끝내 고집했다. 그러나 2가 연속 다섯 번이나 나왔어도 다음에 2가 나올 확률은 여전히 1/6이다.

―김진호, 〈[재미있는통계] 8. "도박사의 오류 : 홀수가 계속 나왔다면 다음엔 짝수?"〉,

《한국경제신문》, 2005. 8. 1.

도박사의 오류의 핵심은 하나의 사건이 다른 사건에 영향을 주지 않는 통계적 독립성을 오해하는 데서 비롯된다. 그 오해는 다음에는 꼭 이길 수 있을 것이라는 그럴듯한 환상을 심어준다. 그리고 그

환상이야말로 사막에 라스베이거스라는 휘황찬란한 도박의 도시, 관광과 오락의 도시를 세우는 원동력이 되었다. 또한 오늘도 수많은 사람들이 또다른 '바다소리'에 중독되게 하고, 지금까지 들인 돈이 아까워 빠지지 못하고 도박을 계속하게 하는, 노름꾼의 사고를 조종하는 검은 마법사인 것이다.

'도박사의 대응 오류the reverse gambler's fallacy'라는 것이 있다. 도박사는 단순히 도박사의 오류에 따라 게임을 지속하는 것이 아니라 좀 더 적극적으로 대응한다. 이를테면, 자신이 생각하기에 운때가 맞지 않아 계속 잃고 있는 중이면, 베팅 액수를 줄여서 손실을 줄이려 한다. 반면 운이 따라 돈을 따고 있으면 이 확률이 계속되리라는 기대에 더 많은 돈을 따기 위해 베팅금액을 올린다.

생각하기

1. 도박사의 오류와 도박사의 대응 오류가 빠져 있는 공통적인 사고의 오류는 독립적인 사건을 종속적인 사건으로 오해하는 것이다. 하지만 두 오류는 서로 다른 오류를 부정하는 상반된 대응 방식을 나타내고 있다. 그것이 무엇일까?

2. 머피의 법칙과 샐리의 법칙이 도박사의 오류에 해당하는 경우와 그렇지 않은 경우를 생각해보자.

지은이의 글

    제가 대학을 다니던 때는 지금의 시각으로 보면 참 황당한 시절이었다고 할 수 있습니다. 교정에는 꽃향기 사이로 최루탄 연기가 피어올랐고, 주먹을 불끈 쥔 학생들이 펜을 든 학생들을 대표하던 그런 시절이었습니다. 펜을 든 학생들은 전공 외에는 무지하였고, 주먹을 든 학생들은 전공 외에는 무엇이든 해박한 시절이었지요.

    그 80년대 중반, 한국의 대학 사회에는 사상 투쟁이라는 것이 활기차게 벌어졌습니다. 한국 사회의 현재와 미래를 고민하던 학생들과 지식인들이 치열하게 논쟁하고 창조적인 대안을 쏟아내던 시기이기도 하였지요. 범 자주파로 분류되는 그룹은 당시 한국 사회 논쟁의 핵심 주제를 '민족과 민주' 라고 본 반면 범 민중계로 분류할 수 있는 다른 그룹은 '민중과 민주' 를 제시하였습니다. 그런데 문제는 혈기가 앞서던 청년 학생들은 종종 논리보다 직관과 감정에 의존한 노선 투쟁을 벌이곤 하였다는 점입니다.

    당시의 주변인들에겐 각박한 현실을 수긍하면서도 주장과 행동에 숨어 있는 오류와 위험성을 간과하고 묵인하기 어려운 측면들도 있었습니다. 이 책을 읽어가는 동안 독자들은 텍스트를 관통하고 있는 그런 문제의식을 발견하게 될 것입니다. 소위 민주화가 이루어지고 사회가 급변하였음에도 불구하고 우리들의 비논리적이고 비이성적인 사고는 여전히 사회의 표층 아래로 깊이 침투해 있는 것이 현실입니다.

한때 배아줄기세포 복제 논란으로 한국 사회가 떠들썩했던 적이 있습니다. 황우석 박사의 논문 조작과 국민 여론의 출렁거림이 인터넷과 종이신문을 연일 뒤덮고 있을 때였는데, 어느 날 '견해, 사실, 전문지식'의 차이를 차분히 지적한 글을 발견하였습니다. 한편으로 반가우면서도 당혹스러운 마음을 감출 수가 없었습니다. 당시 미국에서 초등학교 3학년이던 아들이 '견해opinion'와 '사실'의 차이에 대해 이야기하던 기억이 났기 때문입니다. 여전히 많은 문제가 상존하고 있지만, 다인종, 다문화가 공존하는 미국 사회는 일찍부터 아이들에게 견해와 사실의 차이를 이해시키려 힘쓰고 있는 것이 사실입니다. 다양한 견해가 때론 충돌하고 때론 타협하면서 사회적 합의를 도출해가는 다원사회의 모습이지요. 이런 초등학생의 상식에 해당하는 글을 '황우석 논란'의 끝에 이르러서야 존경하는 논객의 글에서 읽는 느낌이 썩 유쾌하지는 않았던 것은 그 때문이었습니다.

또 한 가지 기억이 있습니다. 중학생 시절 우연히 들은 북한 라디오 방송에서였습니다. 당시 북한 방송을 듣는 것은 심각한 국가보안법 위법이었지만, 세상을 알 턱이 없는 중학생이 단지 북쪽 가까운 지역에 살고 있다는 이유로 가끔 북한 방송을 들을 수 있었습니다. 하루는 "어버이 수령님께서는 고기를 많이 잡으려면 배가 많아야 한다고 말씀하셨습니다"라는 말이 뉴스 머리말로 보도되었습니다. 우리는 오늘도 여전히 너무나 당연한 상식도 수령님의 이름으로 확인해야 하는 사회에 살고 있는 것은 아닌지요? 스스로 생각하고 타인의 의견을 존중하고 그리고 사회적 합의를 끌어낼 수 있는 그런 사람들로 이루어진 한국 사회가 된다면, 살아가는 것이 훨씬 덜 피곤할 것입니다. 이 책을 쓴 목적은 이런 이유에서입니다.

이 책은 논리학 전반에 대한 해설서나 전문도서가 아니라 논리학의 한 분야인 '오류'에 집중하여, 알기 쉽게 풀어쓴 교양도서가 되는 꿈을 가지고 있습니다. 많은 사람들이 쉽고 재미있게 읽어가는 중에 자연스럽게 일상 속에 넓고 깊게 퍼져 있는 오류를 발견하기를 바랍니다.

본문에서는 "나는 한 놈만 팬다"는 영화 대사처럼 하나의 글에 대해 오직 하나의 오류만을 지적하기로 합니다. 세상사가 간단치 않은 것처럼, 하나의 오류만으로 되어 있는 논쟁은 없다고 해도 과언이 아닙니다. 하지만, 다른 오류들을 찾아 마음껏 두드려주는 것은 독자들의 기쁨을 위해 남겨두도록 하겠습니다.

2012년 새해를 맞이하며, 이하운

타인의 논리를 간파하는 48가지 즐거움

새빨간논리

초판 1쇄 인쇄 2012년 1월 20일
초판 1쇄 발행 2012년 2월 13일

지은이 이하운
펴낸이 조재형

책임편집 박성훈
표지디자인 JUN

펴낸곳 왼손잡이
주소 경기도 파주시 교하읍 문발리 파주출판도시 535 – 7
전화 031 – 955 – 4417 **팩스** 031 – 955 – 4418
전자우편 raindrop_1@naver.com
블로그 http://blog.naver.com/raindrop_1

등록 2004년 12월 13일(제300-2006-188호)

* 왼손잡이는 도서출판 빗방울화석의 인문·교양서 브랜드입니다.
* 이 책 내용의 전부 또는 일부를 재사용하려면
  반드시 저작권자와 출판사 양측의 동의를 받아야 합니다.
* 책값은 뒤표지에 표시되어 있습니다.